新时代教育评价改革研究

Research on Education Evaluation Reform in the New Era

余小波 陈怡然 沈晓岚 童雨溪 / 著

中国社会科学出版社

图书在版编目（CIP）数据

新时代教育评价改革研究／余小波等著．—北京：中国社会科学出版社，2024.4

ISBN 978－7－5227－3377－7

Ⅰ.①新…　Ⅱ.①余…　Ⅲ.①教育评估—教育改革—研究—中国　Ⅳ.①G521

中国国家版本馆 CIP 数据核字(2024)第 065980 号

出 版 人　赵剑英
责任编辑　刘　芳
责任校对　李　敏
责任印制　李寡寡

出　　版　中国社会科学出版社
社　　址　北京鼓楼西大街甲 158 号
邮　　编　100720
网　　址　http://www.csspw.cn
发 行 部　010－84083685
门 市 部　010－84029450
经　　销　新华书店及其他书店

印　　刷　北京明恒达印务有限公司
装　　订　廊坊市广阳区广增装订厂
版　　次　2024 年 4 月第 1 版
印　　次　2024 年 4 月第 1 次印刷

开　　本　710×1000　1/16
印　　张　19.25
插　　页　2
字　　数　246 千字
定　　价　108.00 元

目　录

第一编　教育评价范式的转换

第一章　教育评价范式转换的概述 …………………………… 3

第一节　研究背景及意义 …………………………… 3

第二节　研究综述 …………………………… 6

第三节　研究内容及方法 …………………………… 23

第四节　概念界定 …………………………… 24

第二章　教育评价范式及其划分 …………………………… 29

第一节　教育评价范式的一般划分 …………………………… 29

第二节　本书教育评价范式的划分 …………………………… 36

第三章　我国教育评价范式的演进及现状 …………………………… 44

第一节　我国教育评价范式的演进 …………………………… 44

第二节　我国教育评价范式的现状 …………………………… 58

第四章　新时代教育评价范式转换的价值取向与实践方式 ………… 63
第一节　教育评价范式转换的价值取向 …………………… 63
第二节　教育评价范式转换的实践方式 …………………… 68

第五章　教育评价范式转换的条件及措施 …………………… 73
第一节　教育评价范式转换的条件 …………………… 73
第二节　教育评价范式转换的措施 …………………… 80
小　结 …………………… 85

第二编　教育评价制度的创新

第六章　教育评价制度创新的概述 …………………… 89
第一节　研究背景及意义 …………………… 89
第二节　研究综述 …………………… 92
第三节　研究思路及方法 …………………… 105
第四节　概念界定 …………………… 106

第七章　我国教育评价制度的发展沿革 …………………… 109
第一节　制度探索时期（1949—1977 年） …………………… 110
第二节　制度建立时期（1978—1999 年） …………………… 113
第三节　制度改进时期（2000—2010 年） …………………… 118
第四节　制度发展时期（2011—2017 年） …………………… 122
第五节　新时代教育评价制度发展时期（2018 年至今） ……… 125

第八章　我国教育评价制度的现实状态 …………………… 129
第一节　现状分析的材料依据 …………………… 129

第二节　教育评价制度的现状 …… 130
第三节　教育评价制度存在的问题及原因 …… 142

第九章　新时代教育评价制度创新的依据与要求 …… 149
第一节　新时代教育评价制度创新的主要依据 …… 149
第二节　新时代教育评价制度创新的基本要求 …… 152

第十章　教育评价制度创新的原则、内容及实施路径 …… 155
第一节　教育评价制度创新的原则 …… 155
第二节　教育评价制度创新的内容 …… 158
第三节　教育评价制度创新的实施路径 …… 160
小　结 …… 165

第三编　教育评价文化的培育

第十一章　教育评价文化培育的概述 …… 169
第一节　研究背景及意义 …… 169
第二节　研究综述 …… 172
第三节　研究内容和方法 …… 188
第四节　概念界定 …… 190

第十二章　我国教育评价文化的历史嬗变 …… 194
第一节　“教评合一”的萌芽阶段 …… 194
第二节　“寓评于举”的形塑阶段 …… 200
第三节　“凸显量化”的成形阶段 …… 207
第四节　“多元参与”的发展阶段 …… 210

第十三章　教育评价文化的困境及成因 …………………… 214
第一节　教育评价文化的困境 ………………………………… 214
第二节　教育评价文化陷入困境的成因 ……………………… 221

第十四章　新时代教育评价文化的应然品性 ……………… 232
第一节　回归育人价值的人本性 ……………………………… 232
第二节　弘扬价值理性的科学性 ……………………………… 235
第三节　激发内在潜能的发展性 ……………………………… 239
第四节　辐射社会整体的公正性 ……………………………… 243
第五节　发挥引领作用的独立性 ……………………………… 246

第十五章　教育评价文化的培育动因及路径 ……………… 250
第一节　教育评价文化的培育动因 …………………………… 250
第二节　教育评价文化的培育路径 …………………………… 259
小　结 …………………………………………………………… 271

参考文献 ……………………………………………………… 274
后　记 ………………………………………………………… 302

第一编

教育评价范式的转换

第一章

教育评价范式转换的概述

第一节　研究背景及意义

一　研究背景

党的十九大提出，中国特色社会主义进入新时代。新时代能否办好人民满意的教育，关键在于是否能牵住“教育评价”这个“牛鼻子”，真正发挥教育评价“指挥棒”的积极作用。发展高质量的教育有助于为国家的经济建设提供强大的智力支持和人才保障。在新时代我国政治社会经济快速发展的阶段，人们对获得高质量教育的需求是如此迫切。教育评价指引教育发展，研究者们对探讨教育评价相关问题的兴趣也愈发浓厚。习近平总书记在相关会议上强调教育评价的重要性，强调并指出啃下“五唯”这块“硬骨头”是解决教育评价无科学导向问题的前提基础。诸多研究表明，缺乏明确的价值取向就无法开展科学的教育评价活动，进而教育评价的问题就会凸显。科学的教育评价范式是教育评价发挥积极作用的关键，它为教育工作者提供科学信念和行动指南，研究教育评价范式符合时代发展的需要。

新时代教育治理体系和治理能力的现代化离不开科学的教育评价范式的保障。从根本上说，教育评价问题是当前教育质量问题的缩影，而产生教育评价问题的根源在于目前我国的教育治理体系还不完善，教育治理能力较弱，无法达到人民对高质量教育的基本要求。确立规范化的教育评价范式有利于从根本上扭转教育评价不健康、不科学的局面，净化教育生态。未来，要使全民享有教育发展福利，实现教育评价高质量发展，就要加强教育治理体系和治理能力的现代化建设，构建良性治理文化，深挖教育治理现代化背景下教育评价的问题实质并针对性地提出建议。

教育评价研究热深刻体现了当前我国教育的质量问题尤为突出。当前，教育评价的导向性作用逐渐失偏，“以评促建，以评促改”的评价导向被逐渐异化为追求“高分”“名校”等“剧场效应”。当人们热切追求“指标”“高分”的时候，教育评价容易陷入“应试主义”的怪圈。受历史文化因素影响，“五唯”现象根深蒂固，积重难返，在这种定量化、功利化、实用化的评价范式主导下，人类的价值性逐渐被边缘化，教育评价的功能逐渐脱轨。基于此背景，转换教育评价范式，构建与新时代的社会需要相适应、与人本主义理念相契合的新的教育评价范式，是现阶段我国教育评价研究迫切需要解决的问题。

二　研究意义

（一）理论意义

第一，系统研究我国的教育评价范式有利于拓宽研究视野，为教育评价活动提供理论基础、思想指导、方法论支持。以“范式”作为突破点，致力于克服传统“范式”指导下教育评价的局限性。该研究虽然属于教育学范畴，但其学科的涵盖面较广，与哲学、社会学、管理学等多门学科知识相联系，涉及领域较为广泛，能在一定程度上打开研究思路。

第二，系统研究我国教育评价范式有利于拓展和延伸相关研究领域的理论范畴，开辟我国教育评价研究的新领域，建立符合时代发展规律的评价范式是深化教育评价改革的“先手棋”。本编从第四代教育评价理论和教育研究范式理论出发，探讨其对教育评价范式的影响。以历史的视角梳理我国教育评价范式的发展情况，剖析我国教育评价范式的现状，探究我国教育评价范式转换的方向及措施，有利于拓宽研究视野，提高教育评价质量。

第三，有利于吸引更多学者关注教育评价范式的发展态势，激发更多人对教育评价范式的思考和研究。教育评价范式本身具有哲学意蕴，对范式的总结和提炼与教育评价实践是分不开的。教育评价范式既根植于现实又高于现实，要准确把握教育评价范式的内涵及外延，还要概括教育评价范式的基本特征，对教育评价实践活动进行全面深挖、细致分析，才能加强教育学科与各学科之间的联系，并推动教育评价不断发展。

（二）实践意义

教育评价的历史性问题根深蒂固，当前的教育评价功能已产生偏差。研究教育评价范式，解决教育评价主体间的价值冲突，确立正确的价值取向，拟定科学的评价策略，对净化我国教育生态，提升我国教育质量具有现实意义。

第一，有利于引导政府进一步加强对教育的整体性调控。重视政府在教育及教育评价中的作用，是社会主义教育的中国特色使然，也是我国的制度优势所在。在大一统的政治经济时代，国家对我国的教育评价拥有绝对的控制权和话语权。随着我国社会主义市场经济的确立，“管办评”分离逐步被提上政府管理体制改革的进程。笔者研究教育评价范式，能明晰政府在教育评价中的定位和职责，提升服务型政府的工作实效性。

第二，有利于提高高校参评的积极性，扭转评价功利化的倾向。在管理主义、科学主义裹挟下的科学实证评价范式过于重视量化考评，导致教育评价逐渐被异化为甄别、管理的工具，无法发挥激励、发展、服务等功能，出现个别高校被动迎评、消极应付甚至造假、文过饰非等行为。因此，规范我国教育评价范式，有利于解决我国教育评价实践中的问题，促使高校在应对评估上形成良好心态。

第三，有利于推动我国高等教育的内涵式发展。当前，我国高等教育已进入普及化发展阶段，在发展的质与量两方面都发生根本性变化，必须适应新时代的发展要求，走内涵式发展道路。本书从宏观视角对教育评价范式进行研究，有利于促进高等教育评价的健康发展，提高高等教育的质量，为实现我国第二个百年奋斗目标提供智力支持和人才保障。

第二节　研究综述

早在20世纪60年代，国外专家就对“范式”一词进行了解读。经过半个多世纪的发展，国外对教育评价范式的研究颇见成效，总结并概括了教育评价范式的基本类型等。国内严格意义上的教育评价研究始于1978年，经过40多年的发展，研究取得了较大进步，但专门的“教育评价范式”研究还不多。因此，笔者立足国内外研究现状，从教育评价范式的内涵、现状以及范式转换三个维度进行综述。

一　国外教育评价范式及转换的研究

综合国外研究文献，直接以“教育评价范式”为主题词进行文献检索还很困难，这一学术领域的专门研究和探讨不多，主要夹杂在教育评价理论和实践的研究以及哲学、社会学、管理学等相关学科的研究中。大部分学者基于托马斯·库恩提出的“范式”理论，从教育评价理论研究以及相关交叉学科的研究中来讨论教育评价范式。

（一）关于教育评价范式内涵的研究

“范式”（paradigm）一词出自古希腊文，原有“共同展现”之意，后被收入拉丁语当中，并发展出“模式、范型、范例、典范”等含义。20 世纪 60 年代，美国著名史学家托马斯·库恩（Thomas Kuhn）在《科学革命的结构》一书中详细地解读了范式的具体含义。“范式”指的是学术共同体成员共同遵循的世界观、范例、方法、标准等模式。英国学者玛格丽特·玛斯特曼（Margaret Masterman）认为“范式”可以在哲学和社会学的范畴内进行讨论。其中，哲学“范式”包括形而上学的部分，或者可以说是世界观和方法论，是科学共同体成员所共同遵守的理想信念、科学理论和技术方法等。社会学范式可以用具体的模式、方法和技术等来进行表达。①

基梅特·塞尔维（Kiymet Selvi）认为，范式包括与任何系统或领域以及科学、社会系统或个人主义基础相关的主要方法或观点。范式涵盖了与任何领域相关的信念、价值观、规则、概念、感觉、观点、

① Lakatos I., Musgrave A., “Criticism and the Growth of Knowledge”, *Philosophical Papers*, Vol. 1, No. 3, 1970, pp. 384 –386.

偏好、工具、方法、技术、方法和理论等许多方面。某人或某些系统偏爱的范式有助于建立对任何主题或领域的共同兴趣。范式彰显着哲学色彩，在特定的情况下，哲学和范式可以相互转化。①

综上所述，西方学者对“范式”一词的界定以托马斯·库恩(Thomas Kuhn) 对“范式”的定义为基础。虽然不同学者对“范式”概念的表述有所出入，但大多数学者是从哲学的视角来阐释“范式”这一概念，认为“范式”包含两个层面的含义：一方面可以理解为观念层面的含义，即“范式”代表约定俗成的世界观、价值观、理念、信念等；另一方面可以理解为实际操作层面的含义，即“范式”可以理解为一种方式方法、工具、技术等。

(二) 关于教育评价范式类型及特点的研究

20 世纪 60 年代以来，国外研究者们将哲学假设、指导原则等作为研究教育评价范式的切入点。斯塔弗尔比姆（Stufflebeam）在《评估模型教育及人力服务的评价观点》中分析了美国 1960—1999 年的 22 种评估模式，并进一步把这些评估模式归纳为问题导向的评估、问责导向的评估和社会使命导向的评估。此外，他还阐述了这几种评估模式的优缺点，以及在不同情况下如何选择最合适的评估模式。斯塔弗尔比姆（Stufflebeam）认为，决策问责、消费者导向、认证、民主协商、建构主义等模式是在 20 世纪中具有公信力的、值得推广的。② 库克和沙迪什（Kuck & Shadish）把教育评价活动划分为实验范式、利益相关者范式以及解释性范式。实验范式意在借助可操纵办法，对评价

① Selvi K.，“Educational Paradigm Shift towards Phenomenological Pedagogy”，*Phenomenology of Space and Tim*，Berlin：Springer International Publishing，2014，pp. 185 – 186.

② Stufflebeam D. L.，Madaus G. F.，Kellaghan T.，“Evaluation in Education and Human Services”，*Heles Journal*，Vol. 53，No. 1，2002，pp. 51 – 68.

结果做出判断。利益相关者范式旨在凸显各种利益主体所获得的信息。解释性范式主要是通过建模的方式来对评价目的做出一般化解释。①

在 20 世纪 80 年代，胡森（Husen，T.）开创性地指出了教育评价研究范式的新领域。胡森提出，实证研究范式和人文研究范式是教育研究范式的两大冲突阵营，构成一对矛盾的对立面，且发端于不同的学术背景。实证研究范式发端于自然科学，适用于可定量化的操作方式。人文研究范式则异于前者，属于人文社会科学的范畴，主要采用定性、实物观察分析、描述说明的方法。② 在教育评价实践领域，库巴和林肯（Kuba & Lincoln）则进一步将其划分为理性主义范式和自然主义范式，这两种范式的特点各不相同。加西亚和皮尔森（Garcia & Pearson）认为由于知识论有各种流派，导致教育评价范式也有不同类型，主要体现在评价标准的差异性。③ 瑞安（Ryan）将哈尔玛（Halma）提出的经验—分析型、解释型和批判—理论型三类社会科学研究范式用至教育评价领域，并探析了在各种范式下教育评价活动如何进行。④

20 世纪 90 年代，研究者们开始尝试对评价范式做更为细化的分类，具有代表性的是吉普斯（Gipps）的分类，他将评价范式划分为心理评价范式、教育测量范式与教育评价范式三种基本类型。⑤ 来自哥伦

① Chief E., Husen T., Postlethwaite T. N., "The International Encyclopedia of Education", *British Journal of Educational Studies*, Vol. 44, No. 3, 2010, pp. 617 – 630.

② Chief E., Husen T., Postlethwaite T. N., "The International Encyclopedia of Education", *British Journal of Educational Studies*, Vol. 44, No. 3, 2010, pp. 617 – 630.

③ García G. E., ed., "Chapter8: Assessment and Diversity", *Review of Research in Education*, Vol. 20, No. 1, 1994., p. 337.

④ Ryan A. G., "Program Evaluation within the Paradigms: Mapping the Territory", *Science Communication*, Vol. 10, No. 1, 1988, pp. 330 – 341.

⑤ Gipps C. V., *Beyond Testing: Towards a Theory of Educational Assessment*, London: Psychology Press, 1994, p. 187.

比亚大学的程星认为，在美国高校评价中，实施的是“回馈范式”。该范式旨在构建流动化的评价信息沟通渠道，以此来提高美国高校的教学质量。随着高等教育深受市场化的影响，该评价范式不利于及时对公众需求的信息做出回应，在一定程度上也降低了院校的运作效率。①

基梅特·塞尔维（Kiymet Selvi）指出，当前的教育评价范式仍然以教师为中心，强调单一的教师传授—学生接受的教育模式，倾向于通过学习现成的知识来重建意义。该范式不利于提升个体参与教育评价的活力和创造性思维。换言之，现时的教育偏向以主题为中心的方法，而不是通过个人的自我调查自由地创造和建构知识。当前的范式必须改变与信仰、学与教的概念有关的知识。②

综上所述，国外从 20 世纪 60 年代起开始对教育评价范式的类型进行研究。在 20 世纪 60 年代早期，大多数教育评价者倾向于从实证主义、认识目标论、效用价值观出发来概括教育评价范式的特征，忽视了多元主义、人文主义价值观等理念。在 20 世纪 80 年代后，研究者们开始尝试从多元化的角度进一步概括教育评价范式的类型及特征，并与教育评价活动有效结合。

（三）关于教育评价范式转换的研究

国外学者对于范式转换有着不同的理解。库恩（Kuhn）认为，范式的转换是推动新事物取代旧事物发展的不竭动力。他的“范式转换”虽然最初只适用于自然科学领域，但随着研究者们对“范式”定义的理解不断扩大，人文社科领域也有其独特的“范式”。基梅特·塞尔维

① Knight P.，“The Local Practice of Assessment”，*Assessment & Evaluation in Higher Education*，Vol. 31，No. 4，2006，pp. 435 –452.

② Selvi K.，“Educational Paradigm Shift Towards Phenomenological Pedagogy”，*Phenomenology of Space and Time*，Berlin：Springer International Publishing，2014，p. 197.

（Kiymet Selvi）把范式转换和教育改革的概念做了区分，他认为有些教育改革能被称为范式转换，但并不是所有的教育改革都能被称为范式转换。例如，改变学生的教育成绩体系可以被看作一种教育改革，这或许是一个根本性的改变，但不会影响整个体系。如果改革研究影响到整个系统，那么它们可以被称为范式转换。因此，教育改革是一种变革，并不符合范式转换的内涵。尽管教育范式的转变是基于改良主义的思想，但它与教育改革的意义并不相同。①

20世纪70年代早期，约瑟夫·扎伊达（Joseph Zajda）提出实证主义（定量研究）完成了向反实证主义（定性研究）的范式转变，并开始质疑建构主义和经验主义的主导地位。后现代主义范式反对启蒙运动和现代性的主流理论，这种政策方向的范式转变挑战了教育和政策的元叙事、"真理制度"和纪律社会，并承诺通过重申学习者在课程中的中心地位和学习者需求的多样性来赋予学习者权力。② 基梅特·塞尔维（Kiymet Selvi）认为，建构主义是教育范式转换的主要方式，但这并不意味着学生在学习现象时成为真正的建构主义者，学生的建设性行为正是在重建现成的知识。他指出一个新的范式应该考虑到个人的直觉，感知，想象力，创造力。新的范式必须以学习作为支撑点，个人不能单纯地作为知识被动的接受者，而要成为知识的创造者，在掌握现有知识的基础上学会构建属于自己的学科体系和框架。

当前，在市场力量的推动作用下，教育评价不只存在于高校内部，同时还需要服务于公众问责。为了使高校和社会的联系更加紧密，美

---

① Selvi K.，"Educational Paradigm Shift Towards Phenomenological Pedagogy"，*Phenomenology of Space and Time*，Berlin：Springer International Publishing，2014，pp. 203－206.

② Zajda J.，"Globalisation，Education and Policy：Changing Paradigms"，*International Handbook on Globalisation，Education and Policy Research*，Vol. 9，No. 3，2005，p. 134.

国哥伦比亚大学教授把教育评价划分为学生学习的成果、高等教育投资回报率和高校的社会效益三个级别，并指出评价活动的开展与信息接收端的需求息息相关。[①] 罗斯科（D. Roscoe）提出，美国的教育评价应从当前重视评估的范式转向重视改进的范式。这一转变不是完全地取代，原本范式中有价值的部分会保留下来，同时一些已成为评价障碍的部分会被淘汰。[②]

综上所述，对于什么是“范式转换”（shift of paradigm），西方科学研究者们认为范式转换是新范式取代旧范式的过程，认为只有当疑难问题长期得不到解决时，他们才会对原本的范式产生怀疑，并开始尝试构建一种全新的范式。这种新范式是对某一领域的“重建”，进而改变这一研究领域的基本原理、价值观、方法论。在 20 世纪 70 年代后，越来越多的评价研究者逐渐认识到质性主义存在合理之处，开始对旧范式展开深刻的反思，并认为建构主义才是教育评价范式的最终归宿。建构主义范式也被称为第四代教育评价范式，被人们广泛熟知并接受。

二　国内教育评价范式及转换的研究

在国内，越来越多的学者意识到要解决我国教育评价的问题，需要转变教育评价的范式，才能从根本上祛除教育评价的顽瘴痼疾。近年来，以教育评价范式为研究对象的相关课题、研究论文和专著越来越多，主要涉及对教育评价范式概念的梳理、对我国教育评价范式基

---

① Labi A.，“International Assessment Effort Raises Concerns among Education Groups”，*The Chronicle of Higher Education*，Vol. 54，No. 5，2007，p. A31.

② Douglas D.，Roscoe，“Toward an Improvement Paradigm for Academic Quality”，*Liberal Education*，Vol. 103，No. 1，2017，p. 103.

本特征的把握，以及对我国教育评价范式转换措施的归纳等方面。

（一）关于教育评价范式内涵的研究

何为教育评价范式？研究者们在对库恩“范式理论”的理解之上，对教育评价范式的内涵进行了界定。学界普遍认为，教育评价范式是一定规范下的产物，范式既包括思想层面带有哲学意蕴的世界观、价值观等要素，也包含实际操作层面的方法论和操作模式。例如，朱铁成认为，教育评价范式虽然属于人文社会科学范畴，但也并非与科学范式截然不同，包括了思想层面的教育评价观念以及实践操作层面的模型、方法等。[①] 田莉认为，在研究教育评价范式之前必须梳理教育评价的相关学术理论，在此基础上才能进一步地探究教育评价技术的使用。朱爱军认为，“范式”一词有丰富的内涵和广阔的外延，既包含了在某一学科领域的研究者们所共享的信念、价值等，也代表了一种具体的实验操作模型。因此，他认为，“教育评价范式”是一种世界观，也是一种“眼光”的确立，具有预示性、层次性与整体性的特征。[②]

综上所述，国内研究者们以库恩的“范式理论”为基础，赋予了“范式”两种含义。从广义上讲，范式体现了科学研究共同体成员所共享的具有规定性的全部事物。例如符号、模型和范例。从狭义上说，范式可以用范例来代替，就好比在教科书中的示范性习题。总体来说，国内研究者们对于范式的理解有以下特点。第一，范式具有共享性。所有学术界都在一定的规则范围内共同遵守该范式。第二，范式具有

① 朱铁成：《论我国教育评价范式及其转型》，《浙江师范大学学报》（自然科学版）2007 年第 4 期。

② 朱爱军：《论库恩的范式概念及其借用》，《学习与探索》2007 年第 5 期。

约束性。范式是适用于对某一具体科学领域进行研究的一种形态。它圈定了学术研究者们参与研究的领域和具体方式。第三，范式具有开放性，深化了常规科学的研究领域，进一步促使学者对相关问题进行深入分析和探讨。

（二）关于教育评价范式类型及特点的研究

有研究者认为应当从方法论层面出发来总结教育评价范式的基本类型，认为方法论与范式在一定程度上能互相替代。刘志军把教育评价范式划分为“实证化”范式和“人文化”范式，认为实证化范式是当前我国教育评价领域中使用范围最广的范式，并介绍了两种范式兴起的原因及特点。[①] 荀振芳认为，可以把高校教学评价范式进一步划分为实证化范式和人文化范式两种类型。与实证化范式相比，人文化范式使用率较低，使用的范围较窄。[②] 温雪梅、孙俊三指出，教育评价范式不是一成不变的，而是直接受当时哲学思想的冲击，随着历史的发展而不断变化，并进一步指出量化范式、描述范式、判断范式和建构范式是我国教育评价范式的基本类型。[③]

有研究者依据高等教育质量保障的权利分配机制来总结教育评价范式的基本类型。周光礼认为，当前我国的教育评价充斥着“管理主义”色彩，属于“在职责管理下的应答范式”。在该范式之中，管理者借助教育评价来对被管理者进行问责，从而使得被管理者常陷问责恐慌。[④]

---

① 刘志军：《关于教育评价方法论的思考》，《教育研究》1997 年第 11 期。

② 荀振芳：《大学教学评价范式的困境与现实问题思考》，《河南大学学报》（社会科学版）2006 年第 1 期。

③ 温雪梅、孙俊三：《论教育评价范式的历史演变及趋势》，《现代大学教育》2012 年第 1 期。

④ 周光礼：《高等教育质量评估体系的有效性：中国的问题与对策》，《复旦教育论坛》2012 年第 2 期。

史秋衡、陈蕾认为，在我国高等教育评价领域中，最具有代表性的是政府导向型评价范式，该范式下的教育评价使得政府处在评价的绝对领导地位，评价的政治色彩浓厚，不利于其他利益主体积极地参与评估当中，影响了评估的有效性。[①] 苏昕和侯鹏生认为，在该评价范式下，政府统领全局、协调各方利益，虽然在一定程度上大幅提升了高等教育管理的效率，但也同时使得评价活动的官僚主义和管理主义盛行。[②]

有研究者把评价目的作为突破点来总结教育评价范式的基本类型。例如赵必华认为“教育问责”的评价范式和“支持教学”的评价范式两者的评价目的不同。前者主要是以考试分数为评价标准来决定教育效能的传统型评价范式。后者则主要被用来改进教学服务，是一种新型的、创新的评价范式。[③] 李秀梅则将评价范式进一步划分为概括性范式与发展学习的范式两种形态。概括性范式同“教育问责”的评价范式类似，都具有甄选和选拔功能，主要被用于对学校、教师的教育质量以及学生的学业水平进行考核排名。该范式过于强调等级划分、分数排名，容易“一刀切”，忽视了评价对象的差异化发展。发展学习的范式以尊重人、塑造人、发展人、服务人为基本理念，强化教育评价的发展、激励和改进功能。

有研究者主要从教育评价活动实践入手来提炼教育评价范式的基本类型。刘志耀认为在教师评价领域中主要采用的是过程性主导范式。

① 史秋衡、陈蕾：《中国特色高等教育质量评估体系的范式研究》，高等教育出版社 2011 年版，第 88 页。

② 苏昕、侯鹏生：《高等教育评价体系的结构多元化和价值冲突》，《教育研究》2009 年第 10 期。

③ 赵必华：《教育评价范式：变革与冲突》，《比较教育研究》2003 年第 10 期。

该范式虽然能避免评价走向“技术化”“科学化”的极端，但在评价过程中难以对素质、能力等非量化指标进行准确测评，评价成本较大，实施的可行性不高，难以确保教育评价的准确度。① 李琳、刘昊认为，在科学主义取向的主导下，教育评估实践遵循“抽象人”的范式。这种范式存在“重形式—轻内容”“重结果—轻过程”“重他评—轻自评”的问题，该范式下的教育评估无法满足评价主体的真实需求。② 祝宝江认为，在教学质量评价中出现了可以测量性范式、相互比较性范式。这两种评价范式不利于师生间形成良好的互动机制，易使评价流于形式，出现照本宣科、脱离教材的现象，不利于实现既定的教学目标，导致评价结果缺少客观性。③ 方兴武、阮成武认为，我国教育评价还未达到第四代教育评价范式，评价的行政化、管理化色彩浓厚，追求结果主义。④ 王焕霞认为，应当构建一种发展性、回归人性、贴近自然与生活、开放性的学生评价范式。对此，王焕霞从价值取向、主体导向、过程导向、自由导向四个层面来阐述新型评价范式的基本特征。第一，价值取向应彰显人文化、开放化、多元化特征。第二，发展性评价范式强调学生在评价过程中处于主体地位，应关注学生对知识的多元建构。第三，强调过程性评价，应把评价纳入学习当中，注重对教育过程的整体性评价。第四，实现个体的自由解放和自主发展是该评价范式的终极目标。评价应当肯定学生天性的存在，应当在合乎人

① 刘志耀：《教师评价范式：认识论与方法论的审视》，《煤炭高等教育》2007 年第 4 期。

② 李琳、刘昊：《从“抽象的人”到“具体个人”：教育评价范式转变及其对学前教育评价转型的影响》，《教育测量与评价》2018 年第 1 期。

③ 祝宝江：《偏颇与修正：高职教育质量的评价范式》，《黑龙江高教研究》2013 年第 7 期。

④ 方兴武、阮成武：《论教育评估实践范式的转型》，《黄河科技大学学报》2015 年第 4 期。

性的范畴内进行评价。[①]

综上所述，不同的研究者对教育评价范式的阐述和理解有所不同，或把范式等同为方法论，或从评价目的的角度去概括范式等。可以看出，研究者们对于范式的理解和概括还是处于割裂的状态，没有从整体上把握范式。但从某种层面上说，研究者们还是意识到当前的教育评价范式存在一定的局限性，亟待发生变革。但更多研究还只是停留在对现有的教育评价活动进行浅层次的表象描述，缺乏对教育评价实践中的“范式”特征进行全面、深入、系统的探究。

（三）关于教育评价范式转换的研究

转换教育评价范式的原因究竟是什么？即范式转换的目的。赵必华聚焦传统教育评价范式的问题，探讨了转换教育评价范式的原因。他认为，“在传统的教育评价范式中，心理测量的模型因为无法保证评价结果的公平性而受到批判，教育问责的评价目的难以对教学产生积极影响，而建构主义心理学的兴起丰富了评价内容。因此，为了整合不同理论对评价范式产生的冲突和矛盾，亟待构建一种全新的教育评价范式”[②]。朱铁成则从理论、实践两方面出发，阐述了转换教育评价范式的必要性。首先，多元智力理论和建构主义理论等新兴教育理论对教育评价范式的转型起到了催化作用。其次，量化范式已不再适应当今时代发展的需求。[③] 李玉萍认为，教育评价范式的转变是社会经济发展的必然趋势。在当前“互联网＋经济”的高质量发展时代，急需

---

① 王焕霞：《发展性学生评价：内涵、范式与参照标准》，《山东师范大学学报》（人文社会科学版）2017 年第 1 期。

② 赵必华：《教育评价范式：变革与冲突》，《比较教育研究》2003 年第 10 期。

③ 朱铁成：《论我国教育评价范式及其转型》，《浙江师范大学学报》（自然科学版）2007 年第 4 期。

大力培养全面发展的高素质人才。只有摈弃原有封闭、落后的教育模式，才能培养出符合社会发展需要的全面型优秀人才。因此，社会经济快速发展必将导致教育评价范式由封闭走向开放。①

那么，我们究竟该如何转换教育评价范式呢？大多数研究者以第四代教育评价理论作为教育评价范式转换的“蓝本”，提出把原有的实证评价范式替代为以谈判、协商为核心的建构评价范式。转换教育评价范式首先应明确范式转换的方向，否则就会出现偏差。评价范式该转向何方？往哪几个方面转？杜瑛认为，范式转换的核心在于评价主体之间能否进行有效协商和共同理解。为此，她从前提假设、价值基础、方法论基础、评价标准，以及评价结论方面对新范式进行了整体阐述。价值多元化、协商、建构主义是新的教育评价范式的核心要义。②

戚业国主张从价值取向，评价目的，评价准则三个维度来转换教育评价范式。新范式要以提高教育活动的质量为根本目的，平衡多个利益主体参与评价的话语权，并反复协商和讨论评价准则的制定。③ 朱铁成认为可以把评价的内容、方法、评价主体等方面作为范式转换的突破口。第一，“知、情、意、行”均要在评价内容中有所涉及。第二，实施创造性、多样化、个性化的评价方式。第三，拓展评价主体，把学生、家长、企业、社区、机构都纳入其中。刘佳从教学评价制度、方法论两方面对教育评价范式的转换提出建议。一方面，制定规范教

① 李玉萍：《论教育范式的后现代转换》，《教育理论与实践》2010 年第 31 期。

② 杜瑛：《我国高等教育评价的范式转换及其协商机制研究》，博士学位论文，华东师范大学，2010 年，第 66 页。

③ 戚业国、杜瑛：《教育价值的多元与教育评价范式的转变》，《华东师范大学学报》（教育科学版）2011 年第 2 期。

学评价的相关规章制度，确保每个评价主体的基本权益都能体现。另一方面，在教育评价中引入主体间的价值协商机制。① 苏启敏通过改变学生成就标准来实现教育评价范式的转换，他倡导“另类评价”，通过协商的方式来制定评价标准主张实施，使评价回归真实，即根据学生发展状况不断地生成与建构评价标准，鼓励学生创造性地解决问题。②

周志刚、杨彩菊认为，教育评价范式的转换应当体现在评价假设、价值观、评价方法以及评价伦理范畴。第一，评价假设应当从客观主义转变为建构主义，强调教育评价过程的动态性、持续性、循环性，凸显评价的人文化特征。第二，价值观从极力排斥转变为主动接受，即尊重、接受不同主体的价值观，通过合理协调和沟通缩小差距，达成共识。第三，评价方法从“纸笔测验”“工具测量”等控制性的评价方法转变为基于情境下的解释性方法，让评价变得具体化。第四，重视评价者和评价对象之间的伦理关系问题，赋予各个评价主体平等的权利，有利于提升个体参与教育评价的主观能动性。③

符美玲认为应当从教育评价目的、评价过程、评价标准、评价方法四个层面出发，来实现教育评价范式的转换。第一，评价目的应当从注重“知识考评”转向“评学习过程”，满足学生个性化的学习需求，而不是拘泥于获得高分。第二，应当进行常态化的教育评价，把教育评价纳入日常性的行为活动，转变原先的“戳点式”教育评价，有利于对个体实行动态式的观察，保障评价结果的准确性。第三，评

① 刘佳：《第四代评价理论视阈下高校教学评价制度的反思与重建》，《教育发展研究》2015 年第 17 期。

② 苏启敏：《成就标准：教育评价视域下的范式变革》，《教育理论与实践》2009 年第 28 期。

③ 周志刚、杨彩菊：《教育评价范式特征演变的向度分析》，《江苏高教》2014 年第 4 期。

价标准的制定应从注重评价学生的学习内容转向学生的学习方法和技术，注重学生获取知识背后采用的学习方法和思考逻辑，主张把学生学习的思维方式和逻辑架构囊括到教育评价标准的制定当中。第四，在教育评价方法上，从注重统一化、标准化的定量评价方式转向注重个体差异性的质性评价方式，充分收集主体信息和证据来进行教育评价。①

钟秉林、王新凤认为应当从宏观和微观两个层面来实现教育评价范式转换。从宏观上说，应当构建稳定的、完善的高校教学质量评估体系，来实现高等教育的内涵式发展。从微观上谈，一方面要构建以学习结果为导向的评价方法，将反映学生学习效果的评价指标作为重要标准。另一方面，高校始终享有教学评价的主体地位，支持多元化主体参与教育评价。② 俞佳君认为应当构建以学习者为中心的评价范式，从重视管理转换为注重发展的评价理念、以教学为主转换为学习建构为主的教学理念、以单一化的方法转换为多元化的评价方法等来进行教育评价范式的转换。③

综上所述，研究者们普遍认为，对于为什么要转变教育评价范式，有以下两方面。一方面，符合新时代教育评价改革的发展趋势。科学化的教育评价范式已然不适应新时代的要求，教育面临转型的阵痛和革新压力，转变现有的教育评价范式是推动我国教育繁荣发展的必由之路。另一方面，教育理论的创新促使评价范式发生转变。研究者们在教育实践中不断提出多元智力理论、建构主义理论等新的教育理论，

① 符美玲：《教育评价范式转型的基本逻辑及推进策略》，《长江丛刊》2020 年第 22 期。

② 钟秉林、王新凤：《普及化阶段我国高校教学质量评价范式的转变》，《中国大学教学》2019 年第 9 期。

③ 俞佳君：《以学习为中心：高校教学评价的新范式》，《高教探索》2016 年第 11 期。

这些理论的提出为转换教育评价范式起到了理论支撑的作用。笔者认为，我国教育评价目前存在的问题较多，而产生问题的根源在于，当前的科学实证范式已不再适应时代发展的需要，必须转变现有的教育评价范式，重塑我国的教育评价体系。目前，大多数研究者们都主张以第四代教育评价理论为基础来进行范式转换。但是，研究者们大多从微观角度进行阐述。例如，一部分研究者主张从评价方法入手，采用多样化的评价方式来解决评价问题；一部分研究者们主张改变价值判断、评价目的、评价主体来转变评价范式，没有从宏观、整体的视角去探讨教育评价范式转变的措施。

三　研究述评

教育评价范式及其转换是系统性的研究，通过以上综述，我们可以得出以下结论。

首先，不论是在国内还是国外，范式在教育评价中的作用越来越被人们所重视。随着我国对教育评价研究的进一步深入，更多研究者们开始引入库恩的范式理论，为构建科学的教育评价体系提供思想指导、方法论支持，从而促使教育活动不断走向科学化。

其次，在教育评价范式及其转换方面，也取得了一些实质性的进展。例如，有研究者把教育评价范式分为实证导向型范式和人文导向型范式两种类型，并指出当前范式的实证性特征突出而人文性特征明显不足，过于注重教育评价的实证性、科学性和准确性。大多数研究者们从评价目的、评价准则、评价方法等各个要素出发，对教育评价范式转换进行了初步探索，并提倡全面、客观、多样化的教育评价。

尽管目前教育评价范式及其转换的研究已经取得了一定成果，但是在研究的广度、深度上还存在一些不足，教育评价范式研究还有许多问题等待我们去完善。

第一，研究内容较为窄化，没有从宏观上把握，缺乏一定的系统性。目前，对教育评价范式转换的研究主要集中在微观的教育评价层面上，试图从教育评价范式的特殊化研究中抽象出教育评价范式的一般化特征，或窄化教育评价范式的研究范围，把某一个阶段的评价范式特征等同于整体的教育评价范式特征，有以偏概全之嫌。这一现象源自人们对于"教育评价范式"的概念及划分存在理解上的窄化和偏差。因此，要想研究我国的教育评价范式，必须有广阔的视野，进行系统的专门研究才能获得真正有价值的结论。

第二，研究内容的粗浅化，研究教育评价范式缺乏理论深度。一方面，对我国教育评价范式现状的把握，鲜有从理论层面进行深入分析。另一方面，虽然研究者们已经意识到如今的教育评价范式转变正当其时，但是在论述新评价范式的理论依据时几乎是一笔带过。此外，我国教育评价范式的发展脉络如何，也没有相关学者对其进行总结和梳理，要想全面概括现今的教育评价范式，必须梳理我国教育评价范式的发展历程，以历史的视角对其进行全面把握。

第三，没有站在"范式"的高度来进行研究，与一般教育评价研究的区分度不高。只是在文章中扣了一个"范式"的帽子，但实际上研究的还是教育评价的问题，研究中兼顾范式的两个核心要素——价值取向和实践方式十分不够。总之，在新时代经济社会快速发展的背景下，教育评价越来越受到人们的关注，关于教育评价范式的相关研究也越来越多，但目前的研究还存在上述不足，这些不足也正是笔者力求有所突破的地方。

第三节 研究内容及方法

一 研究内容

本编以回顾—反思—建构的思路对我国的教育评价范式进行分析，依据以下思路展开论述：教育评价范式是什么—我国教育评价范式是如何演进的—现今我国教育评价范式的特征是什么—我国教育评价范式如何转换。

第一部分，介绍了研究背景和研究意义，梳理了该领域的文献、专著中的主要观点并做了综合阐述，简要概括了本编的相关研究内容、方法和概念界定，为后续的进一步研究打下基础。

第二部分，力图把握教育评价范式的核心定义，从理论和实践出发，深挖第四代教育评价理论、教育研究范式理论以及梳理我国教育评价实践，并把我国教育评价范式划分为科学实证和人文建构这两种基本形态。

第三部分，在深入理解教育评价范式的基础上，对我国教育评价范式的发展历程进行梳理，挖掘我国教育评价范式演变的特点。以时间为纵向的逻辑顺序来归纳我国教育评价范式的现状特点，整体把握我国教育评价范式的特征。

第四部分，从价值取向和实践方式两个维度提出教育评价范式转换的新时代要求。具体来说，在价值取向上，要从工具本位转向人本主义、行政本位转向民主协商、结果本位转向重视过程；在实践方式上，则从评价目的、评价主体和评价方法三个方面提出转换方向。

第五部分，该部分的主要基调是展望未来，明确教育评价范式转换的条件，即明确教育评价范式转换过程中的有利条件和不利条件；探究教育评价范式转换的措施，即转变我国教育评价范式的做法，解决具体怎么做的问题。

二　研究方法

历史研究法：笔者通过查找大量历史资料，依据历史发展的脉络及历史发展的阶段性特征对我国教育评价范式进行纵向梳理。从理论和实践两方面入手，总结我国教育评价范式的历史形态，深入探究教育评价范式的社会历史背景，为建立符合新时代背景下的教育评价范式提供借鉴意义。

文献分析法：笔者通过阅读相关国内外学术专著、期刊论文等资料，对前人的研究成果进行深入分析和整理，以求全面了解我国教育评价范式的历史、研究现状，为顺利开展研究打好坚实的基础。

多学科研究法：笔者通过吸纳哲学、社会学、管理学等多个学科的理论知识，运用开放性、整体性、综合性的学术思维，跳出现有学科领域，多角度分析当前我国教育评价范式的特征，为实现教育评价范式的转换提供理论支持与实践指导。

第四节　概念界定

客观准确地明确研究对象的基本概念是谋篇之大端。因此，笔者将对本编涉及的三个关键词——范式、教育评价范式、范式转换进行概念界定。

一　范式

范式由“范”和“式”组成。在《辞海》中，“范”有着范例、模范、榜样之意，“式”有着式样、仪式之内涵。① 英文中的范式（paradigm）发端于希腊文，由前缀 para -（在旁边）和后缀 dig -（表达、展出）所组成。两者结合，有着共同展出之意，后引申出规则、模式、范例等含义。

在 20 世纪 60 年代，美国学者托马斯·塞缪尔·库恩（Thomas Samuel Kuhn）介绍了他的“范式”概念。第一，“范式”代表形而上学的实体或观念，譬如一种价值观、一份法律、一种准则等。第二，“范式”一词也适用于人文社科范畴。第三，“范式”不能用具体的描述性事物来代替，譬如一本书、一把钥匙、一种工具等。② 总的来说，库恩所定义的“范式”指的是在某一特定的时段内，这一科学研究领域的研究者们所共同享有的世界观、价值标准、方法、操作模型等事物。

继库恩之后，学者们对“范式”的内涵做了更为全面的阐释。玛斯特曼（Masterman）认为，“哲学范式”和“社会学范式”是两种不同的概念，不能将其混为一谈。“哲学范式”更多把“范式”理解为一种世界观和方法论，代表学术研究者们共同遵守的信念、价值观等，具有一定的共性。“社会学范式”更多地把范式看成一种具体解决问题的方法、技术、手段，例如实施手段、操作配置、理论教材等。美国社会学家巴比（Bobbie）认为“范式”代表了看待事物的一种视角，

---

① 辞海编辑委员会：《辞海·哲学分册》，上海辞书出版社 1981 年版，第 548 页。

② ［美］托马斯·塞缪尔·库恩：《科学革命的结构》，金吾伦等译，北京大学出版社 2003 年版，第 4 页。

为看待生活和实体性特性提供了真实性的假设前提。① 周继良则进一步对“社会学范式”的定义做出了明确解释。他认为，“社会学范式”不仅仅代表了科学共同体成员公认的世界观和哲学思想，还代表了解决实际问题的具体模型、技术方法和范例。②

根据研究者们对范式概念的解读可知，“范式”的内涵和外延甚为广泛，研究者们对“范式”一词的理解也有重合。他们普遍把“范式”看作同一研究领域内行间所共享的世界观、普世观、方法、模型、范例、规则等。上述研究者们对“范式”内涵的把握虽具备一定的合理性，但不够全面。笔者认为，范式也体现了一定的哲学意蕴，表现为普世的世界观和价值观；在方法技术层面，展现的是解决问题的范例和模型。因此笔者认为，范式是一种集思想领域、规范领域、操作领域于一体的“集合体”，是学术共同体共同遵守的哲学思想、学科信念、价值标准和操作模式，凸显了范式的哲学思想、价值取向、操作模式的一般性特征。

二 教育评价范式

教育学科属于人文社会科学范畴，虽有别于自然科学，但也有其学科独特的发展内核，蕴含着该学科特有的哲学思想、价值观念、技术方法、实践模型等。对标“范式”基本概念可知，在教育评价领域“范式”是合理存在的，作出相应的价值判断是进行教育评价的前提基础。因此，有部分学者认为，教育评价范式是人们凭借某种特定的思维模式对开展教育评价活动进行建构性指导，这种评价范式有很强的

① ［美］艾尔·巴比：《社会研究方法》，邱泽奇译，华夏出版社 2000 年版，第 69 页。

② 周继良：《无存“范式”之争——教育学研究中的本质主义与反本质主义新解》，《现代大学教育》2011 年第 5 期。

主体倾向性特征。

笔者认为，教育评价范式的涉及面尤其广泛，具体包括三个部分。第一，教育评价研究共同体在某一特定时期内共同遵守的世界观和信念。例如，研究者们以实证主义或建构主义，抑或后现代主义的价值取向来进行教育评价。第二，解决教育评价问题的实际操作方法、技术支持和实验操作模型。例如，在评价过程中，评价信息的流动方向和路径可以用简化的操作模型来进行直观表达，评价过程中的信息流动是循环往复的，两条流动体系能流通顺畅并能互为补充是最佳的状态。第三，不同时段的教育评价范式也有所不同。例如，政府主导型范例、高校主导型范例和社会主导型范例代表了我国现有的高等教育评价的三种形态，并呈现出不同的教育评价特点。

教育评价范式对教育评价改革发展起到了“导航仪”“风向标”和“指挥棒”的作用，能为教育评价提供价值观念、思想理论、方法论指导，是提升教育质量的重要抓手。要想充分探析、挖掘我国教育评价范式，必须从具体的评价实践活动入手，厘清教育评价活动的基本活动样式和形态。从系统论的角度出发，教育评价活动是由价值取向、评价方法、评价主体等多个基本要素构成，要想提炼出我国教育评价范式的一般特征，就必须运用要素分析法，从各个因素入手，层层剖析。本编通过梳理我国教育评价活动的基本形态，总结出我国教育评价范式的特点，进而揭露现有教育评价范式存在的各种问题，架构起适应新时代发展需要的新范式，才能从根本上深化教育评价改革，加快建设教育现代化。

三　范式转换

何为“范式转换”？库恩在《科学革命的结构》中指出，当旧范式无法适应外界环境挑战之时，“范式革命”则无法避免，原有的思维惯性将会被冲破，新范式也会随之形成。这就是“范式转换”的过程。在库恩看来，范式转换实质上是新—旧范式转变的过程，也是对这一领域基本理论、方法与模式进行“重构”的过程。① 但大部分研究者们认为，转换教育评价范式带有革命色彩，当新的评价范式稳定下来并得到广泛推广后，范式转换才能算是真正的成功。

然而，笔者认为，教育评价范式转换与库恩所表达的范式转换概念有所不同。教育评价的范式转换属于人文社会科学领域，与自然科学的范式转换有所差异，并不是简单的新范式取代旧范式的过程，而是要继承旧范式中科学合理的部分，同时发展新的范式。教育评价的范式转换不是对旧范式的完全推倒重来，重起炉灶，而是去芜存菁，对旧范式中不合理的部分予以改造和剔除，将其科学合理的部分进一步发扬光大，是“扬弃”的动态过程。

① ［美］托马斯·塞缪尔·库恩：《科学革命的结构》，金吾伦等译，北京大学出版社2003年版，第8页。

第二章

教育评价范式及其划分

明确该学科的话语体系、构筑统一的研究平台是开展科学研究的基础，也是后续研究顺利开展的基本保障。本编以教育评价范式为研究对象，首先要明晰什么是范式、教育评价范式、范式转换，如何划分我国教育评价的范式，等等。

第一节　教育评价范式的一般划分

范式起初是在自然科学领域被广泛讨论，教育评价领域中也存在“范式”。国内外不同研究者对教育评价范式的划分不尽相同。

一　国外教育评价范式的一般划分

国外教育评价范式的划分一般是以评价方法和价值取向为依据，由于篇幅受限，笔者在这里选取几种有代表性的教育评价范式进行介绍。以评价方法作为划分依据，可以将教育评价范式划分为量化范式、描述范式、判断范式和建构范式。以价值取向为划分依据，可以将教育评价范式划分为目标导向范式、决策导向范式、目标游离范式、应答范式。

（一）量化范式、描述范式、判断范式、建构范式

美国学者库巴和林肯把教育评价划分为四个历史阶段：测量时代、描述时代、判断时代和建构时代。研究者们以此为基础，进一步将教育评价范式划分为量化范式、描述范式、判断范式、建构范式。

量化范式（1900—1930）。该范式主要运用纸笔检验、数据化测量、实验统计等数据化的方式进行评价，依据测量数据的高低来评定评价对象的优劣，一些非认知、主观经验的因素被排除在外。该范式最显著的标志是在教育评价领域广泛运用测量技术，体现出较强的操作性、客观性和科学性特征。但在实际操作中由于受主客观因素的影响，使得量化范式下的评价结果无法实现真正意义上的客观公正。

描述范式（1930—1935）。描述范式下的评价方法不再受限于考评测量，而纳入了观察记录、问卷访谈等方法。此外，不再只对智力进行测量，而是把测量的范围扩大到学生的综合素质方面，评价者更多对现象进行针对性的描述。描述性的评价范式更加注重人的个性发展，公正客观性较强。

判断范式（1946—1972）。判断范式强调对评价目标进行评价，强调评价目标设置的规范性、科学性、合理性。但该范式过于关注是否达到了评价目标的预期结果，没有从评价目标本身入手来考虑其合理性，重评价结果，轻评价过程，无法涉及意识形态等领域的评价，一定程度上忽视了评价的价值问题。①

---

① Lincoln Y. S.，“Fourth Generation Evaluation”，*Canadian Journal of Communication*，Vol. 16，No. 2，1989，pp. 24 – 31.

建构范式（1973 年至今）。该范式发端于 20 世纪 80 年代的美国，主要是多元主体利益相关者以回应和协商的方式实现价值多元化的建构过程。建构范式从建构主义哲学出发，认为教育评价是实现“心理建构”的过程。

（二）目标导向范式、决策导向范式、目标游离范式、应答范式

泰勒在 20 世纪 30 年代提出了目标导向评价范式，该范式以特定的目标为中心，重视结果与目标的比较。首先，制定教育目标，并依据预设的目标行为来设计评价情境，选择适当的评价工具，再将预设的目标与最终生成的行为做对比。教育评价的顺利进行离不开预先设定的合理评价目标。因此，要使评价有依据就必须符合社会需求所建构的知识、能力等标准。①

斯塔弗尔比姆于 20 世纪 60 年代提出了决策导向范式，认为帮助评价对象实现自我完善和自我改进是评价的目标。为此，他认为正确的评价范式应当摒弃以教学目标为中心的评价目的，替代为以决策为中心的评价目的。该范式由背景评价、投入评价、过程评价和结果评价所构成，每个阶段相互联系，相互依存。通过帮助决策者们及时调整原有计划，做好评价的预设和资源调配，实现效益的最大化。

斯克里文在 20 世纪 60 年代提出了无目标评价范式。该范式不受教育评价目标制约，以个人的需要作为评价标准，不再受限于评价目标导向，而转向以消费者的需要为导向。② 该范式把形成性评价和终结

---

① Lumsdaine A. A., ed., “Evaluation Research Methods”, *Population Communication Technical Documentation*, Vol. 10, No. 4, 1976, pp. 19 – 45.

② Scriven M., “Explanation and Prediction in Evolutionary Theory”, *Science*, Vol. 130, No. 3374, 1959, pp. 477 – 482.

性评价结合在一起，主张评价应当回归到评价本身，重视元评价。但该范式不被教育管理者所提倡，因为评价目标不以管理者的需求来制定，所以在一定程度上难以激发评价管理者实施评价的积极性。

斯塔克于20世纪70年代中期提出了应答评价范式。该范式关注教育实践者的实际问题，直接从教育实践的问题出发，通过持续对评价主客体之间有效的沟通，来掌握教育评价的实践主体。该评价范式主张尊重多元的价值主体，以观察、整体性探究、访谈等质性研究方法为主，认为教育评价应当由评价的条件和假设、评价过程和评价结果组成，主张在各个评价主体之间要及时交流评价信息，评价的开放性和民主性较强，但主要缺点是评价的科学性、客观性不足，成效甚微。①

二 国内教育评价范式的一般划分

国内对于教育评价范式的研究主要依据库恩的范式理论，一般是借用西方哲学思想来对教育评价范式进行划分，或是从教育政策评价入手来对教育评价进行提炼概括，抑或从方法论、评价目的、教育质量保障、教育评价活动入手来总结我国教育评价范式的特征。因前文已从方法论、评价目的、教育质量保障、教育评价活动角度总结了教育评价范式的基本类型，在此就不再赘述，主要介绍从西方哲学思想和教育政策评价这两个维度划分的教育评价范式的基本形态。

（一）实证主义范式、建构主义范式

胡森（Husten，T.）认为，在教育学领域存在定量和定性的研究

① Stake R. E.，"The Art of Case Study Research"，*Modern Language Journal*，Vol. 80，No. 4，1995，pp. 67－69.

范式。有学者以此为研究基础，认为教育评价范式可以划分为实证主义范式和建构主义范式。

实证主义范式以操作主义和行为主义为价值导向，注重统计、实验、测验的方法。这种教育评价范式的使用范围较广，成本较低，利用率高，主要采用数量化的形式对评价结果进行表征，凭借技术测量手段进行评价，可操作性、客观性较强。但该范式存在明显的结果导向，重描述、轻判断，忽视了对评价信息的沟通交流，尊重强势主体的利益价值需求，忽视多元主体需要，不利于发挥评价的导向性功能。

建构主义范式依据第四代教育评价理论，主张对评价对象进行有意义建构，通过主客体之间的交流协商来确定评价结果，强调教育评价要尊重人的主体地位，结合质性方法进行评价。该范式的主要特点是引入多元化的价值主体，在沟通协商的过程中实现对评价的建构，具体有以下特点：第一，能尊重、包容、理解并接受不同的价值观，让多元利益相关主体分别提出各自的需求，与评价者之间进行协商和沟通，直到达成共识。第二，根植于解释学，运用“解释”的方法进行评价并不断地进行事实的建构。第三，重视评价伦理。一方面，所有评价的利益相关者之间进行有意义建构的过程是被尊重的，各主体间可以自由发表看法，通过协商沟通达成一致。另一方面，突出了“人”的价值，强化了评价的调控、发展、服务、促进功能。

（二）人本主义范式、后现代主义范式

有研究者在吸收第四代教育评价理论的基础上，把我国教育评价范式划分为人本主义范式和后现代主义范式，并指出人本主义范式和后现代主义范式是未来我国教育评价范式的发展方向。

温雪梅、孙俊三提出了人本主义评价范式，旨在构建一种全面、

客观、多样化的评价，通过教育评价来保障个体价值的全面实现，倡导把实现人的根本价值作为评价的本原。在评价过程方面，不仅要对评价事实进行批判、反思，还需要对评价主体进行反思，不以单纯的数据结果作为评价依据，重视评价中个体的创造性价值。总体而言，人本主义范式是对生命关怀的一种评价。① 陆启越从德育出发，对人本主义范式做出了进一步的阐发，他认为在评价中发挥学生的主体性作用，尊重价值多元化是人本主义范式的终极追求。②

王景英、梁红梅等人之后以现代主义为基础，认为自 20 世纪 90 年代以来，我国的教育评价是一种后现代主义的评价范式，其特点主要有：第一，以反思、批判为主，找出教育评价现状的问题，并找出产生问题的症结。第二，主张采用多样化、创造性的评价方法，把质性评价和实证评价、自评与他评结合起来，创造性、个性化地进行教育评价。第三，强调评价主客体间的协商对话，消除歧视，共同促进教育评价有效进行。③

（三）解释主义范式、批判主义范式

教育评价为政府作出科学化的教育决策提供了保障，有利于提升政府的治理能力。制定教育评价政策与实施教育评价的关系十分密切，而确定科学的教育评价范式又是保障教育评价有效实施的基础。一方面，确立教育评价范式在一定程度上会影响教育评价政策的制定。另一方面，教育评价范式的转型也体现了教育评价在改进教育质量上作

---

① 温雪梅、孙俊三：《论教育评价范式的历史演变及趋势》，《现代大学教育》2012 年第 1 期。

② 陆启越：《德育评价范式：内涵、类型及演变》，《大学教育科学》2021 年第 1 期。

③ 王景英、梁红梅：《后现代主义对教育评价研究的启示》，《东北师大学报》（哲学社会科学版）2002 年第 5 期。

用凸显。所以，有研究者从评价政策入手来划分并概括我国教育评价范式的特征。

冯晖、吴磊认为，教育政策评价范式目前存在解释主义范式和批判主义范式两种基本形态。解释主义评价范式强调政策制定过程中的复杂性和情境性，反对量化标准，在政策制定过程中更倾向于使用质性研究、观察互动等方式，平等对待各个利益相关主体的价值需求，尤其重视弱势群体对政策制定的态度和感受，采用协商和建构的方式来达成目标。但该评价范式的主观随意性较大，容易依赖价值主体的主观感受。批判主义范式既强调可观测的外部现象特征，也关注内部相关因果关系的深度剖析，既重视主体的主观感知和经验，也注重主客体间的沟通交流。该范式指导下的教育评价系统由多元、复杂的元素构成，可以灵活应对不同条件下的评价差异性问题。①

刘红熠认为，价值评价是最重要的，如若忽视评价的价值，那评价无异于是隔靴搔痒。为此，他认为同时注重对事实和价值的双重评价是最有效的评价范式。该范式既注重对评价方法和技术的应用，也注重对价值的评判，认为二者的关系并非矛盾对立的，在某种情况下还可实现互补。价值判断是建立在一定的事实基础之上的，力图用评估模型把实证性评价方法和建构性评价方法完美结合，搭建事实与价值之间的沟通桥梁。这种带有后实证主义烙印的范式具有较强的综合性、开放性、适应性的特征，为我国建立科学全面的教育评价的政策性框架提供了理论基础。②

---

① 冯晖、吴磊：《教育评估的政策演进、现状剖析及推进逻辑》，《现代教育科学》2018 年第 10 期。

② 刘红熠：《教育政策评估范式选择问题研究》，《当代教育科学》2013 年第 3 期。

第二节 本书教育评价范式的划分

划分我国教育评价范式，要依据理论和实践相结合的原则，以第四代教育评价理论、教育研究范式理论为理论依据，以我国教育评价活动的发展历程作为实践依据，在教育评价的实践活动中提炼范式的类型和特点。本书基于上述考虑，将我国教育评价范式主要划分为科学实证范式和人文建构范式两种，并从价值取向、评价目的、评价主体、评价方法等方面，对这两种教育评价范式的内在特征和差异进行深入分析。

一 本书教育评价范式划分的依据

西方孕育了现代教育评价思想，要想深入探究我国教育评价范式，必须把研究教育评价基本理论作为“先手棋”。本书将运用历史研究法，以史为鉴，把教育评价范式置身于教育评价发展的历史中，结合理论和实践依据对教育评价范式进行分类。

（一）理论依据：第四代教育评价理论和教育研究范式理论

1. 第四代教育评价理论

美国科学家库巴和林肯（E. G. Guba and Y. S. Lincoln）于 20 世纪 80 年代末撰写了《第四代评价》，书中详细地论述了有关教育评价的相关观点。他们认为，评价与“价值”关系十分密切。从本质上说，教育评价是一种“价值赋予”的过程，彰显了建构主义的色彩。库巴和林肯梳理了前三代传统的教育评价理论的特点，并总结了各阶段的问题，集中表现为：第一，管理主义色彩十分浓厚。管理者把控教育评价活动，排除评价对象及其他有关人员，不利于构成评价主客体间的良性互动，造成沟通困难，进而难以发挥评价的改进功能。第二，评价主体单一，忽视多元主体价值和利益，容易引起被评对象的不满和消极对待，不利于形成良好的评价氛围。第三，过于强调科学导向的实证评价范式的运用。重数据分析、量化考评、统计测量等评价方法，较少运用质性评价方法，使评价过于僵化，无法准确进行评价。[①]

为了解决前三代教育评价的历史局限性问题，库巴和林肯主张把多元化的价值主体都纳入教育评价体系，并充分平等地考虑各自的利益需求。为此，相关学者们以“回应—协商—理解—共识”作为线索，在各利益相关者主体间实行“共同建构”的方式，来构建第四代教育评价。[②] 归纳起来，第四代教育评价具有以下特点。首先，关注并回应价值主体的多元需求，协调多种价值主体间存在的分歧以达成共识。其次，聚焦以回应性的方式来收集评价信息资料，鼓励评价的利益相关者平等表达自身对于评价的价值需求，就评什么、如何评等相关问题进行协商沟通，共同促成评价结果的形成。最后，反对一味地追求评价的精确性，提倡采用更多的质性评价，来确保评价的深度和广度。

有研究者以上述四个发展阶段为基础，依据不同时期的评价技术和方法，把教育评价范式主要划分为量化、描述、判断和建构范式。其中，前三种范式都带有科学主义的烙印，量化性、实证性是这三种范式的主要评价方法，对观察、访谈等质性研究有所忽视，可以将前三种评价范式视为科学化倾向的评价范式。然而，建构范式植根于人

① Guba E. G., Lincoln Y. S., *Forth Generation Evaluation*, Los Angeles: Sage Publications Inc, 1989, pp. 85 - 88.

② Guba E. G., Lincoln Y. S., *Forth Generation Evaluation*, Los Angeles: Sage Publications Inc, 1989, pp. 130 - 136.

文主义价值取向，在本体论、认识论、方法论上不同于传统的科学范式。当前，为了使评价摆脱现代科学主义的技术化垄断，最大程度彰显教育功能，人们逐渐主张采用人文建构范式进行教育评价。

2. 教育研究范式理论

早在20世纪初，实证主义研究范式和人文主义研究范式的冲突壁垒一直长期存在。实证主义研究范式的主要任务在于分析并解释事物间的因果联系，强调模仿自然科学，注重定量分析，客观性、操作性较强。人文主义研究范式则广泛运用于人文社会学科，强调说明、观察等方法，注重搜集信息的完整性。因此，两种研究范式是对立统一的关系，两者之间此起彼伏，构成对立的两极。

实证主义研究范式于19世纪初兴起，20世纪70年代开始盛行。该范式强调价值无涉，不主张对事物进行先入为主的判断，强调实事求是，只对客观事物进行“纯客观”“实际化”的描述，强调运用统计、归纳分析、量化操作来进行客观性研究。① 只要是基于对事实的研判，都可被称为实证范式。在这种范式下，情感、价值、意识、道德等非认知层面的内容被忽视，背离了实际生活的自然环境。该范式强调教育是客观存在的活动，虽具有主观能动性的特点，但也受一定的社会、经济、政治条件所制约。② 此外，该范式借助自然科学的模式，量化处理教育现象，具有一定的可操作性、客观性、科学性的特点。

人文主义研究范式重在主体间的互相“理解”，重视主体间的对话交流与沟通，强调通过沟通、理解的方式来达成目标的统一，主张采

---

① 王洪才、田芬：《“证实规律”与“阐释意义”：人工智能时代教育研究范式的两种旨趣》，《西北师大学报》（社会科学版）2021年第3期。

② 王卫华：《教育思辨研究与教育实证研究：从分野到共生》，《教育研究》2019年第9期。

用联系的、整体的观点来进行研究。该范式被假设成一种有意义的行为，研究不能局限于对行为本身的了解，而是各个评价主体间的互相理解，达成共识。① 人文研究范式主张研究者们采用实地考察的方式，才能深刻地体会到被研究者们所关心的问题，在不断地总结反思中实现问题的再现和建构。一方面，这种范式具有主观性和价值性的特征，通过观察、体验、表达、理解的方式揭露人在世界中的意义，实现生命价值的最大化。另一方面，也具有一定的情境性特征，以一定的情境为背景来进行评价，人文化特征明显。

（二）实践依据：教育评价活动的发展历程

运用历史的观点分析我国教育评价实践，可以得知我国主要经历了从以考试评价为主的教育评价到多元化教育评价的演变。在中国，科举制的兴起是我国古代教育评价思想萌发的主要标志，后期却因各种原因，现代教育评价的兴起远远落后于西方。直至 21 世纪，我国的现代教育评价才逐渐萌芽。我国现代教育评价活动以早期的教育测验运动兴起为开端，故本书以早期教育测验运动为起点，来回顾我国教育评价活动的历史发展进程。

20 世纪初，我国早期教育测量运动伴随着西方教育测量理论的传入而兴起。教育评价结果被工具化、数量化的数据所解释。教育评价充满了科学实证主义的色彩，具有技术化、定量化、科学化、可操作化等特点。随着一些心理学与测量学方面的专业书籍出版，各种对智力、人格等进行测量的工具大量涌现，促进了我国教育评价的发展。新中国成立以来，我国学习“苏式考评法”，教育评价研究也未能得到

---

① 唐松林、周文娟：《教育研究范式类型及演化分析：差异、辩证与融通》，《郑州师范教育》2012 年第 6 期。

重视。党的十一届三中全会召开后，社会、经济、政治、文化等各方面拨乱反正，教育受到高度重视，教育评价的研究和实践开始步入正轨。1985 年《关于教育体制改革的决定》的颁布，标志着我国教育改革的全面启动，也标志着教育评价走上制度化建设之路。由于我国教育评价的本土化研究还未充分发展起来，起初的教育评价主要是对西方教育评价模式的“依葫芦画瓢”，主要通过纸笔测验分数的高低来衡量教育成效。这种科学主义取向下的教育评价范式过于关注评价结果，而忽视了对评价过程的关注，教育评价成为个体间进行横向比较的工具，评价对象处于被动地位。

新时代以来，教育评价亟待摆脱“技术理性”的泥潭，人文主义价值取向愈发被重视。我国于 2014 年出台了有关考试招生制度改革的相关文件，强调不应单纯地依靠考试分数的高低进行教育评价。2016 年我国又转向教师评价改革，强调应当实施综合性的教师评价，不应单纯依据学历高低、论文发刊率、职称高低作为评价依据。2018 年的全国教育大会上，习近平总书记强调指出，破除“五唯”顽瘴痼疾是我国教育健康发展的关键。2020 年我国出台《深化新时代教育评价改革总体方案》（简称《总体方案》），以立德树人为主线，以破“五唯”为导向，以五类主体为抓手，对教育评价改革做了总体部署和安排。在教育评价改革中，我国开始对过度量化的教育评价进行反思，在吸收第四代教育评价理论的基础上，评价标准逐渐摆脱简单化、片面化、绝对化的特征，坚决克服“五唯”顽疾，转变不科学的评价导向，回归正确的教育评价。① 这说明不但要重视学生在知识储备、方法技能等方面的提升，还应当重视对学生情感、态度、能力等多方面的评价，

① 何忠国：《坚决克服“五唯”痼疾》，《学习时报》2018 年 9 月 19 日第 1 版。

同时强调评价对象与评价者之间的相互沟通。由此可见，我国的教育评价已凸显出人文主义的评价特质。

因此，应当从理论和实践两方面来分析我国的教育评价范式。19世纪初我国的教育测量运动终究只是西方的舶来品，而并非我国特有的教育评价活动，在发展过程中也出现了严重偏差，后因长年战争，我国教育评价陷入停滞。直到1985年中央颁布《关于教育体制改革的决定》，我国教育评价开始走向制度化、规范化。所以，本编关于教育评价范式的划分，也主要始于改革开放之后。此外，本编关于我国教育评价范式的划分，也只是一般原则性划分，并不具备精确定量的意义，范式之间并不存在十分严格的界限。人文社会学科与自然科学不同，有着自身的独特性，它所推崇的范式转换是一种继承式发展，教育评价范式的转换不是对旧范式单纯地否定，而是去粗取精的过程。

二　本书教育评价范式的基本类型

基于上述理论与实践两方面的考察分析，不难发现我国教育评价范式的两种典型构建模式：科学实证范式和人文建构范式。教育评价范式体现教育评价领域共同体所共有的理念、价值观、方法、操作规范等，经过价值取向、评价目的、评价主体、评价方法等方面的对比，可以发现这两种教育评价范式的内在特征和差异。

（一）科学实证范式

科学实证范式以科学主义为价值取向，主要运用数据处理、统计测量、操作实验分析等量化手段来分析评价结果。在该范式下，所有的教育现象都可以被定量化，都可以用量化数据、公式来表达。评价者把评价对象看作确定的、单一的、客观的实体，并将其作为衡量教育效果的一种教育评价范式。为了更高效地甄别和选拔人才，科学实证范式受到了无数教育管理者的追捧，强势利益主体把控着教育评价结果的解释权，学生、家长、用人单位等弱势利益主体被排除在外。

科学实证范式采用数量化的、客观准确的数据，以统计分析、测量等方法进行教育评价。总体而言，该范式有以下特点：第一，客观性。科学实证范式下的教育评价以统计、分析、测量为主要手段，以数据的形式来表示教育评价的成效，体现了评价的精确性、客观性、技术化、科学化的特点。第二，片面性。教育评价内容的涉及范围甚广，不仅涵盖了关于科学知识水平等认知领域的评价，还包括情感、态度、能力、价值观等非认知领域的评价。但科学实证范式主导下的教育评价容易陷入“知识中心主义”的窠臼，根据纸笔测验分数的高低来检验教育效果的好坏，这种评价方式太过于笼统和绝对。第三，封闭性。教育评价强调各个环节间的流动性和互补性，科学实证范式造成了评价主客体间、评价过程与评价结果间的闭环，使得教育评价不具有开放性。该范式下的教育评价话语权容易被强势利益主体所把控，教育管理者、教师往往有评价的主动权。而学生、家长、第三方机构等群体则缺乏话语权。该范式采用量化测评这种单一、僵化的方式，通过评判数据的高低来判断教育质量，使得教育评价流于形式，无法彰显教育评价的激励和促进作用，更无法从根本上促进学生的全面发展。

（二）人文建构范式

人文建构范式坚持以人为本的原则，遵循人文主义价值取向，注重体现人的价值，尊重人、理解人、关心人，重视评价过程中评价主体和客体之间的沟通，以实现人的全面发展为评价目的。该范式下的教育评价主张多元化的价值主体参与到评价当中，强调评价主客体之间的“有效建构”，充分尊重并考虑多元价值主体的利益需求。

该范式有以下特点：第一，人本性。人文建构范式的教育评价主张以人为本，强调一切为了人的发展，在尊重人的前提下进行评价。[①]因此，人文建构范式下的教育评价以人本主义为价值取向，尊重每一位评价主体，充分考虑他们的切身利益，探寻教育评价的真谛。实现被评价对象的自我完善。第二，动态性。与科学实证的评价范式不同，人文建构范式的教育评价强调评价并非为了获得一个确定的评价结论，评价并非最终的目的，实现被评价对象的自我激励和发展才是评价的目的。因此，让教育评价为个体发展提供源源不断的动力，充分发挥教育评价的激励、导向、改进、服务等功能，是人文建构范式的题中之义。第三，开放性。该范式下的教育评价不囿于单一主体，重视学生自评和第三方社会评价，主张实施开放的教育评价，一定程度上避免教育评价陷入僵化，保证了评价的真实性。

① 胡弼成、欧阳鹏：《现代大学中“人格之治”的特殊意蕴》，《大学教育科学》2017年第2期。

第三章

我国教育评价范式的演进及现状

本章在范式演化的基础上，将我国教育评价范式的发展划分为以下三个阶段：萌芽阶段、确立阶段、转型过渡阶段。在梳理完各个阶段的特点后，得出我国教育评价范式大致经历了从科学实证范式到人文建构范式的演变。而在未来，以尊重人、激励人、塑造人为目标的人文建构范式将是符合我国社会发展的理想范式。

第一节 我国教育评价范式的演进

中国是教育评价的重要发源地之一，科举制是我国古代主要的教育评价方式。然而，受多方面因素的影响和制约，我国近现代的教育评价在很长一段时间内陷入了沉寂。1949 年新中国成立，中苏开始建交，我国主要学习苏联的教育考评法。1966 年爆发“文化大革命”并废除高考，我国的教育事业遭受严重破坏，陷入全面瘫痪。1978 年党的十一届三中全会召开，开始全面拨乱反正，现代教育评价才逐渐复苏。

一　萌芽阶段（1978—1984年）

（一）基本过程

1978年，我国教育百废待兴。随着党的十一届三中全会的召开，具有现代意义的教育评价开始复苏，并酝酿发展。

20世纪80年代，我国引入泰勒的目标导向教育评价模式和西方的标准化测验模式，以数据化、科学化为主要特征的量化考评法逐渐被人熟知。教育测量与统计理论、现代概化理论、项目反应理论等国外的教育评价理论传入我国，打开了我国教育评价理论研究的缺口，一些专家学者潜心研究国外有关教育测量与评价的理论并取得了显著成果。20世纪80年代，北京师范大学高考研究组曾对1978—1984年的高考试卷进行了系统的分析和研究，针对高考试卷的编制、高考的具体考试形式，以及高考成绩的最终核算等一系列问题提出了可行性建议。1981年，成立教育统计与测量研究会，为我国后期进行教育量化评价提供了保障。

20世纪80年代初期，一大批国外教育评价的专家受邀来华讲学，介绍了海外关于现代教育评价的先进研究成果。许多学术期刊也陆续刊载了翻译我国台湾地区以及国外相关理论研究的文章，如李聪明的《教育评价的理论和方法》、布鲁姆教授的《教育目标分类学》等。1982年，上海市依据“加强基础，培养能力，发展智力”这十二字方针率先扛起了教学改革的大旗。同时，把改革的方向聚焦到如何进一步考核学生能力、如何切实提高评价改革成效上来。为此，华东师范大学与上海市教科所对如何开展学科考评进行了深入研究。1983年，国外著名教育评价专家胡森（Torsten Husen）、布卢姆

(B. S. Bloom) 教授受邀来华访学，为我国带来了西方教育评价理论知识。1984 年，我国正式加入“国际教育成就评价协会”(IEA)，同时建立“中国国际教育成就评价中心”，加快了我国现代教育评价的研究进程。①

总之，在 1978—1984 年，我国的教育评价才刚刚起步，还处于萌芽状态。虽然我国于 1977 年恢复了高考制度，使教育评价重新焕发生机。但我国教育评价研究的真正启动，还是在 1978 年党的十一届三中全会召开之后。由于我国教育事业长期停滞，发展动力不足，加上缺乏相应的教育评价理论基础做支撑，我国的教育评价还未成体系，教育评价范式也只是处在孕育之中。

(二) 主要特点

第一，现代教育评价开始起步，为科学实证教育评价范式奠基。新中国成立后，我国一直照搬苏联模式，其间由于多种原因，导致教育评价陷入停滞。直到 1978 年，我国的教育评价才逐渐复苏，中国特色的教育评价体制亟待建设。我国现代教育评价起步较晚、发展道路较为曲折，而西方的教育评价体系已日渐完善。为了重建我国教育评价体系，在 20 世纪 80 年代中期前，我国主要是通过吸收、借鉴外国教育评价理论，引进海外专家来华交流的方式来进行教育评价研究。1978—1984 年，教育统计、教育测量、教育管理等学科的研究又重新复苏，为教育评价的复兴提供了理论和技术支持。

第二，加快对教育评价理论的研究，并尝试与我国教育评价实践紧密结合。1982 年，学者们相继出版了关于教育测量方面的书籍。例

① 肖远军、邢晓玲：《我国教育评价发展的回眸与前瞻》，《江西教育科研》2007 年第 12 期。

如，吴天敏三次修订了中国比纳测验量表，并出版了相关书籍；张厚粲、龚耀先等编制并修订了少年儿童学习能力测验量表、韦克斯勒量表、中国儿童发展量表等。同年，叶佩华教授等人对《心理与教育的测验和评价》（*Measurement and Evaluation in Psychology and Education*, 1977 年版）一书进行了翻译。[①] 学者们把教育测量学的原理与我国教育评价实践相结合，对高考进行分析统计和研究。

第三，科学实证范式开始萌芽。该时期我国主要采用引进借鉴国外教育评价理论知识、翻译大量国外教育评价著作等方式来开展教育评价相关研究，我国教育评价尚处在起步阶段，尚未形成体系。尽管引进了许多关于外国教育测量方面的知识，科学实证化的量化考评方式也逐渐被学者们所接受，但该时期我国只是在吸收国外教育评价理论的基础之上开展探索。严格来说，量化的考评方式还未在全国范围内传播开，教育评价的科学实证范式还只是雏形和萌芽。

二　确立阶段（1985 年—20 世纪 90 年代初）

自 20 世纪 80 年代中期后，国家陆续颁布《中共中央关于教育体制改革的决定》（1985）、《普通高等学校教育评估暂行规定》（1990）、《中国教育改革和发展纲要》（1993）等一系列规范性文件，为教育评价的发展提供重要法律依据和制度保障，我国教育评价步入大发展阶段，教育评价的理论研究和实践探索走向了规范化，科学实证的教育评价范式得以确立。

---

① 李夏妍：《我国现代教育测量发展述析》，《哈尔滨师范大学社会科学学报》2014 年第 2 期。

（一）基本过程

1985 年，《中共中央关于教育体制改革的决定》的颁布使我国的教育评价工作步入正轨。如果说 1985 年前仅仅是部分理论工作者的一般性介绍，从 20 世纪 80 年代中期开始，我国教育评价的理论研究和实践探索渐成规模，各种评价方案被编制出来，并且投入试行。掌握教育测量与评价的理论和方法，已成为广大教育工作者的迫切需求，各地相继举办教育测量与评价的讲习班，使得教育评价的相关理论得到迅速推广，高等师范院校也相继开设了教育评价方面的课程，不少教师已开始自觉运用现代测量与评价的理论，指导教育教学改革。

这一时期大批专家学者对教育评价和测量进行了大量研究，成效显著。中国教育学会教育统计与测量研究会分别在 1986 年、1988 年召开了学术讨论会，进一步深化、发展并普及了教育统计与测量、教育评价等理论。1987 年 5 月，受国家教委的委托，由华南师范大学主持召开的“全国首届标准化考试理论与实践”学术研讨会，对于探索符合我国国情的标准化考试道路产生了深刻影响。在长期充分的准备下，1988 年成立了全国教育统计与测量研究会，之后又多次召开研讨会促进了教育测量和评价的发展。1993 年和 1995 年分别在中国台北和北京召开了“海峡两岸心理与教育测验研讨会”，海峡两岸的测量和评价专家进行广泛的接触和交流，对有关教育评价方面的问题也进行了深入的探讨。这一系列的活动对教育评价的发展起到了推动作用。①

20 世纪 90 年代初期，我国不再一味地用西方教育评价理论来指导我国的教育评价实践，而是开始与我国教育评价国情相结合，开展教

---

① 侯光文：《教育评价概论》，河北教育出版社 1996 年版，第 45 页。

育评价的本土化研究，并取得了较大进展，具有中国本土化特色的教育评价文献和著作不断增多。例如，林昌华在1990年编写了《学校教育评价》、张希仁在同年撰写了《基础教育评价》、彭美云在1991年编纂了《现代教育统计与教育评价》等。此外，我国还创办了专门讨论教育评价的专业性学术期刊——《教育评价》。[①] 国内部分高校开始培养教育评价研究方向的研究生。这一系列的教育评价实践标志着我国教育评价已开始摆脱国外教育评价发展模式，着力构筑自身理论框架。我国的现代教育评价事业起步较晚，属于现代较为典型的“后发外启型”模式，具备“迟发展效应”[②]。

这一时期的学生评价把规范化的纸笔测验奉为圭臬，甚至成为主导学生评价的最重要方式。测验通常是在规定时间内，采用客观、统一的试题对学生的知识与能力水平进行测验，参考答案而给出具体的分数，最终择优录取。纸笔测验成为一种有组织、有计划性的、针对性较强的定量获取教学信息的工具。[③]

1991年，国家颁布了《关于做好高校教师职务评聘工作的意见》，指出要制定新的考核评价办法以便如实反映教师的学术水平和业绩水平。一些高校出台了将学时数、论文数、奖励等级等换算为“分数”的量化评价办法，甚至把思想政治表现、社会工作也进行量化处理。有一些高校出台了“必备条件”即申报某一级教师职务的最低要求。以限制申报数量，提高教授水平。这种量化的评价模式对当时的教师评价起着导向作用。1993年《教师法》规定“要打破教师评价中岗位

① 陶含怡：《从选拔到促进学生发展的教育评价——我国教育评价发展的回顾与前瞻》，《浙江教育科学》2019年第1期。

② 王悦琪：《谈教育评价发展趋势》，《才智》2019年第9期。

③ 马云鹏、张春莉：《数学教育评价》，高等教育出版社2003年版，第57页。

终身制的‘铁饭碗’”，按照教学能力来进行教师评定，按照劳动成果高低来获取报酬。学校应当对教师的政治思想、业务水平、工作态度和工作成绩进行考核。考核应当客观、公正、准确，充分听取教师本人、其他教师以及学生的意见。教师考核结果是受聘任教、晋升工资、实施奖惩的依据。这一时期的教师评价实践的特点：从方式上看，教师评价走向定量化、技术化、准确化。目标量化评价表开始盛行，几乎为评价必备工具；从评价内容看，虽然“德、勤、能、绩”成为评价的要素，但确定评价指标时，运用分析的方法，仅仅提炼出能够量化和分解的因素，也就是说，教师评价关注的只是可以定量化的内容，而像情感、个性等难以量化的部分被拒之于外。①

为有效评价教师的科研能力、学术水平、育人成效、工作业绩等指标，高等学校开始研究探索新型的教育评价办法。一些高校把上课时数、论文发表数、学术会议参与数等指标换算为“分数”，并纳入量化考评，甚至把思想政治表现、社会工作也进行量化处理，试图用一些具体可操作的量化数据来衡量工作实效。该时期几乎所有的教育评价都会用到目标量化评价表，这种操作性强的定量评价模式主宰着当时的教师评价。教育评价的操作化、定量化、科学化、技术化的特征十分明显。在该评价模式下，情感、意志、能力、态度、气质、个性倾向性特征等难以被量化的部分则排除在评价内容之外。

总体来看，这一时期我国教育评价发展势头较为迅猛，就教育评价理论与方法的有关问题进行了深入探讨，并取得了累累硕果。有关教育测量、教育评价的专著也陆续出版，这标志着我国教育评价的研

① 李卓：《我国中小学教师评价制度的变迁及其对教师专业发展的影响》，《世纪桥》2007年第12期。

究，开始从经验总结上升为理论概括的新阶段。主要是通过建立教育评价制度、召开全国性教育评价学术会议、发表教育评价理论著作和学术论文等方式对教育评价进行探索。[①] 但在我国教育评价迅猛发展的背后也表现出教育评价实证化有余，人文化明显不足的倾向。[②]

（二）主要特点

第一，教育评价备受政府的关注和重视。1978—1984 年大量引进国外教育评价理论，学习国外教育评价实践经验之后，我国大力推进了教育评价发展的进程。在《中共中央关于教育体制改革的决定》和《关于第七个五年计划的报告》中都已明确强调要从国家层面施行对教育的调控与指导，逐步建立完善的教育评价制度，并定期对高等学校办学质量进行评估。1990 年，政府颁布高等学校评估相关法律，进一步规范了我国高等学校的办学，促进了我国高等教育评价的制度化、规范化建设。1993 年 2 月，政府颁发《中国教育改革和发展纲要》，其中明确提出，要定期开展教育质量评价，建立教育质量评价常态化运行机制，并建立与各类教育层级相适应的评价指标体系。[③] 由此可见，党和国家对开展教育评价活动的高度重视。

第二，积极确立科学化、客观化、技术化的教育评价。在学术论文发表方面，据统计，在 1984—1991 年的《我国普通教育评价论文目录索引》中，一共有 140 多篇文章被收录于《评价技术》这一栏目之

① 陈玉琨、李如海：《我国教育评价发展的世纪回顾与未来展望》，《华东师范大学学报》（教育科学版）2000 年第 1 期。

② 张其志：《我国教育评价的科学观及其方法论的演变》，《黑龙江高教研究》2008 年第 1 期。

③ 教育部：《中国教育改革和发展纲要》，http：//www. moe. gov. cn/jyb_ sjzl/moe_ 177/tnull_ 2484. html，1999 年 2 月 13 日。

中，大多数文章都对教育评价的定量化方法进行了研究，而对教育评价的人文社会科学方法谈论较少或避之不谈。在法律法规方面，自颁布《关于第七个五年计划的报告》和《中华人民共和国义务教育法》后，在引进西方教育评价理念基础上，我国的教育评价有了长足发展。此时，“教育评价比较重视客观性、科学性。这趋势是在经历了理论、实践上的困惑和反思后，在借鉴与吸收西方的教育评价理论以及相关学科优秀成果的基础上，顺应时代潮流的结果”①。这一时期教育评价的核心是定量评价。在考试过程中，客观题的比重大幅提升，对于不易量化考核测验的学生的学习态度、情感等方面被排除在评价之外，也由于过分重视定量评价，而忽略了教育的目的是培养而非选拔。至此，科学化、客观化、技术化成为这一时期我国教育评价的主要特点，教育评价主要采用定量化的手段，增加了客观题在考试题型中的分量。学生的学习素养、学习习惯、情感态度、价值观等不易进行量化考核等方面均被不予评价。

第三，科学实证教育评价范式基本确立。科学实证的教育评价范式的确立，除前述的理由外，以下几点亦是佐证：其一，从教育评价的理论入手，在吸收国外教育评价理论的基础上，我国的教育评价工作在理论层面已步入了新阶段，教育评价、统计和测量方面的研究空前高涨并取得显著成果，《教育评价学概论》（刘本固，1988）、《教育评价学》（王汉澜，1995）等著作大量涌现。其二，从教育评价的实践入手，这一时期各种评价方案被编制出来，并且投入试行。各地相继举办教育测量与评价的讲习班，高等师范院校也相继开设了教育评价

---

① 卢文汇、连仙枝：《对我国中小学生评价的历史研究》，《晋城职业技术学院学报》2011 年第 2 期。

的课程，不少教师已开始自觉运用现代测量与评价的理论，指导自己的教育教学改革。其三，教育评价研究的学术团体迅猛发展，使我国教育评价的研究朝着专业化的方向迈进。例如，1990 年 10 月，我国成立全国普通教育评价专业委员会，这是由中国教育学会批准成立的全国第一个教育评价研究学术团体。1991 年 6 月，“中国教育评价研究协作组”成立。1992 年年底，全国高等学校设置评议委员会成立。1993 年，北京高等学校教育质量评议中心成立。1994 年 1 月，全国高教评估研究学术组织成立。这些学术组织和团体的相继成立，为深入开展教育评价研究提供了组织保证。

总体来看，这一时期我国教育评价的发展尤为迅猛，有关教育测量、教育评价的专著陆续出版，标志着我国教育评价研究实现了从经验总结到理论概括的跃升，科学实证的教育评价范式凸显了教育评价科学化的特征，这在一定程度上提升了评价的准确度，为今后教育评价的发展打下了坚实的基础。

三　转型过渡阶段（20 世纪 90 年代中期至今）

20 世纪 90 年代中期，科学实证的教育评价范式初步成型，教育评价逐步获得了科学基础，并朝着计量科学的定量化、技术化、科学化的方向迈进，教育评价逐渐变得精密准确。[①] 90 年代后期，教育部先后颁布《基础教育课程改革纲要（试行）》《关于积极推进中小学评价与考试制度改革的通知》等文件，这在一定程度上改变了我国传统教育评价（纸笔测验）中重智力轻德育、重知识轻能力、重甄别轻发展的状况。自实施新课程改革以来，教育评价的价值取向从注重知识本

① 李定仁、刘旭东：《教学评价的世纪反思与前瞻》，《教育研究》2001 年第 2 期。

位与能力本位倾向逐渐转向关注人格的和谐发展上来，当前及今后我国教育评价将更加注重“人”的个性发展，体现以人为本的教育观，科学实证的教育评价范式逐渐向人文建构的教育评价范式过渡。

（一）基本过程

20世纪90年代中后期，随着西方教育评价新理念的传入，加之以实证主义为导向的教育评价范式存在重数量轻质量、重科学轻人文的弊端，教育评价研究者们开始对该教育评价范式进行批判。他们认为量化方法不能完全满足教育评价的需要，教育评价应当从人的需要出发，关注人本性格、终极关怀，重视人文社会科学方法在教育评价研究中的应用。① 1997年，国务院副总理李岚清指出：“要以全面发展的眼光看待学生评价，只根据考试分数对学生进行评价，一分之差都会给学生带来巨大压力，这种现象很不科学。”② 学生评价开始关注学生本身，迈入评价发展新阶段。这年，刘志军在《关于教育评价方法论的思考》中认为，从教育评价方法论的特点来看，实证化评价方式不是十全十美的，也存在一定的局限性，对科学实证的教育评价的推崇不应走向极端。③ 1998年教育部颁布《面向21世纪教育振兴行动计划》，提出教育评价应当关注人格的和谐发展，素质教育全面展开。④

进入21世纪，如何全面提升人的综合素质、培养全面发展的人成为教育的基本导向。2002年，教育部把改革的重点确定在基础教育领

① 张其志：《我国教育评价的科学观及其方法论的演变》，《黑龙江高教研究》2008年第1期。

② 范永新：《我国高校发展性学生评价制度研究》，硕士学位论文，大连理工大学，2010年，第55页。

③ 刘志军：《关于教育评价方法论的思考》，《教育研究》1997年第11期。

④ 教育部，《面向21世纪教育振兴行动计划》，http：//www. moe. gov. cn/srcsite/A16/s7062/200309/t20030910_ 82288. html，2003年9月10日。

域，颁布《基础教育课程改革纲要（试行）》，明确指出："改变课程评价过分强调甄别与选拔的功能，发挥评价促进学生发展、教师提高和改进教学实践的功能，建立促进学生全面发展的评价体系……发挥评价的教育功能，促进学生在原有水平上的发展。"① 文件指出，应当改变原有注重甄别选拔的课程评价目的，转为实行发展性评价，从德、智、体、美全方面地对学生进行综合评价，以此发挥评价的教育功能。这标志着发展性学生评价制度在我国正式确立。随后，我国在中学招生考试中开始实施综合素质评价，评价内容也涉及了情感、意志、价值观等无法用数量进行量化的方面，在一定程度上缓解了传统评价中重智力轻德育、重知识轻能力、重甄别轻发展的状况。2010 年，国家颁布《国家中长期教育改革和发展规划纲要（2010—2020）》，明确提出要全面改革考试评价制度和学校考核办法，用多元化的方式来评价学生，舍弃"一考定终身"的局面，建立与素质教育相符合的学生、教师考评机制，推动学生发展。②

2014 年，教育部颁布《全面深化课程改革，落实立德树人根本任务的意见》，《关于深化考试招生制度改革的实施意见》首次公开提出"研究制定学生发展核心素养体系和学业质量标准"，并指出要坚持育人为本的基本原则，遵循教育规律，把促进学生健康成长成才作为改革的出发点和落脚点。明确了新高考的改革应当回归个体价值，使应然的本体价值逐渐回归实然的教育现实。③ 2016 年国家颁布《进一步

① 教育部：《基础教育课程改革纲要（试行）》，http：//www. moe. gov. cn/srcsite/A26/jcj_ kcjcgh/200106/t20010608_ 167343. html，2001 年 6 月 8 日。

② 教育部：《国家中长期教育改革和发展规划纲要（2010—2020 年）》，http：//www. moe. gov. cn/jyb_ sjzl/moe_ 1695/tnull_ 190295. html，2010 年 7 月 29 日。

③ 娄立志、张基惠：《新高考本体价值之表达：评价理念、育人功能、人本取向》，《中国考试》2019 年第 10 期。

推进高中学校考试招生制度改革的意见》，进一步规范了高考招生的制度改革，学生评价制度改革受到了国家的高度重视。同年 2 月，中国教育学会颁布《中国学生发展核心素养（征求意见稿)》，提出了包括社会责任、国家认同、国际理解等在内的 9 大核心素养，成为核心素养评价的重要依据和参考。

2018 年 10 月 24 日，多部门为了优化科研人才评价体系，决定联合开展清理“四唯”（“唯论文、唯职称、唯学历、唯奖项”）专项行动。2019 年 2 月，教育部提出要通过健全高中学生综合素质评价制度来深化教育评价改革，构建完备的教育评价体系。2020 年中央审议通过《深化新时代教育评价改革总体方案》，紧扣破除“唯分数、唯升学、唯文凭、唯论文、唯帽子”的顽瘴痼疾，立足基本国情，坚持积极、稳慎、务实，改进结果评价，强化过程评价，探索增值评价，健全综合评价，既大力破除不科学、不合理的教育评价做法和导向，又着力建立科学的、符合时代要求的教育评价制度和机制。① 2021 年 3 月，在基础教育领域，我国颁布了《义务教育质量评价指南》，旨在构建以发展素质教育为导向的义务教育质量评价体系，以育人为主要目标原则，把品德发展摆在学生发展评价的首位，创新教育评价的方式方法，注重线上评价与线下评价相结合、增值评价与结果评价相结合、综合评价和特色评价相结合，注重评价对象的差异性，以实现学校的特色化发展和学生的个性化发展。② 在高等教育领域，教育部联合财政部、发改委共同印发了《“双一流”建设成效评价办法（试行)》，以

---

① 国务院：《深化新时代教育评价改革总体方案》，http：//www. moe. gov. cn/jyb_xxgk/moe_ 1777/moe_ 1778/202010/t20201013_ 494381. html，2020 年 10 月 13 日。

② 教育部等六部门：《义务教育质量评价指南》，http：//www. moe. gov. cn/srcsite/A06/s3321/202103/ t20210317_ 520238. html，2021 年 3 月 4 日。

克服“五唯”顽疾，从人才培养、教师队伍建设、科研评价、社会服务评价等多方面入手，全方面构成以体现社会主义办学方向，符合当前国家发展需要的高校“双一流”评价体系，以实现我国高等教育的内涵式发展。[①] 可以看出，我国教育的整体基调是越来越强调“人”的重要性，教育评价更加注重以人为本，注重人的发展性过程，不单纯地以“评价结果”的好坏来进行评价。

（二）主要特点

其一，宏观指导政策多，微观落地政策较少，教育评价还处于“摸着石头过河”阶段。虽然我国已出台不少制度文件，提倡教育评价应该考虑人文因素，但理论政策和教育评价实践活动层面存在脱节的现象，以人的发展为目的的教育评价还没有真正得到贯彻，没有得到大多数人的支持。课程改革虽已逐渐深入，但这一时期教育评价整体还处在实验探索阶段，仍然有许多问题。例如，这一时期的教师评价以学校行政管理为主，缺乏评价者与被评价者之间的双向交流。有些高等学校管理者在教育评价中还是推崇“让数据说话”，教育评价的“数字化”倾向尤为严重。

其二，发展性教育评价逐渐得到重视。在素质教育理念被广泛宣传和推介的今天，实现素质教育已逐渐成为教育评价的目标，评价内容已从单一知识领域的评价，扩展到促进学生全面发展的各个方面，既重视专业基础知识的培养又重视实践能力和创新素质的提升。党的十八大以来，中国特色社会主义进入新时代。新时代对教育提出新要求，深入贯彻实施发展性教育评价改革势在必行，教育为现代化建设

---

① 教育部：《“双一流”建设成效评价办法（试行）》，http：//www. moe. gov. cn/srcsite/A22/ moe_ 843/202103/t20210323_ 521951. html，2021 年 3 月 23 日。

服务的同时，应为人民服务，要办好人民满意的高质量教育。教育评价不再是一种机械式地以结果为导向的活动，而是一种与人文精神契合的主体性建构活动。新时代的教育评价，愈发强调个体在评价过程中实现自我教育、自我陶冶、自我修正、自我强化、自我完善。①

其三，我国教育评价范式正处在由科学实证范式向人文建构范式的过渡时期。从理论层面来看，一些教育评价工作者已意识到科学实证的教育评价范式存在诸多弊端，认为量化的评价方式容易割裂评价与人之间的关系，不利于彰显评价的调控、导向等功能，并指出发挥教育评价的发展性功能，是教育评价改革的根本理念。从实践层面来看，自新课程改革的实施以来，在学生评价中引入了真实性评价，以求充分揭示和描述评价对象的各种特质，彰显其中的意义，进而促进评价双方的理解。注重教师在评价过程能不断反思，发现自己工作中存在的问题，激励他们自我改正来实现自我发展。虽然这一时期教育评价活动中的重量化、重指标现象比较突出，但评价中人的地位和作用日益受到重视，不同主体间的平等协作关系也越来越得到强调，人文建构的教育评价范式处在初步探索中。

第二节　我国教育评价范式的现状

探究我国教育评价范式的现状，需要从两方面展开：一是价值取向方面，即教育评价范式的思想层面，也就是价值观、世界观层面；二是实践方式层面，即构成教育评价实践的基本要素（评价目的、评价主体、评价方法）。

① 彭秀兰:《养成教育的人文建构及使命》,《教学与管理》2009 年第 30 期。

一　教育评价范式的价值取向

价值取向是教育评价的灵魂，不仅发挥了教育评价的导向功能，也指引了教育评价改革的根本走向，在一定程度上决定了评价改革的实施效果。不同的评价主体有不同的特点，其价值取向会产生工具主义和人本主义的区别。工具主义价值取向下的教育评价被视为控制个体发展的一种工具性事物。① 人本主义价值取向强调以人为中心，重视人在评价过程中的沟通与交流，以促进人的主动发展为教育评价终极目标。如果教育评价中的教育价值和管理价值无法保持动态的平衡，那么将会激化教育评价活动中的矛盾。

随着我国市场经济的建立，急功近利的市场原则已渗透到现代教育的方方面面，工具取向的价值理念大行其道，教育评价中的人文精神日益消解和丧失。陈玉琨教授曾经指出，教育评价首先是作为一种管理工具来服务于整个教育系统的。现今，这种管理主义倾向的“工具理性”在评价实践中被无限放大和膨胀，以至于教育评价无法发挥出应有的育人功能。例如，现行教师评价中普遍采取的学校主管领导、教学督导随堂评课、学生评教评学等方式，就带有很强的行政管理色彩，没有发挥教师的主体作用。学生的评教看似很民主，但实际上对于评价问卷的设计和评价流程以及结果的最终解释权，都还是集中在行政管理人员身上，教育评价被异化为管理主义的“代名词”，直接导致评价过程中被评对象的应付和防卫心理严重，实用主义、形式主义盛行，教育评价人文精神的旁落和式微，教育评价的信度和效度都大

① 刘振天、罗晶：《高等教育评价“双刃剑”：何以兴利除弊》，《大学教育科学》2021年第1期。

打折扣。

二　教育评价范式的实践方式

（一）评价目的：过分注重甄别、选拔

教育评价目的是教育评价所想要达到的预期成效。如果按照评价目的作为划分依据，主要有以问责为主要目的和以改进教学为目的两大分野。基于“问责”的教育评价关注的是目标的最终达成情况，是借助某些机制、途径、方式或手段来进行判断，可通过排行榜、标准化测验、奖惩机制、绩效考核等方式得到体现。而以改进为目的的教育评价则更为注重过程性评价，以“改进、服务”为导向，旨在帮助个体实现更好的自我发展。

然而，在信息社会快速发展和对创新型人才需求激增的今天，教育评价的管理主义倾向愈发严重，教育评价的甄别和选拔功能被发挥得淋漓尽致，指挥棒效益被无限放大，改进、激励功能逐渐弱化，“唯分数论英雄”“唯 SCI 论文发刊量论英雄”的现象大行其道，在“知识中心主义”裹挟下的教育评价功能被窄化到仅仅是被用来做出某种资格的证明，如，选拔评优、分级排名次等。① 教育评价从原有的促进个体成长发展，被异化为呆板僵化的管理行为，在一定程度上造成了教育评价价值的失衡和评价目的的偏差。在学校评价中，教育评价的结果深深影响着学校评优、教师升迁、奖惩，容易使得评价对象过多地关注评价结果，甚至引发恶性竞争。政府主导下的教育评价具有浓厚的行政色彩，评价主要被用于管理，一定程度上遮蔽了教育评价本质

① 傅程、黄斌、才馨竹：《教育评价导向的转变与高等教育发展》，《黑龙江高教研究》2019 年第 6 期。

的追求。①

（二）评价主体：主体单一

教育评价是对人全景性的敞视，是对主体“生活世界”真实性的全息透析，包括认知、心理、行为、意志、情绪等方面。教育评价不光是涉及单个的主体，也涉及相关团体、组织等群体。教育评价从根本上讲属于价值判定，但在实际的评价过程中，占据主导地位的往往是强势的评价利益主体，虽然表面上看，教育评价是多主体广泛参与的过程，但是每个评价主体的话语权并不一致。

我国教育长期受到“工具理性”的宰治，教育评价更多地被用来管理，造成了评价视角的窄化和封闭。在教育评价中，学生和教师仍然处于弱势主体地位，教育评价的话语权相对较弱。政府、高校、社会主体的边界意识不强，政府的行政化力量过于强大，造成了高校、社会等评价主体的失语。在我国的教育评价中，政府管理部门享有评价的控制主导权，在评价体系的建设中带有明显的行政指向性。在高校内部评价中，行政力量主导着教育评价活动，广大师生要么是评价的对象，要么是评价的配合者，没有成为真正的评价主体。在进行学生评价时，通常是以教师、辅导员的评价为主，校外的第三方评估机构、校企合作单位等则没有纳入其中，教育评价“一家独大”，评价主体的单一化倾向严重，在一定程度上影响了教育评价的公平性。总体来说，在教育评价中，教育评价主体话语权不均衡，政府主体过于强势，而民众、学术团体、社会评价机构等第三方评价组织的评价话语权偏弱。

---

① 眭依凡：《关于本科教学评估的理性思考》，《大学教育科学》2019 年第 5 期。

（三）评价方法：过于强调科学实证

教育评价方法一般具有较强的操作性和可移植性，能为教育评价活动有序开展提供技术支持。因此，采用科学的教育评价方法，为解决教育评价实践问题提供了强大保障。

我国的传统教育评价范式是东西方文化融合的产物，不仅传承了我国古代科举制度和传道授业解惑的精神，同时也渗透着西方工业时代特有的学校教育理念，其教育思想是农耕文化和工业文明的结合。由于长期受制于“传承型”的教育观和“标准件型”的教育模式，我国的教育评价范式在评价方法层面过于强调科学实证，追求评价的客观化、数量化、精确化、科学化，量化考核在我国教育评价活动中仍占据主导地位。力图把教育现象通过数据化的形式进行解释说明，在经过定量化考评之后，得出具体分数，再依据分数的高低分出不同等级。从学生的考试成绩、综合素质，教师的考核评定、选拔晋级，到学校基础设施建设、学校管理等，无一不包含在量化的范畴之内，① 裹挟着“科学主义”外衣的实证化评价在评价实践中备受推崇，导致定性评价与定量评价相结合的方式成为“纸上谈兵”，教育评价也演变成了一种应付上级检查，展示教育成果的“门面装饰”。等级化、数字化的评价方式无法充分发挥教育评价“指挥棒”的正面作用，彰显不出评价本身的激励和促进功能。在教育评价中过于强调实证主义方法，容易使教育迷失于科技惯性，最终丧失人的目的和价值。

---

① 祝波等：《新时代学科育人评价方式变革的校本探索》，《教育科学论坛》2021 年第 10 期。

第四章

新时代教育评价范式转换的价值取向与实践方式

如前所述，由于工具理性的无限膨胀，在教育评价的实际操作中，强调甄别和选拔功能的评价目的、一元主导的评价主体、突出科学实证的评价方法等，使得教育评价失去了应有的价值和功能，制约了教育的健康发展。新时代对教育评价及其范式提出了新的要求，迫切需要从价值取向和实践方式两个层面推进评价范式的转换。

第一节　教育评价范式转换的价值取向

一　由工具本位转向人本主义

价值取向往往受当时社会时代背景所制约，为评价目的、方法、标准的制定提供了基本的方向遵循。正确的价值取向能促进教育评价的改革，改变不科学的教育评价指挥棒问题，规范教育评价实践活动，引领时代的发展。[①] 价值取向往往与评价主体有关，不可避免地带有一定的主观色彩。教育评价的价值取向可以大致分为工具主义和人本主义的价值取向。

长期以来，我国教育评价一直是政府进行管理的工具。在工具主义的强大影响下，教育评价受到管理技术方面的掣肘，教育评价的目的纯粹就是教育管理者出于提高学校管理效率的需要。在这种过分强调统一标准、统一考评的评价模式下，无法彰显教育评价的诊断性、发展性功能。在评价目的方面，教育评价往往被用来当作"甄别""管理"的工具，控制化倾向较为严重，容易引发教育评价过程中的功利化行为，损坏教育评价的生态环境，影响评价结果的准确度。在评价标准方面，以分数、升学率、文凭、论文发刊量等作为评价的主要依据，主要采用数据化的量化评价方法而忽视了质性评价，易导致教育评价成为操作性强、重复性高的机械流水线作业活动。

工具化的教育评价充斥着功利主义、实用主义、管理主义的色彩，压抑了人的非理性情感和意志，使得"人"在评价过程中迷失了自我。为了更好地诠释教育为人的真谛，教育评价范式应该由工具本位向人文主义转向。人文化的教育评价以人本主义理论为基础，以人的发展需求为导向，注重以人为本，注重人在教育评价中的个性化需求。[②] 人本主义认为每个学生都有自己的独有个性，个体特征的差异化要求教育评价必须注重多样化和个性化。雅斯贝尔斯曾经说过："教育应当成

---

① 李怀杰：《抓好新时代教育评价改革的"牛鼻子"》，《四川日报》2021年3月29日第8版。

② 李庆丰、周作宇：《高等教育评价中的价值冲突与融合》，《高等教育研究》2020年第10期。

为每个个体所追求的事业。”学生是教育的主体，教育评价的终极目标在于调动人的主观能动性，找出自身不足，超越自我。人本性的教育评价更加注重过程性评价，重视教育的内在价值，在实现教育评价目标的同时，也会特别关注教育评价的内在价值性。评价主体间都是平等的关系，在评价过程中需要相互沟通对话，充分关怀被评价对象的内在需求，帮助其实现生命的内在价值。

二　由行政本位转向民主协商

随着教育科学研究的兴起，行政本位价值取向发轫于19世纪末的西方教育研究中。学术界对教育是否能够作为一门独立科学仍有存疑，遑论教育评价的专业化与独立化。以教育科研评价为例，从1954年美国通过《合作研究法案》开始，行政部门更加青睐对他们工作有所帮助的教育调查项目，教育科研深受政策目标牵制。因此，早期的教育科研评价主要由政府主导，评价结果直接与项目经费密切相关，表现出明显的“行政本位”倾向。不单是教育科研评价，整个教育评价都处在行政权力的强势主导之下。在我国，学校与政府部门事实上是上下等级关系，行政部门既是学校的举办者也是管理者，从某种意义上来说，学校的教育教学质量和政府的教育管理水平密切相关。在这样的情形下，教育评价成为政府进行教育管理的工具，学校获得行政部门的肯定也就意味着能够获取更多的资源，获得官方认可的学校往往伴随着良好的社会声誉，并在一定程度上影响社会对学校办学水平的认知。然而，过度关注行政部门的单向度需要，会遮蔽其他主体的多元诉求，带来行政管理者和评价主客体的关系失衡。因此，新时代教育评价范式的转换要由行政本位转向民主协商，使教育评价能够兼顾多方利益诉求。

当下的教育评价实践中，政府确定评价目的、制定评价标准、遴选评审专家、审核评定结果，评价主体和评价客体的地位不对等，两者间很难进行平等的对话和协商。教育评价本质上是一个心理建构的过程。因此，在教育评价范式转换中要注重协调多元价值观，营造民主协商的评价氛围。具体来说，组织者在设计和实施评价项目时，应充分考虑评价主体、评价客体及相关参与者的意见、诉求和愿景，在评价目的、评价标准和评价方法等制定中引导各方主体参与，尊重弱势群体的权利，获取更多的评价信息，通过民主协商，形成各方认可的评价实施方案。在市场经济背景下，教育培养的人才最终要流入市场，家长和学生将就业质量作为教育回报的重要参考方式。因此，在民主协商过程中，不仅要重视家长和学生的诉求，还要能够关注市场需求，提升教育效益，重视用人单位和行业的诉求，推动他们参与教育评价，不再陷入“唯分数、唯升学”的评价困境和“人才荒、就业难”的教育困局。行政部门要主动分享权力，构建合理有效的民主协商机制，由行政本位向民主协商转换，充分发挥教育评价的多元价值。

三　由结果本位转向重视过程

结果本位价值取向是一种以教育结果呈现为核心的评价倾向，将分数、论文数量等显性指标作为衡量学校办学水平、学生学习成果以及人才优劣的依据。结果本位价值取向的主要特征：一是关注目标达成度，即在预设目标下查验结果的完成情况，以此来判断教育成效；二是重视测量数据，即结果要体现具体的评价指标和数据；三是关注显性成果，忽视隐性、难以测量的评价要素，特别是直观、易操作的评价技术和方法。[①] 追求即时的结果呈现容易导致教育过程中内蕴的价值元素被忽视，使得被评价者为达成目的而完成系列评价指标，产生追逐短期利益的功利化行为。除此之外，教育具有动态生成性，教育教学过程中存在着许多不可控因素，结果本位价值取向下预设的教育评价难以应对复杂多变的教育情境。以学生在传统测验中获得的分数为例，这种形式的结果呈现只能反映出学生知识和技能的掌握情况，难以反映学生的情感、态度、价值观等内容，更难以预见学生未来发展的诸多可能性。把获得好的评价结果当成教育的最终目的，评价僭越人在教育活动中的核心地位，对人的过程性发展产生不良影响，是新时代背景下教育评价范式转换需要特别给予重视的。

评价结果与利益的过度捆绑，排名或数量指标成为横向对比的工具，遮蔽了教育评价的应有价值。“结果本位价值取向带有浓厚的功利色彩，使得教育评价‘应然价值和发展意义’被不断消解，严重影响教育生态，加剧教育的不公平。”[②] 因此，教育评价及其范式转换要重点关注现实教育情境中人的存在，形成开放型的评价思维系统，重视人才培养过程。正如泰勒所说：“评价不是一次性的，要在教育活动开始前、过程中、结束时以及阶段性结束后等多个时段进行连续测量以观测学生表现。”[③] 传统的教育评价范式仅关注学生在入学前和毕业后两大阶段发生的变化，并未关注教育过程中学生发生的变化。对教师群体的评价亦是如此，仅关注教师最终的教学成绩、科研成果等指标，

---

① 高涵、成思琪：《生态本位：新时代教育科研评价的价值取向》，《当代教育论坛》2022 年第 2 期。

② 刘志军、徐彬：《教育评价：应然性与实然性的博弈及超越》，《教育研究》2019 年第 5 期。

③ ［美］拉尔夫·泰勒：《课程与教学基本原理》，施良方译，人民教育出版社 1994 年版，第 68 页。

对教师在教育教学过程中的工作态度、育人成效、课堂教学等过程性要素关注不够，会挫伤教师工作积极性，使教师逐渐背离育人初心，将教育看作攫取个人利益的工具。“关注过程”的价值取向突出教育以立德树人为宗旨的价值使命，充分尊重教育活动的极端复杂性，强调在教育评价时，既遵循评价预设的目标和原则，又要根据教育过程中出现的实际情况，在科学论证的基础上，对原有评价方案和评价程序进行适当调整，超越传统评价范式对“结果”的过度关注，指向教育的育人初心和复杂过程。

第二节　教育评价范式转换的实践方式

一　评价目的：由甄别选拔转向促进发展

评价目的是确保一切教育评价活动能顺利开展的前提和基础。从某种角度上来说，教育评价本身就是从制定评价目标到实现的过程。如果按照评价目的的划分依据，可以将教育评价活动划分为两类：一类是终结性评价，一类是过程性评价。前者以选拔、奖惩、甄别、问责为目的，往往通过排名、考试等划分等级的方式对被评对象进行优劣区分。后者则是以激励被评对象进行自我提高和自我完善为目的，评价不是为了分等级、评优劣，而是为了促进被评对象实现自我发展、自我提高。

当前，教育评价的甄别、选拔功能被强化突出，教师以考试内容为“风向标”来进行教学，学生也为应对考试而进行有目的的学习。评价结果与奖惩结合紧密，强化总结性评价，忽视形成性评价，弱化了教育评价的调控、导向等功能。在科学实证的教育评价范式下，评价结果一般由强势主体所把控，其他评价主体参与评价的程度有限，彼此之间的协商和沟通不充分，通过考试排名的手段，判定评价对象优劣，被评价者的自我发展和自我改进有限，加剧“强者越强，弱者越弱”的马太效应。长此以往，学生往往谈分数色变，变得过于追求考试分数的高低，忽视自身综合能力的培养。

教育评价的目的是能让被评对象更好地实现自我突破、自我发展和自我改进，通过实施发展性的教育评价促进学生的综合发展。教育评价是彰显人性的活动，评价应当以尊重人的主体价值为前提，才能发挥它原有的价值功能。① 当前，以甄别鉴定为唯一目的的教育评价已然不能适应新时代社会发展的需求，人文建构的教育评价范式注重评价的激励、调节、诊断、改进功能，不会过分强化教育评价的分等甄别功能。

发展性教育评价观以“强调评价过程，促进个体发展”为理念，注重教育评价的动态性和发展性，是一种新型的现代教育评价观，符合“五育并举”“三全育人”的新时代需要。发展性教育评价强调在人才培养的过程中，应当对评价对象采用不同的方法，找出差距和不足，同时找出他们的优势和长处，并对其进行鼓励，帮助评价对象能准确、客观地认识自己，达到自我认识、自我教育、自我进步的目的。② 发展性教育评价所凸显的评价功能如下：第一，反馈改进功能。在进行教育评价的过程中，各评价参与主体都被赋予一定的权力，共同承担评价中的责任，通过协商的方式来确定教育评价结论，达到认识自我、改进自我的目标。第二，激励强化功能。教育评价能够帮助

① 金柏燕、蒋一之：《人学视野下教育评价改革的新取向》，《现代大学教育》2020 年第 2 期。

② 郑雪松：《新高考改革助推学生发展性评价的实施》，《教学与管理》2019 年第 22 期。

被评价对象准确、客观地认识到自身发展的不足，可以激励他们更好地进行自我突破和自我完善，在一定程度上也能够强化自身优势。第三，反思总结功能。发展性评价要求帮助被评对象反思自身优长和不足，不一味地横向比较，提倡纵向比较，鼓励他们不断改进自身问题，争取更大进步。

二 评价主体：由一元主体转向多元参与

由于所处位置差异，不同的评价主体往往有着不同的价值判断，如果评价主体呈现单一化趋势，会使评价流于“一家之言”。因此，多元评价主体参与到评价当中，能有效地保障评价的科学性，使得教育评价不流于形式。虽然我国一直倡导多元教育评价，但实际上每个评价主体在评价中所赋予的权力并不均衡，评价主体单一化的问题依然十分突出。

从宏观上看，政府始终把控着教育评价的绝对权力，高校和社会第三方评价主体在教育评价的“失语”现象凸显，缺少相应的评价话语权。教育评价改革已经喊了很多年，但仍然存在一些难以攻破的顽瘴痼疾。在教育评价中，政府、学校、社会等评价主体的定位、职责尚不明晰，政府在评价中享有绝对的话语，把评价作为一种管理的工具，管得太多，大包大揽，高校评价缺乏活力，社会第三方评价机构发展不完善，制度不健全等。长此以往，评价对象会降低对评价的参与积极性，出现被动迎评、消极怠工等现象，导致教育评价的实效性不强，没有起到应有的导向作用。①

---

① 游静、方建华：《试论高等教育管办评分离的现实意义及路径》，《教育探索》2016年第6期。

从微观上看，在传统的评价范式中，教师处于评价的强势主体地位，而学生则处于弱势从属地位，主要由教师来对学生进行评价，学生无权参与到评分标准、考试内容、评分细则等活动中，教师和学生的地位并不平等。如此并不利于形成良好的师生关系，学生在评价中的积极主动性不高，参与度不强，也无法得到有效的反馈，甚至对教育评价持排斥态度，教育评价的积极作用无法得到充分发挥。

人文建构的教育评价范式倡导各评价主体在教育评价中的地位平等和权利对等。从宏观来看，实现政府职能从控制到监督的转变，建设服务型的政府，有利于提升教育治理体系和治理能力的现代化水平。政府可以通过制定办学标准，对教育评价活动实施宏观统筹和指导，加大对教育评价活动的监督，确保教育评价朝着规范化、科学化的方向发展。规范行业标准，建立专业化的评估队伍，积极鼓励社会力量参与到教育评价当中来。从微观来看，把多元主体纳入教育评价体系，让教师、学生、家长、评价专家、第三方评价机构等各评价主体都能平等地表达自身利益和诉求，通过协商对话，共同制定评价细则，享有平等的教育评价权力。

三　评价方法：由科学实证转向人文建构

科学实证范式的教育评价以量化考评为主，凭借测量得出的数据结果来解释一切教育现象，操作简便，客观性较强。但这种范式的教育评价过于重视结果而忽视评价过程，排除了评价中的人文因素，影响教育评价育人功能的发挥，使教育评价陷入僵化，是当前实证化评价的一大瑕疵。事实上，科学实证的评价范式是一种单一化、数字化的评价，无法满足教育评价的多元需要。

人文建构的教育评价范式坚持以人为本，强调有意义的建构，主张采用质性评价和量化考评相结合的方式对评价结果进行分析比较，将评价者的观察、自我评价、其他评价和档案记录有效整合，全面掌握评价信息，有效弥补单一定量评价的缺陷。人文建构的教育评价强调质性评价。在经济社会快速发展的新时代，对人才综合能力的要求越来越高，机械式的学习和简单实证的评价已不适应新时代经济社会发展的需要，探究式、建构式的学习评价才能适应新时代人才成长需求。教育评价要善于观察学习者的成长动态，跳出“数据化”的评价理念，结合观察、描述、讨论等更多“质性”的方式对学生进行深度评价。人文建构的教育评价强调情景评价，主张用发展的眼光看待世界，认为意义建构要依赖于一定的场景。教育的真正价值在于唤醒个体智慧和灵魂，帮助他们实现自我成长和进步。教育评价应该根植于真实教育情境当中，借助学生参加的活动、作品等一手资料来准确、客观、全面地进行评价，使得评价能够潜移默化地融入生活，确保教育评价的真实性。

第五章

教育评价范式转换的条件及措施

教育评价范式是教育评价领域共同认可和遵守的理论框架和操作模式，是教育评价共同体关于教育评价若干基本问题的独特理解和关系界定，是评价活动的基本存在样式。评价范式的转换就是评价活动基本存在样式的转换，是评价活动基本结构的调整和整体变革。要实现我国教育评价范式的顺利转换，必须深入分析其中存在的有利和不利条件，并找到有效的解决措施。

第一节　教育评价范式转换的条件

一　有利条件

（一）党和国家对教育评价改革的高度重视

作为教育改革的重要突破口，党和国家高度重视教育评价改革，做出系列重要批示和战略部署，充分展示了以习近平同志为核心的党中央推进新时代教育评价改革的信心和决心。2018 年 9 月 10 日，习近平总书记在全国教育大会上强调，要深化教育体制改革，健全立德树人机制，扭转不科学的教育评价导向，坚决克服唯分数、唯升学、唯文凭、唯论文、唯帽子的顽瘴痼疾，从根本上解决教育评价指挥棒问题。2020 年 9 月，在教育文化卫生体育领域专家代表座谈会上，习近平总书记提出，要促进深化新时代教育评价改革总体方案落实落地，构建符合中国实际、具有世界水平的评价体系。[①] 2020 年 10 月，新中国成立以来有关教育评价系统性改革的第一份文件——《深化新时代教育评价改革总体方案》的出台，通过细化 5 个改革主体和 22 项改革任务，明确了新时代教育评价改革的中长期目标，成为指导各级各类教育评价改革的纲领性文件。随后，教育部相继印发了《幼儿园保育教育质量评估指南》《义务教育质量评价指南》《普通高中学校办学质量评价指南》《普通高等学校本科教育教学审核评估实施方案（2021—2025 年）》等文件，对不同层次类别的教育评价改革均做出专门部署和要求，为系统推进新时代教育评价改革提供根本遵循。党和国家对评价改革工作的高度重视，为新时代教育评价范式的转换奠定了坚实基础和可靠的政策保障。

（二）立德树人确立为评价改革的终极目标

党的十八大以来，立德树人作为我国教育的根本任务被确定下来，指明了评价指挥棒的方向。在此背景下，克服“五唯”顽瘴痼疾成为教育评价领域的首要任务，为凝聚各部门、各主体共识，国家迅速出台系列文件形成政策组合拳，着力消除“五唯”积弊。在基础教育领域，《关于进一步减轻义务教育阶段学生作业负担和校外培训负担的意

---

① 陈宝生：《加快构建符合中国实际、具有世界水平的教育评价体系》，《中国教育报》2020 年 10 月 24 日第 1 版。

见》的印发，拉开了“双减”序幕，如火如荼的校外培训受到重创，极大地缓解了社会焦虑和教育内卷。“双减”政策的出台，传递出克服重智育轻德育、重知识轻能力的教育信号，力图将立德树人拉回公众视野，使教育回归健康发展的轨道，刹住“唯分数、唯升学”的教育歪风，不再以升学率、清北率等指标评价学校和教师。在高等教育领域，《中共中央办公厅国务院办公厅关于深化项目评审、人才评价、机构评估改革的意见》等系列文件出台，都极力主张要凸显教师的品德和能力导向，不能以人才帽子、论文数量等指标作为评判教师的唯一标准，逐步提高教育教学实绩、育人水平等指标的考核比例，引导教师潜心育人，提高人才培养质量。立德树人教育宗旨的回归是对科学实证范式下技术理性垄断教育评价的修正，与人文建构范式倡导的尊重人的终极价值、重视个人独特性和动态性是不谋而合的。此外，立德树人的价值逻辑重申了人不是知识的奴隶，经由知识教育生成的高尚品格、多维能力、情感态度才是一个人安身立命的根本。立德树人是教育的根本任务，也是要解决培养什么样人、怎样培养人，为谁培养人的问题，要培养德智体美劳全面发展的社会主义建设者和接班人。立德树人目标的确立，使得教育评价范式由科学实证向人文建构的转换变得更为迫切。

（三）数据驱动提供评价范式转换的新动能

大数据时代的到来，使得当今社会的数据规模呈现指数级增长，推动了评价范式的更迭。数据的收集和整理是教育评价工作的重点，无论是学生的测验分数还是人才的考核评估都离不开指标数据的采集，并在此基础上生成评价结果。然而，传统的定性评价主观性强，评价结果不够客观，定量评价又容易引发“一刀切”的问题，都严重制约了传统评价范式的发展。① 因此，如何搜集和整理海量数据，并利用技术手段使得数据呈现立体性和全面性，进一步挖掘数据背后隐藏的人文意义，是教育评价范式转换的重点任务。随着人工智能、互联网+等技术的兴起，数据驱动为评价范式的转换提供新的发展机遇。数据驱动技术是通过对大量离线或在线的数据进行分析处理，从而实现基于数据的监控、诊断、优化和处理，正在成为一种广泛应用的数据处理技术。② 通俗来说，数据驱动不是简单地以获取大量数据为目标，更关键的是透过研判数据揭示隐藏价值，从而高效获取评价结果。因此，数据驱动能够拓展评价对象，优化评价技术，丰富评价维度，减轻人们的数据收集负担，并实现自主的数据分析和比较，直观展现被评者的现实表现。例如，通过大数据驱动可以生成学生的电子评价档案，方便老师和家长及时了解学生情况，并且实现省域和县域范围内数据融通。然而，在享受数据化、智能化为教育评价提供便捷的同时，需要始终秉持以人为核心的教育评价观，将数据驱动看作促进人实现更好发展的工具，切勿陷入极端技术理性的泥潭。

二　不利条件

（一）文化因素是评价范式难以转换的根源

教育评价范式的转换深受文化因素的制约，在无形中阻碍教育评价的推进。无论是评价者还是被评价者，都深处一定的文化场域，并在潜移默化中受到群体价值观的影响，在文化的张力与拉力中进行某

---

① 李洁、徐建刚、黄晨：《数据驱动的评价范式实证研究》，《情报理论与实践》2021年第6期。

② 司梦兰等：《基于数据驱动的过程智能优化技术研究现状及其在中药先进制药中的应用展望》，《天津中医药大学学报》2020年第5期。

种行为选择。具体来说，文化对评价范式转换的影响主要体现在三个方面。

一是考试文化深入人心。自隋炀帝设立“分科举人，设进士科”的科举制度以来，选拔性考试就在我国生根发芽，是高考制度形成的源头。“金榜题名”“学而优则仕”等观念深入人心，读书不单可以使人增长见识、修身养性，更能够实现阶级流动，甚至为整个家族带来荣光。虽然科举制度已经废除，但是高考俨然是今日“科举”，所有家长都希望孩子能够学业有成，通过高考这座独木桥进入更好的大学。作为选拔性考试，高考被看作与个人前途命运息息相关的存在，重要性可见一斑。在这种文化影响下，“唯分数”“唯升学”侵入各级各类教育系统，分数、排名大行其道，带来沉重教育负担。

二是人情文化挥之不去。古代中国以农业为根基，是一个以血缘关系为纽带的人情社会，人与人之间的情感联系逐渐演化为一种约定俗成的礼节规范，形成一种人情文化。不可否认的是，这种文化模式是稳定中国社会结构的重要原因，使得人们在人际关系的处理过程中带有许多温情色彩，减少社会的冷漠，也对家庭乃至氏族稳定产生积极影响。然而，人情文化有其合理性和正当性，也对现代社会文明产生消极影响。例如，教育评价中出现的徇私舞弊、人情评价、个人主观臆断、利益输送等，极大地挑战评价权威，使得社会公众对教育评价产生信任危机，从而更加信任科学实证范式下的量化评价。

三是儒家文化影响深远。我国历史绵延五千年之久，擘画了一部恢宏的文化发展史，其中儒家文化是我国文化发展的主流，对今天人们的价值观念和思维模式产生深远影响。不可否认的是，儒家文化蕴含了许多先进的教育理念，如“德育为先”“有教无类”“因材施教”等，但是儒家文化的功利主义对教育的负面影响也不容小觑。例如，儒家文化倡导积极的入世观，希望人们能够建功立业，拼搏进取，这种观念值得肯定，却过于刚性而柔性不足，张弛间未达到平衡。一旦人们在成功路上遇到挫折，便会产生自我怀疑和自我否定，进而走向消极悲观。“五唯”在一定程度上也是人们追求进取过程中对教育评价的异化，过度追求能够展现个人努力的量化指标，产生消极作用。

（二）评价范式转换的社会支持机制不健全

教育活动离不开社会环境的支持，许多教育问题都是由社会因素造成，需要“跳出教育看教育”。教育的社会属性决定教育评价范式转换离不开社会的整体性变革。当前，我国社会支持机制不健全影响了教育评价范式的转换效率。

一是我国社会诚信机制不健全。改革开放以后，市场化浪潮将基于利益交换的价值理念引入我国，“一切向钱看”的社会价值观衍生出诸如贪污腐败、权钱交易等许多弊病。[①] 这种局面使我国社会发生道德滑坡，造成社会诚信严重缺失。尤其随着社会主义市场经济转向高质量发展阶段，相应的诚信建设体系、失信惩戒体制却未建立，加剧了人们对诚信的漠视。反映在教育评价领域，就是投机倒把、利益交易等现象还不同程度地存在着，使教育评价面临公平危机。

二是我国就业保障制度不完善。就业是最大的民生，事关社会的长期稳定和国家的长治久安。后疫情时代，实体经济遭受重创，就业形式面临严峻挑战，整个社会面临沉重的就业压力。然而，人口规模巨大的现实国情，使得我国的就业保障制度迟迟没有建立，政府难以应对旺盛的就业需求。在此情形下，为获得积极主动的就业优先选择

① 杨聚鹏：《新时代教育评价改革政策的价值意蕴、执行阻力与改革路向》，《教育学报》2022 年第 5 期。

权，教育领域的竞争压力也随之提高。人们迫切想要获得更加优质的教育资源，通过获得高学历以提升自身竞争力，从而导致人们迎合各种类型的教育评价指标，带来许多非理性的行为选择。

三是我国评价改革宣传不到位。教育评价改革深入人心离不开积极宣传，激发社会公众的心理认同。当前我国教育评价改革进入深水区，相关主体仍持怀疑态度，难以接受与传统教育评价理念不相符合的新观念，其中一个重要的原因就是评价改革的社会宣传还不到位。现在国际上较为流行的应答式评价、回应式评价、增值性评价等体现新时代特点的评价模式还未赢得社会的广泛认同，社会公众甚至十分陌生，自然容易产生畏难情绪和抵触心理。

（三）多元主体参与评价的格局尚未形成

教育评价需要多元主体的共同参与，可以在不同利益主体之间建立对话协商和沟通交流，实现从“为了评价的评价”到“为了人的评价”的转换。然而，现实情况下多元主体参与教育评价的格局尚未形成，主要有以下方面的因素。

一是教育管办评分离不彻底。教育管办评分离是深化教育综合改革的重要内容，即政府、学校和社会分别独立承担管理、办学和评价主体责任。自 1985 年我国启动教育管理体制改革开始，政府、学校和社会之间的关系在不断进行调整和完善。虽然我国政府已深刻认识到教育领域管办评分离的重要性，并积极采取措施改变现状，但是仍然不够彻底，难以走出“一统就死，一放就乱”的怪圈，我国仍然是“大政府、小社会”的教育评价格局，教育行政部门是评价的发动者和实施者，甚至由于各个部门的权力分割，出现多头评价、重复评价的现象，增加被评者的评价负担，挤压社会组织参与教育评价的空间。

二是第三方评估机构发育不健全。科学的教育评价离不开专业化的评价团队和机构。“在高等教育领域中，教育评价中介机构因其独立性、公正性和权威性，使其在教育评价过程中能保持‘不偏不倚’，因而具有不可代替性。”① 然而，我国的第三方评估机构自身的评价实操规范和技术标准还不成熟，评价指标的科学性和评价结果的准确度还不能达到公众期待。此外，受到政府干预，公益性第三方评估机构仍具有“官办”性质，其人事管理、资源支持、机构设置等仍受到政府控制，公信力受到社会质疑。

三是缺乏有力的整合机制。《深化新时代教育评价改革总体方案》从党委和政府、学校、教师、学生和社会五大主体出发，系统推进新时代教育评价改革进程。然而，由于缺乏有力的整合机制，五大主体各自为营，缺乏合作和反馈。五大评价主体中政府对学校的评价、学校对教师的评价、教师对学生的评价、社会对教育的评价实质上都是一种单向度评价。② 由此导致各个主体陷入对立冲突甚至相互割裂的情境，导致评价范式转换的动力不足、执行力不强。

第二节　教育评价范式转换的措施

一　转变教育评价理念

转换教育评价范式，需要从思想观念上进行根本转变。确立正确的教育评价理念，是成功转变我国教育评价范式的前提和基础。

---

① 陈玉琨：《论高等教育评估的中介机构》，《中国高等教育评估》1998 年第 2 期。

② 杨聚鹏：《新时代教育评价改革政策的实践困境与推进策略研究》，《武汉大学学报》（哲学社会科学版）2022 年第 6 期。

第一，确立科学的成才观是转变教育评价理念的前提。厘清成才观的基本内涵是形成正确教育评价观念的基础。归根结底，成才观具有两层含义：一是人才的定义是什么？二是如何能成为人才。虽然我国一直提倡要进行素质教育，但教育依然受“分数”“升学率”等硬指标支配，优质的学生往往与“高分”密切相关。根据加德纳的多元智能理论，人的智能是多元的，分数仅是其中之一，凭借单一的分数指标来评判人才是失之偏颇的。每个学生都是独特的个体，都有区别于其他人的地方。对于教育评价工作者来说，不要以考试分数高低论英雄，应当树立一种积极、平等的学生观，辩证地看待每一位学生，正视差异，善待差异，进行因材施教。

第二，树立正确的业绩观是转变教育评价理念的关键。业绩观是指人们对岗位职责范围内取得的一系列成绩的整体性看法。应试教育下的教育管理人员铆足劲地追求“高升学率、高就业率、高分数”，多数教师也对学生的考试成绩更为关注，而不太关注学生学习成绩之外的综合素质，甚至认为学生目前也只需要取得更高的考试分数，发展与成绩无关的兴趣爱好都是“不务正业”。现今在提倡素质教育的背景下，授人以鱼不如授人以渔，教师不仅要对学生进行传道授业释惑，更要对他们进行人格上的培养。

第三，树立多元化评价观是转变教育评价理念的重要抓手。多元化评价是建立在学生成长规律基础上，对学生进行因材施教和发展个性的评价。在新时代要求发展素质教育的背景下，教师要运用多元智能理论对学生进行科学、准确、中肯的评价，并用发展性的观念来关注学生的阶段性成长。看待学生成长，重视学生的最近发展区，因材施教，让每一位学生都能发现自己的闪光点，对自身有清晰的认识，找到适合自己的发展道路。

二 健全教育评价制度

教育评价制度是评价活动背后的规范体系，具有规范化的特征，能为顺利开展教育评价活动保驾护航。教育评价制度可以细化为宏观、中观、微观层面，分别是以国家为主体的评价制度，以社会为主体的评价制度和以学校为主体的评价制度。建立系统、全面、科学的教育评价制度能提高教育评价的实效性，并推进教育评价范式的根本性变革。要想转变不科学的教育评价范式，需要构建完善的教育评价制度。

一方面，政府要有针对性地制定专门、系统的法律法规来规范教育评价。对于不同类型的学校，也要出台针对性的评估政策，做到有的放矢。对于第三方评估机构，政府应当健全相对完善的科学管理监督体制，包括市场准入机制、绩效导向的管理制度、定期性问责制度等，加大对实施教育评价的执法力度，严惩教育评价违规行为，用强制性的手段来保证第三方评估机构的质量。例如，就第三方评估机构和评估人员的资质要进行明确规定，评价主客体在评价过程中承担的义务和享受的权力也应当明确规定。

另一方面，应当定期对教育评价制度的确立和实施进行复盘和总结，建立起常态化的运行机制。如果没有建立必要的长效机制来保障教育评价制度的顺利实施，再严密的制度设计也只能成为“一纸空文”。因此，不仅从思想上要认识到制定教育评价制度的必要性，也要制定相应的制度保障机制，注重“咨询”“决策”和“评价”三要素的协同发挥，三者不是互相孤立的，而是互为表里。其中，咨询是进行科学决策的前提条件，评价能有效推进和保障决策者科学决策，有利于政府高效率地进行宏观管理。

三　提升评价主体素养

教育评价是一项专业性很强的活动，对专业能力和技术水平的要求很高，评价机构及其人员的专业素养是保障评价活动客观公正、实现有效约束的先决条件，也是取得公众认可、产生公信力和权威性的基础。评价机构应把专业化理念内化为成员的价值取向、行为准则，形成专业意识和敬业精神，以优质专业的评估服务赢得社会认可。提升评价者的素养与政府、学校、个人都息息相关，具体可采取以下措施。

第一，政府应当加大对教育评价的宏观调控，制定积极的评价政策，优化评价体系。将教育评价素养和评价技能纳入教育工作者的岗位培训中，为提高教育工作者的评价能力提供必要的政策与经费支持。

第二，学校应当加大对教育评价主体的培训，提升教育评价者的专业素养，创造良好的评价环境。适当减少量化考评的方式，更多地采用质性评价的方法，鼓励在一定的教育情境下进行评价，准确评价学生身心发展和知、情、意、行方面的发展情况。

第三，教育工作者应当加强对科学理论、专业素养和评价方法的学习和研究。只有具备了深厚的科学知识基础，掌握了高超的评价技术，学会运用评价软件，才能提高教育评价的质量和效率，保障教育评价的信效度。同时，在开展教育评价的过程中要定期对自己的评价工作情况进行反思和总结，及时梳理，不断改进。

四　优化教育评价方式方法

教育评价范式是教育评价的基本存在样式，体现在教育评价活动的具体实施中。教育评价的方式方法直接反映了教育评价的具体实施，与教育评价的范式转换关联密切。推进教育评价的范式转换，需要具体落实在评价方式方法的优化和调整上，具体来说，主要包含以下几点。

第一，把过程评价和总结评价有机统一。尽管总结性评价能体现教育质量的成效，体现评价结果和评价目的之间的吻合度。但个体成长不是静态的，会受到外界环境的影响而不断变化。教育评价的结果固然重要，但教育评价的关注点应该更多放在个体成长的过程中，过分重视总结性评价会使得教育评价偏离正确轨道。因此，教育工作者们应坚持用辩证和动态的眼光看待学生，教育学生，既重视总结性评价，更重视过程性评价，使教育评价成为学生提升自身综合素质的媒介，把过程性评价与总结性评价有机结合，实现学生个体的可持续发展。

第二，采用自评和他评相结合的方式。自评和他评都是教育评价的重要方式，各有所长也各有不足，自评有赖于个体的自我总结和反思，能促进个体自我评价能力的提升，是实现自我完善的重要途径。他评的客观性较强，能反映评价对象的真实情况。教育评价从来都不是单个评价主体导演的“独角戏”，而是多个主体共同构成的多边活动，需要多方主体参与进行评价，实现自我评价与他人评价的完美结合。

第三，努力实现“量化—质性”评价方法的完美结合。教育评价既是科学性较高的价值判断活动，又是育人为本的教育活动，这决定了教育评价活动不能过于重视能够被量化的“硬”指标，从而忽视无法被量化的“软”指标，既不能摈弃科学量化的评价方法，更不能把“人”的价值排除在外，应当将定性和定量这两种评价方法有机结合，努力推进教育评价科学性与人文性的统一。

小　结

本编以第四代教育评价理论和教育研究范式理论为切入点，在对范式、教育评价范式和范式转换等概念准确把握基础上，通过对国内外教育评价范式的广泛研究，提出了本书的评价范式划分类型，系统梳理了我国教育评价范式的发展历程及特点，剖析我国教育评价范式的基本现状，依据新时代的新要求，从价值取向和实践方式两个层面对我国教育评价的范式转换进行了专门研究，揭示了新时代教育评价范式转换的条件和具体措施，研究得出以下重要结论。

第一，教育评价范式是教育评价活动的基本存在样式。范式的概念内涵十分丰富，但其基本要义就是科学共同体所遵守的一些东西，内含了理念及方法两层意思，涉及思想与行动等基本内容。教育评价范式是教育评价领域共同认可和遵守的理论框架和操作模式，是教育评价共同体关于教育评价若干基本问题的独特理解和关系界定，是评价活动的基本存在样式，涉及教育评价的目的、主体、内容及方式等，即为何评、谁来评、评什么和怎样评等问题。

第二，我国教育评价主要存在科学实证和人文建构两种范式。科学实证范式是一种根植于实证主义，目标导向式的评价范式，主要采用量化测验的形式来进行教育评价，把评价对象看作确定的、单一的、客观的实体；人文建构范式坚持以人为本的原则，遵循人文主义价值取向，注重体现人的价值，尊重人、理解人、关心人，重视评价过程中评价主客体之间的沟通，以实现人的全面发展为评价目的。

第三，我国教育评价范式的发展可分为萌芽阶段、确立阶段、转型过渡阶段。依据教育评价相关理论，结合我国教育评价发展历程可知，我国教育评价范式的发展大致经历由常规经验范式向科学实证范式，再向人文建构范式转换的演进历程，当前正处在由科学实证范式向人文建构范式的转型过渡阶段，工具取向的教育评价仍然大行其道，人本取向的教育评价式微，评价目的注重甄别、选拔，评价主体单一，评价方法强调科学实证。

第四，新时代教育评价的范式转换是一次深刻的革命，需要从价值取向和实践方式两个层面实行全方位调整和结构性改变。价值取向上实现由工具本位向人本主义、由行政本位向民主协商、由结果本位向重视过程的转换；实践方式上，评价目的由甄别选拔转向促进发展，评价主体由一元主体转向多元参与，评价方法由科学实证转向人文建构。

第五，剖析新时代范式转换的条件，探索范式转换的有效措施，积极推进教育评价的范式转换。范式转换的有利条件是党和国家对教育评价改革的高度重视、立德树人确立为评价改革的终极目标、数据驱动提供评价范式转换的新动能；不利条件则是文化因素是评价范式难以转换的根源、社会支持机制不健全、多元主体参与评价的格局尚未形成等。范式转换的具体举措包括转变教育评价理念、健全教育评价制度、提升评价主体的素养和优化教育评价方式方法等。

第二编

教育评价制度的创新

第六章

教育评价制度创新的概述

第一节 研究背景及意义

一 研究背景

（一）教育评价及其制度改革是新时代教育发展的关键环节

评价是教育的最后一个环节，用以了解教育实施的效果和水平。同时评价又具有导向作用，它作为“指挥棒”直接引导和控制教育的全部行为。2018 年 9 月 10 日，在北京召开的全国教育大会上，习近平总书记强调，要深化教育体制改革，健全立德树人机制，扭转不科学的教育评价导向，坚决克服唯分数、唯升学、唯文凭、唯论文、唯帽子的顽瘴痼疾，从根本上解决教育评价指挥棒问题。2019 年全教会上，时任教育部部长陈宝生表示，要把教育评价改革作为“最硬的一仗”来推进，同时在教育部 2019 年 34 项改革重点中，也明确了深化教育评价体系改革的相关内容。2020 年《深化新时代教育评价改革总体方案》的颁布更是积极回应了社会各界对教育评价制度改革的关心，在教育大国向教育强国发展的路上，教育评价制度改革成为各类主体关注的重点。

教育评价制度改革是提升教育治理体系和治理能力现代化的必要手段，党的十九届四中全会要求教育系统结合实际，推进教育治理体系和治理能力现代化。纵观我国教育体系，还存在诸多与新时代政治、经济、文化发展不和谐、不相匹配的问题。对于教育评价制度来说，要在适应国家机制、相关法律法规要求的大框架内适时更新。结合新时代要求，以改革创新为手段，加强与其他制度的科学匹配程度，以此来实现教育评价治理的现代化。这是新时代的呼唤，也是众多教育参与者对教育评价制度建设的诉求。

（二）我国教育评价及其制度建设处于改革的攻坚期

相较于其他教育发达国家，我国一直属于教育“后发型”发展中国家。不仅存在着优质资源供应不足的问题，如何有效分配资源的问题也尚未解决。① 从管理层面来看，我国教育体制虽在管办评分离改革下有了变化，但是集中化管理机制仍然存在，也是制度创新需要突破的重难点。目前中小学应试教育现象依旧严峻，尽管国家出台各项政策但“下有对策”，各类不正常的教育评价模式屡禁不止。这也说明，相关改革和治理不能再以单一收放循环模式为解决途径，而应推动评价制度多元化改革，走协同治理模式。② 高等教育层面同样面临着巨大的压力，突出表现在无主化和无根化现象严重。这些问题都映射出当前我国教育评价制度需要根据实际情况及其衍生出的一

① 王洪才：《教育治理体系与治理能力现代化论略》，《复旦教育论坛》2020 年第 1 期。

② 戚晓思：《教育治理体系与治理能力现代化的研究进展与展望》，《河南社会科学》2018 年第 2 期。

系列教育问题进行完善。

二　研究意义

（一）理论意义

第一，有利于进一步完善我国教育评价学科理论体系。我国有着丰富的教育评价经验和悠久的教育历史，这些传统的教育理念和手段有着较强的惯性，而现代教育评价引进相对来说不久，扎根也不牢，因此一些传统的做法和观念很容易渗透进教育评价之中，致使教育评价不中不西，既失去了我国传统的优势，也干扰了现代教育评价的效果。所以建立科学的教育评价制度来推动传统教育管理向现代教育评价发展尤为重要。本书通过分析我国教育评价制度的发展沿革及其相关历史背景，联系新时代对于教育评价制度提出的具体要求，力争在现实基础上提出建设性意见，完善相关教育评价理论体系。

第二，有利于促进教育评价理论的国际交流。我国教育评价自身的发展要求教育评价加强与国际的交流合作，虽然这种交流合作需要我国的教育评价具有中国特色，但是交流合作的基础是我国具有评价的"国际话语权"。从这一点来看，本编通过借鉴学习国际上现代教育评价的理论与做法，并提出相关对策，进一步健全科学的教育评价制度，以此帮助我国与国际教育评价规则接轨。

（二）实践意义

第一，有利于保证各层级教育教学质量。通过对教育评价制度的研究，分析现行教育评价制度存在的优劣，以找准改革创新的发力点；同时通过对教育评价制度内部要素和外部要素的分析，摸清我国教育评价制度目前存在的症结，并对症下药。总之，一切的改革和创新终究都是为提高我国各级教育教学的质量服务。

第二，有利于深化我国教育体制机制管理改革。伴随着社会发展和经济体制的发展，教育体制的运行大环境发生了变化。对于教育评价制度来说，政府包得过多的现象开始不适应社会的发展，时代呼唤教育评价制度改革，所以教育评价制度的创新是顺应我国整体教育机制改革的必由之路，同时也符合政府的宏观管理和教育体制的发展要求。

第二节　研究综述

梳理与教育评价及教育评价制度相关的文献和研究，有助于厘清其研究现状，有利于结合学科发展规律探索我国教育评价制度创新的突破口。

一　关于教育评价的研究

现代教育评价及其理论主要兴起于20世纪60年代的国外，从国外引进到我国主要是改革开放以后，国内学者主要通过翻译国外有关教育评价的专著以及邀请国外相关教授、专家来华讲学来大规模引进教育评价。因此，有关教育评价的研究，要从国外、国内两个层次分别进行梳理和概括。

（一）国外关于教育评价的研究

现代教育评价最初可以溯源到西方的教育测验运动，指的是美国为了使考试更客观化、标准化、科学化和量化而发起的教育运动。随着教育测验运动的发展，其在理论和实践方面都取得了相应的成就，但同时也暴露了诸如不能准确评价学生的全部能力、忽视学生的全面发展等一系列问题。

为应对教育测验运动的缺点和不足，进步主义教育协会的艾钦于1933年开始了为期八年的中学课程改革研究，该研究最终的报告也就是著名的“八年研究”，在这份报告中泰勒首次提出了教育评价的科学概念，并提出以“目标”为评价导向的教育评价模式。在教育评价中使用泰勒模式，首要的问题就是要帮助有关教育人员清晰地表述评价目标，为解决这一问题，以布鲁姆为首的学者发展目标表述和教育目标分类的理论，并于1956年完成了教育目标分类体系研究的工作，目标分类学由此建立。泰勒模式具有对目标本身未进行评价、忽视非预期结果、对过程评价重视不够等缺点，因此20世纪60年代学界以此为基础开展了学术讨论和批判，很大程度上推动了评价学科的发展。

20世纪60年代初克龙巴赫提出，改进教育活动是教育评价的本质，并据此提出了形成性评价的概念。斯塔弗尔比姆提出了CIPP评价模式，作为泰勒模式的发展，其最主要的提升是目标的合理性和可行性受到了充分的重视。1967年，斯克里文提出教育评价不应受预定活动目的影响，强调以“自由目的”“参与者的实际意图”为准则的评价方法，即我们所熟知的目标游离模式。他指出，应当依据活动参与者的意图，而不是方案制定者预定的目标来开展评价。评价应注意方案的实际效应是什么，不应当由于某种效应被事先确定为“目标”而在评价中给予特别的注意。1975年，斯塔克在前人的研究基础上，提出以服务对象为起点的评价模式，即应答评价模式，他认为教育评价应该积极回应其服务对象所关心和感兴趣的问题。在这之后，古巴和林肯等人创立的“第四代评价理论”开始着重强调多元性，倡导以协商和对话为主的民主评价。①

（二）国内关于教育评价的研究

我国教育评价活动的发展大致可以分为四个阶段。第一阶段是606年以前的古典教育评价时期，这一时期形成了育士与选士紧密相连的制度，是中国教育评价活动之源。第二阶段是606—1905年，这一时期的评价活动以科举考试为代表，评价重结果而轻过程。第三阶段是1905年至新中国成立前的近代教育活动时期，教育评价与现代教育测量相结合发展，呈现出多元化发展局面。第四阶段是新中国成立至今的现代教育评价发展时期，有许多专门的著作和相关的规章制度对教育评价进行了更全面的诠释。我国现代教育评价的发展较晚，且因历史原因发展历程较为曲折。刘尧从三个维度来概括我国教育评价研究的变化过程，第一个方面是挖掘中国教育评价之源流；第二个方面是引进国外相关理论；第三个方面是教育评价的具体评价方案研究和实践。②

从教育评价及制度发展的演变路径来看，陈玉琨、李如海以相关理论研究的客观表现为依据将我国教育评价划分为三个发展阶段，即间续发展阶段（1900—1977年）、理论积累阶段（1977—1985年）和持续发展阶段（1985年至今）。③沈小碚结合历史与逻辑双角度，将我国教育评价发展概括为古典的考试型时期、心理测量占统治地位的时

---

① Lincoln Y. S., "Fourth Generation Evaluation", *CanadianJournal of Communication*, Vol. 16, No. 2, 1989, pp. 24 – 31.

② 刘尧：《关于教育评价学理论体系的思考——从我国的教育评价学研究谈起》，《北京理工大学学报》（社会科学版）2000年第3期。

③ 陈玉琨、李如海：《我国教育评价发展的世纪回顾与未来展望》，《华东师范大学学报》（教育科学版）2000年第1期。

期和后现代时期。[①] 吴钢则结合我国社会历史发展大背景，将教育评价的发展划分为恢复与兴起期（1977—1983 年）、真正起步期（1984—1985 年）、全面研究和试点工作期（1986—1989 年）和正规化开展期（1990 年至今）。[②] 这些划分虽依据不同但大致区间划分却相似，大都以新中国成立至改革开放前作为我国教育评价的低速发展期，改革开放到 1985 年为转型期，之后为科学多元持续发展时期。1985 年以来，我国教育评价的研究与实践全面铺开，学术界开始了对外和对内的双重交流。在评价著作上，陈玉琨于 1993 年出版了《中国教育评价论》，王汉澜于 1995 年出版了《教育评价学》，侯光文于 1996 年出版了《教育评价概论》，这一系列的教育评价理论著作对于普及评价理论和提高我国教育评价研究水平具有重要意义。

在近一百年现代教育变迁、七十余年教育发展、四十余年改革开放历史进程中，教育评价与教育评价制度也遇到了一些发展上的问题。20 世纪中叶前，中国虽然是考试的大国，但不是教育的大国。以考试内容规定教育内容，以考试状况评定教育状况已形成思维定式。从评价本身来说，戴家干认为我国教育参与者没有厘清教育评价的功能和具体操作方法，常混淆评价与考试，体现在以考代评的现实困境上。[③] 这也导致了我国长期将考试成绩作为衡量学校、教师和学生发展的一元标准。基于此，谈松华提出我国现行教育评价存在目标比较狭窄、方法相对陈旧、主体比较单一、结果呈现过于简单等弊端。[④]

---

① 沈小碚：《教育教学评价研究的发展与问题》，《西南师范大学学报》（人文社会科学版）2001 年第 4 期。

② 吴钢：《我国教育评价发展的回顾与展望》，《教育研究》2000 年第 8 期。

③ 戴家干：《从考试到评价：教育改革的时代任务》，《中国高等教育》2007 年第 Z2 期。

④ 谈松华：《关于教育评价制度改革的几点思考》，《中国教育学刊》2017 年第 4 期。

二 关于教育评价制度的研究

各国建立和实施教育评价制度的初衷都是为了实现教育对社会的促进作用，但由于社会历史发展的差异性，各国教育评价制度的发展又不尽相同。

（一）关于国外教育评价制度的研究

笔者通过搜索文献发现，国外有关教育评价制度的研究多集中于高等教育评价制度，鲜有关于国外教育评价制度整体研究的英文文章和著作，这也为本书提供了充足的空间，也更显研究的实际价值和意义。

国外有关教育评价制度的研究许多是围绕国家之间评价制度的对比和差别展开的，克拉夫特（Craft）从质量保障的角度对澳大利亚、法国、德国、印度、荷兰、瑞典、英国、美国等国和中国香港地区的高等教育体系进行研究后，提出高等教育制度及其所导致的评价结果不应该用外部因素来衡量，也不必涉及客观的、量化的分数。[①] 总体来看，根据政府、高校和第三方评估机构在高等教育评估中的力量配比，西方的高等教育评价制度主要有以质量认证的美国模式、以大学自主管理的英国模式，以及以政府控制为主的大陆模式。[②] 初探这些文章，可以发现各国教育评价制度往往是与国家整体发展方向相一致的，也凸显了我国教育评价制度要与新时代步调一致的重要性，也体现了目前创新教育评价制度过程中找准我国特色制度体系的重要性。

---

① Craft A.，ed.，“Quality Assurance in Higher Education: Proceedings of an International Conference”，*The Canadian Journal of Higher Education*，Vol. 23，No. 2，1993，pp. 151 – 152.

② 马廷奇、伍萱：《西方国家高等教育评估制度模式的实践特征及其发展趋向》，《北京科技大学学报》（社会科学版）2010 年第 4 期。

从宏观层面来说，针对美国教育评估制度的研究相对来说比较多，从最早的大学董事会到地区性院校认证协会，再到专业性全国性的认证管理机构（NCA），最后到目前的全国高等教育认证理事会（CHEA），美国的教育评价整个体系都呈现出相对的完整性和多样化。詹姆斯（James L. Ratcliff）通过考察美国学生学习评估、认证和课程与机构质量评估之间的相互关系，提出教育评价制度应该在州和国家质量保证过程中发挥以学生为中心评估的积极作用。[①] 美国高等教育评价制度总体来说可划分为三大类型，即认证评估制度（Accreditation）、分类评估制度（Assessment）以及审核评估制度（Audit）。伊顿（Eaton）回顾美国认证评估制度发展史，并提出认证制度是关于质量保证和质量改进的。在美国，认证是对被认证机构的质量和有效性的审查。它由相关企业通过私立机构高等教育认证委员会和美国教育部实施。[②] 在有关分类评估制度的研究中，贝克（Baker）呼吁转换评估目的，他认为评估制度应该以帮助不同学习背景和学业目标的学生以及他们的老师适应不断变化的知识期望为设计理念。[③]

从微观层面来看，罗纳德·赫克（Ronald H. Heck）提出，教育评价制度需要通过改进教育评价程序来推进。他认为，要通过调整评估模型的各个方面来提高评估质量。[④] 比林（Billing）比较不同国家高等

① Ratcliff J. L.，"Accreditation and Evaluation of Higher Education in the US"，*Quality in Higher Education*，Vol. 2，No. 1，1996，pp. 5 – 19.

② Eaton J. S.，"An Overview of U. S. Accreditation. Revised November 2015"，*Council for Higher Education Accreditation*，Vol. 23，No. 5，2015，p. 12.

③ Baker E. L.，and Gordon E. W.，"From the Assessment of Education to the Assessment for Education：Policy and Futures"，*Teachers College Record*，Vol. 116，No. 11，2014，pp. 1 – 24.

④ Ronald H.，Linda K.，ed.，"Administrative Effectiveness in Higher Education：Improving Assessment Procedures"，*Research in Higher Education*，Vol. 41，No. 6，2000，pp. 663 – 684.

教育外部质量保障框架的共性和多样性，他认为质量保障框架的一般模式在不同国家具有普适性。① 约翰·布伦南（John Brennan）通过权衡不同制度背景下质量管理和评估的变化，以及通过实施方法的差异建立了高等教育质量管理和制度变迁之间关系的概念模型，提出质量评估的影响因素可以从奖励和激励、政策结构和制度文化等方面来考虑。②

（二）关于国内教育评价制度的研究

20 世纪 80 年代开始，随着我国教育评价制度开始逐步建立，教育学界着手我国教育评价制度相关的研究。这些研究角度多样，对教育评价制度的发展历程、构成要素、实施层面、实施主体、比较借鉴等多种角度的研究均广泛存在。同时研究的侧重点也有不同，下面将有关国内教育评价制度的文献按以下几个角度进行梳理。

第一，关于教育评价制度构成的研究。从系统论的角度出发，吴钢认为教育评价制度主要由组织机构、程序管理和质量管理三个子系统构成。这三个子系统相互依存、有机结合决定着评价制度系统的整体功能。③ 陈如将教育评价制度分为动态和静态两大部分，静态包括基础理论系统和规程系统，动态系统包括评价机构系统、操作系统和质量管理系统。④ 刘淑芸根据新制度经济理论，把高等教育评估制度划分为正式制度与非正式制度两类。前者是指以正式形式确定的制度安排，

---

① Billing, David, "International Comparisons and Trends in External Quality Assurance of Higher Education: Commonality or Diversity?" *Higher Education*, Vol. 47, No. 1, 2004, pp. 113 – 137.

② John Brennan and Tarla Shah, "Quality Assessment and Institutional Change: Experiences from 14 Countries", *Higher Education*, Vol. 40, No. 3, 2000, pp. 4 – 12.

③ 吴钢：《初探建立我国教育评价制度》，《教育理论与实践》1992 年第 6 期。

④ 陈如：《略论我国教育评价制度系统的构建》，《教育探索》1999 年第 6 期。

其表现形式为成文的规定，包含法律、政策、法规、规章和契约等，具有强制性、时效性和固定性的特征；后者是指与高等教育评估有关的价值、信念、传统、文化、道德、伦理、风俗、习惯以及意识形态等所形成的规范和约束体系，具有自发性、长效性与广泛性。①

第二，关于教育评价制度的发展沿革和时代特征的研究。尽管有学者以清末民初现代学校制度在我国的建立为源头，甚至以古代的育士选士制度为源头，来探索教育评价制度的发展，但多数研究还是从新中国成立以来，特别是改革开放后以现代教育评价在我国的兴起为源头，来展开评价制度的研究。冯虹和朱瑞通过梳理 20 世纪 90 年代以来有关教育评价制度相关政策，提出我国相关制度发展经历了法制规范、改革创新以及科学完善三个阶段。法制规范时期的教育评价制度缺少一个完整的评估系统和基本框架，这一时期主要是建立健全法规体系、实施依法评价，以及全面实施素质教育。改革创新时期秉持创新和以人为本，实现教育评价制度的本土化发展，同时建设专业化的评价队伍作为支撑。科学完善时期将教育评价制度的建设与新形势、新要求相结合。② 张曦琳基于历史制度主义视角对新中国成立 70 年来的高等教育评估制度变迁历程进行分析，发现我国高等教育评估制度主要经历了制度变迁生成、制度变迁启动、渐进性制度变迁和断裂性制度变迁四个阶段。③ 从政策文件视角出发，余咏梅以 1986 年《高等教育管理职责暂行规定》的颁布为起点，将教育评价制度的发展归纳为形

① 刘淑芸：《重建我国高等教育评估制度的思考》，《中国高等教育评估》2014 年第 3 期。

② 冯虹、朱瑞：《20 世纪 90 年代以来我国教育评价政策的回顾及展望》，《教育测量与评价》2019 年第 11 期。

③ 张曦琳：《中国高等教育评估制度变迁的回眸与前瞻——基于历史制度主义视角》，《重庆高教研究》2021 年第 1 期。

成、建设、完善与发展四个阶段。[①] 教育评价制度的发展无法脱节于社会的发展而存在，因此许多学者也结合时代特征对其展开研究和论述。沈小碚在20世纪90年代初教育评价制度还未完全建立时提出："我国古代的考试制度与近代的测验运动，对教育评估运动的发展起了积极的推动作用，成为教育评估制度形成的前期。"[②] 曹延飞总结改革开放以来，我国本科教育评估政策主要经历了提出评价理念、开启评价实践、实施水平评估、建成"五位一体"体系四个发展阶段。[③] 王冀生提出教育评价制度应该与中国特色社会主义、市场经济体制和现代化建设步调一致。[④] 21世纪初我国大兴素质教育，结合时代特征游霞和骆春秀从素质教育角度出发，以办学水平评价、教师评价、课堂教学评价、学生个体评价四维度论述了教育评估制度。[⑤] 可以看出，我国学者对教育评价制度的研究大多根据"社会需求"来进行，并不是从制度本身所存在的问题和需要出发去进行相关研究，缺乏对教育评价制度本身的深入思考。

第三，关于不同层次教育评价制度的研究。除了对整个教育评价制度的研究，更多的学者聚焦于基础教育或者高等教育等局部的评价制度研究，相对来说，对高等教育评价制度的研究占大多数。通过比较发达国家教育评价制度，刘军提出我国教育评价制度存在立法

---

① 余咏梅：《高等教育评价制度中的权力制衡》，《淮北职业技术学院学报》2015年第2期。

② 沈小碚：《中外教育评估制度发展史简述》，《山东师大学报》（社会科学版）1990年第5期。

③ 曹延飞：《改革开放以来我国本科教育评估制度的再认识与理性反思》，《现代教育科学》2020年第1期。

④ 王冀生：《建设具有中国特色的高等教育评估制度的基本要点》，《高等教育研究》1994年第1期。

⑤ 游霞、骆春秀：《改变传统的评价模式　建立新型的教育评估制度》，《自贡师范高等专科学校学报》2001年第S1期。

不尽完善、政府参与比重过大、评估体系不健全的问题。[①] 刘晓红从我国与他国存在的差异出发，总结到我国教育评估存在主要由政府相关机构掌控、高校办学质量评估与科研质量未分开评估以及评估标准未能充分体现高校高度自主性等问题。[②] 从基础教育制度切入，马世晔提出，当前国际教育评价的主要特点为评价注重系统性、注重评价和测试工作的规范化、在最终结果上重视诊断及发展功能。[③] 吴钢通过对比提出，由于普教和高教性质不同、现阶段所承担的任务不同，决定了两者学校评价的侧重点也不尽相同。同时强调教育评价制度是教育评价结果正确反馈的需要，是评价结果接受实践检验的需要，是评价结果要有利于改进工作的需要，同时也是提高评价时效性的需要。[④]

第四，关于教育评价制度尚存问题的研究。姜昕从经济、心理学多学科角度提出我国教育评价制度存在不适应时代、倾向性导致教育不公、过于注重选拔功能三大问题。[⑤] 从社会参与角度出发，葛孝亿、唐开福认为，我国教育评价制度存在“政社一体”制度惯性的阻碍、“双重管理”延续性的制约、组织发展与扶持制度不完善、社会影响力不足、内部治理制度不完善等五方面的缺陷。[⑥]

---

① 刘军：《中外高等教育评价比较研究》，硕士学位论文，哈尔滨工程大学，2006 年，第 48 页。

② 刘晓红：《国外高等教育评估制度对我国高教评估的启迪》，《北京理工大学学报》（社会科学版）2004 年第 1 期。

③ 马世晔：《从国外教育评价制度看我国基础教育评价体系的建立》，《中国考试》（研究版）2008 年第 5 期。

④ 吴钢：《初探建立我国教育评价制度》，《教育理论与实践》1992 年第 6 期。

⑤ 姜昕：《我国教育评价制度存在的问题及改进建议》，《教学与管理》2017 年第 9 期。

⑥ 葛孝亿：《社会组织参与教育评价的制度障碍及其突破》，《教育发展研究》2016 年第 8 期。

三　关于教育评价制度创新的研究

教育评价制度的改革创新研究主要集中在国内，这是目前国内评价制度研究的一个热点。由于不同研究者对教育评价制度的理解及组成的划分不尽相同，因此文献整体比较零散且繁杂，下面将从宏观、中观、微观三个层次进行相关分析。

从宏观层次来看，洪致平提出，国家教育评价制度的创新和发展是一项与经济体制转换相适应的复杂系统工程，不仅涉及教育系统内部的体制，而且还涉及外部的政治体制，对提高我国教育的质量与效益具有举足轻重的作用。① 董奇、赵德成以第四代评价理论为基础，提出教育评价制度改革要从以下几个方面入手：第一，明确构建教育评价制度的根本目的是促进教育事业的发展；第二，评价内容应多元化；第三，评价方法要多样化；第四，使评价成为各教育主体共同积极参与的交互活动。② 以理论基础为出发点，教育评价制度的创新要“树立正确的教育质量观、树立科学的教育价值观、树立人文的教育绩效观”。③

从中观层次来看，谈松华认为，教育评价制度涉及功能、目标、内容、方法、组织等多种因素，是教育制度的重要组成部分。他从教育评价制度的功能出发提出要强化教育评价的推进性功能，促进教育的改革和发展，实现教育目的和目标的综合性功能。④ 宋乃庆等基于学生发展的视角，提出要通过新时代德育观、智育观、体育观、美育观、

---

① 洪致平：《教育评价制度的建立及其有效运转》，《浙江社会科学》1997 年第 1 期。
② 董奇、赵德成：《发展性教育评价的理论与实践》，《中国教育学刊》2003 年第 8 期。
③ 刘卓：《建立健全新发展阶段高校教学评价体系》，《中国高等教育》2022 年第 8 期。
④ 谈松华：《关于教育评价制度改革的几点思考》，《中国教育学刊》2017 年第 4 期。

劳动教育观“五育”评价观构建教育评价制度，克服“五唯”顽疾。①余咏梅从权力制衡的角度切入，她认为，要协调好教育评价制度建设中的各方权力。②

从微观出发，辛涛聚焦中高考评价制度，提出营造良好社会环境、推进考试内容改革、完善综合素质评价的意见。③ 也有学者从其他管理制度中寻找改革灵感，杨希洁从 PISA 特点入手，结合我国教育评价实情，提出将“发展”作为教育评价制度核心、丰富评价形式以及建立可用于区域比较的教育评价和监测体系的创新建议。④

四　研究述评

目前已经有众多国内外学者对教育评价制度及其制度创新进行了研究，这一系列的研究对于我国教育事业的发展起到了较大的推动作用，但新时代对我国教育评价制度的创新提出了更高的要求。综合来看目前的相关研究仍有值得提升之处，具体可归纳为以下几个方面。

（一）要进一步明确教育评价制度的内涵与外延

通过对以往研究的概念界定对比发现，对教育评价制度的定义被固定在一个思维模式中，在一定程度上存在同质性，这些定义没有跳出形式，进而阐释出其内在含义。具体体现在与我国教育评价制度的

---

① 宋乃庆等：《破解“五唯”顽疾，构建我国新时代教育评价观——基于学生发展的视角》，《教育与教学研究》2018 年第 11 期。

② 余咏梅：《高等教育评价制度中的权力制衡》，《淮北职业技术学院学报》2015 年第 2 期。

③ 辛涛：《深化教育评价改革　建立良性的教育评价制度》，《清华大学教育研究》2019 年第 1 期。

④ 杨希洁：《PISA 特点分析及其对我国基础教育评价制度改革的启示》，《教育科学研究》2008 年第 2 期。

实践脱节，还有绝大多数的学者从新经济学中的“制度变迁”的角度切入，虽有可借鉴之处，但是，对于我国教育评价制度的实质性关注仍不够。本编以“制度变迁”理论和新时代以来我国教育评价制度发展的实际情况为依据，对我国教育评价制度做出了明确的定义。

（二）要厘清教育评价制度的内部逻辑

教育评价制度改革涉及的内部问题纷繁复杂，包括多元评价主体的合作关系分析、评价内容的系统整合分析、宏微观的评价组织和规则的良性运作分析等。教育评价制度的类型也纷繁复杂，在层次上包括普通教育、职业教育、高等教育等；类别上包括国家、社会和学校教育评价制度；范围上包括宏观、中观和微观领域教育评价制度等。现有的文献较少成体系、成系统地对教育评价制度进行研究，缺乏对其内在逻辑的梳理和探究。教育评价制度内部诸多要素关系是制度的核心，想要建立现代化的评价制度，必须从内部着手改革。本编从教育评价制度的文化体系、制度体系和运行机制体系出发，力求多角度、全方位地把握教育评价制度的整体，梳理其内在逻辑，以求提出更合乎其发展的创新内容和路径。

（三）要强化教育评价制度的外部关系

教育评价制度是整个国家教育体制中的一个重要组成部分，与社会经济、政治、文化等有密切关系，改革的有效推进需要综合考虑各种相关要素及其配合。从宏观来说，要联系新时代的发展背景，脱离时代背景去谈教育评价制度的创新是不可取的。从微观来说，教育评价制度的外部关系也包括法律制度、评价机构、实施程序等方面的内容，对此也应该进行系统的研究，并以此来分析制度改革的必要性和可行性。目前相关研究更多聚焦的是教育评价制度本身，外部视野相对来说较为薄弱，特别是没有建立教育评价制度改革与新时代要求之间的纽带关系。因此，本编注重在新时代背景下结合治理体系与治理能力现代化、构建高质量发展格局以及中国特色社会主义教育道路来谈教育评价制度的创新，深入分析制度改革的现实条件与问题困境。

第三节　研究思路及方法

一　研究思路

本编总的研究思路如图 6－1 所示。

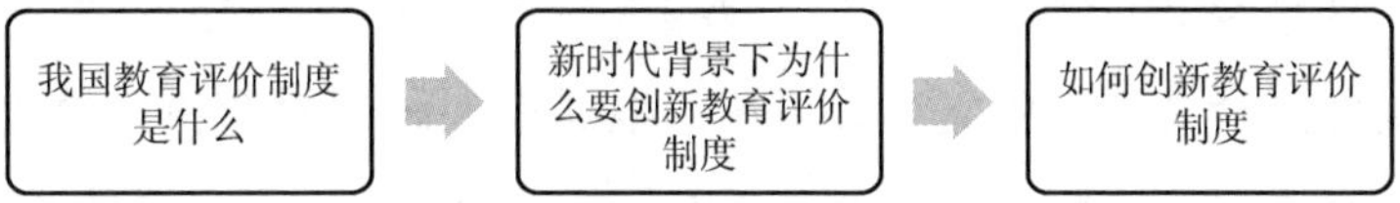

图 6－1　研究思路

根据是什么、为什么、怎么做的逻辑思维方式，本编将从五个章节展开论述和研究。第六章主要是问题的提出，主要介绍研究背景、研究意义、基本概念以及文献综述，为后续写作夯实基础。

第七章及第八章主要回答我国教育评价制度是什么。通过文献分析，罗列我国教育评价制度发展沿革的相关内容，并在此基础上阐述我国教育评价制度发展的现状，进而分析其目前存在的一系列问题，为之后教育评价制度的创新提供理论和实践支撑。

第九章主要回答新时代背景下为什么要创新教育评价制度，从“新时代”的角度切入，主要分析教育评价制度创新的时代理论依据和时代要求。第十章主要回答怎么做的问题，阐述新时代教育评价制度创新的原则、内容和路径。

二 研究方法

（一）文献分析法

主要借助于互联网、文献数据库的线上资料和图书馆的实体书籍，广泛收集现有资料与相关研究内容，进而整理和鉴别与本研究相关的文献和研究数据。着重研究和分析国内外关于教育评价制度及其创新的成果，对教育评价制度发展的沿革、发展的特点、创新的依据和相关理论研究进行归纳与综述。

（二）文本分析法

以文献阅读为基础，从文本的表层深入，寻求不能为普通阅读所把握的深层含义。利用文本分析法，根据教育评价制度相关的政策文件和与教育评价制度改革相关的文件进行内容和文本分析，以此明晰我国教育评价制度及其改革的政策导向。

第四节 概念界定

概念是开展研究的基础，明确概念可以为整个研究打好基础。在本编中，需要明确新时代、教育评价制度和制度创新三个概念。

一 新时代

从一般的层面上说，新时代指的是社会发生具有根本性进步和转变的时期，对于之前的时代来说，它意味着整个社会状况不同层面的重大变化，也就是说时代的变化和发展构成了新时代的核心与内涵。但本编提到的新时代特指的是“中国特色社会主义新时代”，文中简称为“新时代”。

党的十九大提出“中国特色社会主义进入新时代”的重大政治论断，进入新时代，是从党和国家事业发展的全局视野，从改革开放近四十年历程和党的十八大以来五年取得的历史性成就及历史性变革的方位上，所做出的科学判断。新时代是过去的延续也是未来的召唤，中国特色社会主义进入了新时代，这是我国发展新的历史方位。新时代对我国教育发展提出了重质量、明标准、高效能和中国特色的要求，需要通过教育评价制度的改革和创新来实现。

二　教育评价制度

制度通常是指通过一定的规则或运作模式，规范个体行动的一种社会结构。通过对我国教育评价制度相关现实情况的研究，结合经济学家诺斯的制度变迁理论，本编对教育评价制度做出如下界定：教育评价制度是指为保证教育质量，在一定历史条件及社会环境下形成的对与教育教学相关的活动及对象进行评价的正式规则、非正式规则和执行机制的整体机制。具体包括，教育评价制度体系、教育评价制度文化及教育评价制度运行机制。

以上概念界定是以诺斯的制度变迁理论系列思想为研究基础的，他将制度分为正式规则、非正式规则和这些规则的执行机制三大组成部分。正式规则主要是国家层面的，包括政治规则、经济规则和契约在内的不同层次的内容，囊括了从宪法到成文法、普通法及具体的内部章程，再到个人契约等内容的架构。非正式规则是在社会文化积淀下生成的，主要是约定俗成的行为方式与准则，包括思想信念、文化风俗、道德价值伦理、意识形态等多方面的内容。执行机制是为了确保正式规则与非正式规则得以执行并发挥其作用的动力保障系统。

对应到教育评价制度中来看，教育评价制度体系主要对应制度理论的正式规则，包括党和政府教育工作评价制度、学校评价制度、教师评价制度和学生评价制度。教育评价制度文化即评价制度中的非正式规则部分，包括评价制度的伦理规范、俗成习惯以及意识形态等日常生活中受主流文化影响的，传统约定俗成的非正式规则。教育评价制度运行机制主要对应制度理论中的执行机制，包括引导整个评价制度的运行主体，囊括整个操作的运行程序和指导执行过程的运行方式。

三 制度创新

制度创新是经济学中的一个概念，原本是指在原有基础上创造出新的经济规则来获取更大的经济收入。本书借用这一概念来定义教育评价制度创新，即在原来的基础上改造出新的教育评价活动的一般规则框架，以保证教育评价过程的可持续性发展。

制度变迁又称制度创新，制度的变迁是源于旧制度的发展危机。① 随着社会外部大环境变化，制度创新是指规范人们行为和内部关系变化的过程。它是一种新制度替代旧制度、新制度结构覆盖旧制度结构的过程，同样也是制度整体效率实现提高的过程。究其发展实质，制度创新的本质就是改革，通过革除、改变旧制度中阻碍教育发展的桎梏，创建新事物的过程。

---

① 杨毅：《新中国高校教师聘任制度变迁研究》，博士学位论文，西南大学，2013 年，第 9 页。

第七章

我国教育评价制度的发展沿革

本章主要梳理分析我国教育评价制度变迁的历史脉络，探寻不同阶段制度发展的特点和具体表现。制度变迁理论提供了理论分析框架，教育评价制度的演变可以抽象为一个特殊制度变迁的过程，制度变迁理论为其提供了普遍性的制度分析方法。本书以 1949 年新中国成立为起点，以五次全国教育大会为划分节点，特别以不同时代的教育评价制度利益导向作为划分依据，将我国教育评价制度的发展划分为五个阶段。分别是以政治服务为导向的初步探索时期，以市场效率为导向的基本建立时期，以质量提升为导向的改进优化时期，以内涵式发展为导向的科学发展时期和新时代教育评价制度发展时期。下面将从教育评价制度发展演进的时代背景切入，紧扣教育评价制度建立的相关教育现实，着重从制度背景、主要表现形式、突出特点及重要举措的几个维度对我国教育评价制度的历史发展脉络进行梳理与分析。

第一节　制度探索时期（1949—1977 年）

1949 年 12 月，第一次全国教育工作会议在北京召开，确立了全国教育工作的总方针，明确了改革旧教育的发展新方向和步骤。这也标志着新中国教育事业的起步，同时也是新中国教育评价制度建立的起点。在了解全国教育工作的基本情况后，会议明确了后续工作的重点方针。首先，要将“普及与提高正确结合，着重为工农服务”；其次，明确新教育要借助苏联的教育发展模式来开展。①

1949—1977 年，我国社会主义性质的教育评价制度开始发展并有了雏形，其发展主要是由政府主导的强制性制度变迁，也就是由原有的、封建的、资本主义性质的教育评价制度转向社会主义教育评价制度。整体的制度变迁动因，源于国家政治建设的需要。新中国成立初期，为巩固新生政权全面学习苏联模式、社会主义制度建立后探索服务国家建设的教育评价制度、“文化大革命”时期教育评价制度建设被搁置等均是如此。

一　背景

1949 年 9 月，《中国人民政治协商会议共同纲领》颁布，对教育工作做出以下规定，提出了“人民政府的文化教育工作，应以提高人民文化水平、培养国家建设人才、肃清封建的、买办的、法西斯主义的思想、发展为人民服务的思想为主要任务”②。可以从中看出，当时的

① 肖雨、魏超：《破旧立新：新中国第一次全国教育工作会议》，《世纪桥》2023 年第 2 期。

② 郝维谦、龙正中、张晋峰：《中华人民共和国高等教育史》，新世界出版社 2011 年版，第 70 页。

教育建设与教育工作围绕政权的巩固展开，初期教育评价制度作为教育建设的组成部分也有着浓厚的政治服务氛围。

1956年，三大改造完成，我国社会主义制度正式建立起来。无论是新中国成立初期对资本主义性质的教育评价制度的全盘否定，还是对苏联教育体制体系的全面照搬，再到20世纪50年代末期中苏关系彻底破裂后，我国教育系统对于苏联教育模式由学习模仿转变为批判，都彰显出教育依附于政治的特点。

1966年，“文化大革命”爆发，自此之后的十年我国教育评价制度的建设被按下了暂停键。国家教育工作停滞不前，连最基础的教育都得不到保障，更深层次的教育制度、教育评价制度的建设就更无从谈起。

二　主要特点

受这一时期计划经济的影响与制约，初始时期教育建设的最大特点是为巩固社会主义政权服务、为社会主义制度建设服务、为“文化大革命”工作服务，具有浓厚的政治色彩，教育评价制度也是如此。具体分析来看，这一时期教育评价制度的发展具有两方面的突出特点。一是教育评价制度的建设完全由政府控制；二是政治社会因素是推动制度建设的主要动因。

首先，政府集中控制教育评价制度的建立及其实践，教育评价制度独立性不强。从这一时期来看，教育完完全全是掌控在政府手中的，由于教育评价依附于教育行政管理的程度较高，加上教育评价本身的先天不足和后续乏力，教育评价制度的建立在这一阶段未获得独立的社会人格，政府主导及政策推动是这一阶段发展的基调。

其次，政治社会因素是影响本阶段制度发展的主要动因。从现代教育评价的空白期，到一边倒的单一苏联模式；从无所适从的政治迷茫期，到理论研究的中断，这一整个时期的教育都是附属于社会政治的，也较容易受到外部环境因素的影响。也就是说，教育的生存问题还没有得到解决，因此也没有更多的精力来考虑教育评价质量的提高和我国教育评价制度的建立。

三　具体表现

（一）为巩固新生的社会主义政权，全面学习借鉴苏联模式

新中国成立初期，由于政治上的原因，中国不得不向苏联学习。这一点在教育方针和教育政策的制定上也有体现，在1949年年底召开的第一次全国教育工作会议上，明确了以老解放区的新教育经验为基础，吸收旧教育的有用经验，借鉴和学习苏联教育建设经验的教育发展方针。[①] 这一时期我国教育评价全盘照搬苏联的社会主义模式，对旧中国以及资本主义国家的教育模式予以否定。

当时苏联教育方面的发展都领先于中国，学习他们的经验和做法对于扫除半封建以及半殖民地教育思想起到了积极的作用，但是同时暴露出不适合我国发展实况的缺点。[②] 从教育评价制度文化发展来看，我国经过教育测验运动留存的成果本就因为战争原因所剩无几，留存下来的文化遗产又在全面学习苏联的历史潮流中被淹没。当时国外日趋成熟的教育评价研究和理论又难以被引进。此时我国教育评价制度的建立与施行，主要是以五级分制为中心的苏联式的成

---

① 余小波、刘潇华、张亮亮：《我国高等教育质量保障的发展与评析》，《高等教育研究》2020年第2期。

② 姜树卿：《关于学习苏联教育经验的认识与评价》，《中国高教研究》2002年第7期。

绩考评法。

（二）“文化大革命”政治变动导致教育评价制度建设搁置

新中国成立初期，教育与政治联系紧密，在一定程度上带来了有效且快速的教育事业调整，然而“文化大革命”十年，政治为教育事业带来的却是“灭顶之灾”。特别是对高等教育而言，它沦为政治斗争和阶级斗争的工具和附庸。[①]“文化大革命”十年间我国各方面事业建设都受到严重破坏，教育事业也一度停滞不前。

1966 年《关于改革高等学校招生考试办法的通知》使得我国高考招生被中断，教育评价制度的建设就更无从谈起。1972 年，在中断高考招生 6 年后，大多数学校开始逐渐恢复招生，招收的主要是有两年以上社会实践经验以及有初中以上文化水平的工农兵学员，相较之前而言取消文化考试，实行的是“考生自愿报名、人民群众推荐、主管领导批准、录取学校复审”的办法。[②]

第二节　制度建立时期（1978—1999 年）

根据教育评价制度建设侧重点的不同可以将这个时期分为前后两段，前半期 1978—1985 年，通过恢复高考招生制度等举措为教育体制市场化改革打下基础。后半期伴随着我国市场机制的完善，教育评价制度中的市场效率导向愈发清晰，慢慢呈现出了诱致性变迁的萌芽。相比过去而言，政府对教育系统包得过多的现象做出了改变和尝

① 李硕豪、陶威：《我国高等教育改革历程回顾与建议》，《现代教育管理》2017 年第 3 期。

② 刘尧：《中国教育评价发展历史述评》，《北京工业大学学报》（社会科学版）2003 年第 3 期。

试，基本建立了教育评价制度的中国模式。为保证我国教育体量高效率地扩大和发展，政府提高对教育评价制度建设的重视程度。不管是全面恢复高考招生制度、确立教师教学奖励制度，还是政府为了加速教育市场化、下放教育评价权力等一系列措施都体现了这一发展目的。

一　背景

1978 年后教育存在着许多亟待解决的问题，首先就是要全面恢复和发展教育事业，教育事业的重建也标志着我国教育评价制度的发展进入了新的阶段。为摆脱生产力不发达带来的贫穷与落后，党中央确立了“以经济建设为中心”的基本路线，明确教育要为国家建设“快出、早出人才”服务。[①] 困扰教育评价“五唯”的顽瘴痼疾也正是在这个时期开始埋下了“根”，功利化倾向在这个阶段开始逐渐体现。[②] 本阶段的教育评价政策的制定及制度的建立突出强调教育社会价值，尤其强调教育要为经济发展建设服务，表现出较强的市场效率导向。

1978 年，全国教育工作会议讨论和研究了大、中、小学工作条例以及全国教育事业规划的问题。[③] 对学生而言，在招生方面要对学生的德智体进行全面考核并择优录取；对教师而言，要建立教师考核和职称评定晋级制度，这些都为改革开放后教育事业建设打下了重要基础。

---

① 查吉德：《改革开放 40 年教育发展战略变迁》，《河北师范大学学报》（教育科学版）2018 年第 3 期。

② 李鹏：《评价改革是解决教育问题的：“钥匙”吗？——从教育评价的“指挥棒”效应看如何反对“五唯”》，《教育科学》2019 年第 3 期。

③ 邓小平：《在全国教育工作会议上的讲话》，《人民教育》1978 年第 Z1 期。

1985年召开了改革开放以来的首次全教会，邓小平前瞻性地提出，教育质量和教育效率都要伴随经济和技术的发展循序提高。[①] 这一思想，为我国教育评价制度的建立奠定了理论基础。在这之后，国家相对集中地颁布了对不同级别不同类型学校进行评估的文件，基本奠定了我国教育评价制度的总体框架。

二　主要特点

“文化大革命”使得我国教育事业受到严重打击，“文化大革命”结束后我国加速了改革开放的步伐。同时确立以经济建设为中心，明确了大力培养人才以支撑现代化建设的教育宗旨。[②] 为提升教育事业的建设效率，教育评价制度得以重视，伴随着教育体制改革的推进，这一时期的教育评价制度呈现明显的市场化改革特征。一方面，开始系统地建立教育评价制度，提升教育事业改革效率；另一方面，引入市场化改革机制，教育评价权力开始逐级下放。

首先，为提高教育事业改革效率开始系统地建立教育评价制度，以评促改，以评促建。其中就包括全面恢复高考招生制度、教育评价相关法律和法规逐渐完善、教学奖励制度全面确立以及教育督导制度的建立，等等，这一系列的举措都为我国后续教育评价制度的发展奠定了基础，成为我国教育评价制度后续发展和完善的基石。

其次，引入市场化改革机制促进教育评价权力下放，教育评价制度非集中化发展。我国教育评价相关政策的制定本身是集中化的，比

① 邓小平：《各级党委和政府要把教育工作认真抓起来——在全国教育工作会议上的讲话》，《人民教育》1985年第7期。

② 覃创、严忠权：《新中国成立70年我国基础教育课程的回顾与展望》，《教育观察》2019年第26期。

如统一制定的政策与标准，从理论上说，这些要求是需要各地统一执行的。但是在实际中，各地在政策执行过程中因为具备自主权，所以不同地区的规章制度就出现了差异。同时在基础教育中实行教育督导制度，国家将教育权力下放给下级政府，在高等教育中鼓励高校自主办学，将权力下放给高校。

三 具体表现

（一）为更快更好向社会输送人才，全面恢复高考招生制度

1977 年 5 月，邓小平在《尊重知识，尊重人才》讲话中指出："要经过严格考试，把最优秀的人集中在重点中学和大学。"[①]《关于 1977 年高等学校招生工作的意见》明确重新恢复文化考试制度，实行德智体全面考核、择优录取。高考制度的恢复极大地调动了我国青年学子的学习积极性，实现了以考促学的目的，为我国培养一批优秀人才，对经济发展做出了巨大的贡献。

作为我国教育评价制度的关键组成部分，高考招生制度是人才培养的关键环节，关系到社会的发展。自恢复高考以后，我国高考招生一直以文化考察为主，重视质量问题。一方面，坚持以考试为主的学术评价标准，顺应了尊重知识、尊重人才的时代背景，为我国改革开放后的社会经济发展培养了大批的人才。另一方面，这也确立了后来影响我国多年的"一考定终身"的单一选拔方式，对我国教育评价制度的整体发展有利也有弊。

（二）引入市场评价因素，确立教师教学奖励制度

进入 20 世纪 90 年代，伴随着社会主义市场经济的发展，教育领

---

① 邓小平：《邓小平文选》第 2 卷，人民出版社 1983 年版，第 40 页。

域也开始引入市场评价因素以激发各类教育的活力和提高相关从业者的动力。1989 年，原国家教委设立了国家级教学成果奖，落实教学工作在高校的中心地位。[①] 1994 年，《教学成果奖励条例》正式颁布，也是新中国教育发展史上首部奖励教师教学成果的规定。它的颁布对于各级各类学校落实教师教学工作和评价工作具有重要作用，不仅有利于调动教师的教学积极性，还对完善教学评价、教师评价具有历史性的意义。[②]

教学成果是教育工作者在长时间的实践教学中积累经验的总结和成果，这些经验和成果对于开展教师评价具有借鉴作用。教师教学成果评价制度对于倒逼广大教育从业者提高教学质量、创造优秀教育教学成果都起到了非常重要的作用。

（三）提升教育市场化效率，下放教育评价权力

20 世纪 90 年代，我国经济市场化建设已经卓有成效，对于教育的需求进一步扩大，1995 年《中华人民共和国教育法》明确规定我国实行教育督导制度以及其他教育机构教育评价制度。[③] 教育督导是指上级政府对下级政府及教育行政部门实施的监督和评价，主要针对中小学教育和学前教育。这一举措，体现了中央政府逐渐下放教育权力给下级政府，并通过评级机制来高效率地促进教育市场化。

在社会主义市场经济体制下，高等教育体制也开始从之前的国家掌权转变为“国家统筹规划，高校面向社会自主办学”的新模式。国

① 倪宏娟、云武：《高校教学奖励制度建设与创新》，《江苏高教》2002 年第 2 期。

② 国务院：《教学成果奖励条例》，https：//baike. so. com/doc/6213691 – 6426963. html，1994 年 3 月 14 日。

③ 教育部：《中华人民共和国教育法》，http：//www. moe. gov. cn/jyb_ sjzl/sjzl_ zcfg/zcfg_ jyfl/202107/t20210730_ 547843. html，2021 年 4 月 29 日。

家为实现更好的发展将办学权力还给高校，开始逐渐舍弃计划管理，转而依靠教育评价。正因如此，高等教育评价制度开始被重视，加上民办高校、外资高校等不依靠政府拨款的高校逐渐变多，政府开始认识到通过教育评价制度来把控高校办学方向和教学质量的关键性，也是我国教育评价制度适应市场化的表现。

第三节　制度改进时期（2000—2010 年）

1999 年，我国召开了改革开放以来的第三次全国教育工作会议，标志着我国教育评价制度的发展进入质量改进优化时期。这次会议全方位地分析国内外的形势，颁布了《关于深化教育改革全面推进素质教育的决定》，推进高质量的素质教育成为这一时期的教育主题。① 无论是基础教育督导制度体系化发展，还是高等教育评价制度革新与“五位一体”评价体系的初建，都体现了教育评价及教育评价制度的深化发展，教育评价制度对教育质量提升的作用越来越得到重视。

一　背景

1998 年亚洲金融危机使得一些经济学家呼吁高考扩大招生规模，以刺激内需来振兴我国经济。于是我国不断扩大招生规模，起初高等教育大规模扩招对我国社会各方面都带来了不同程度的影响，包括拉动内需刺激经济增长、提高高等教育毛入学率，等等。但是，随着规

① 国务院：《中共中央国务院关于深化教育改革　全面推进素质教育的决定》，http：//www. moe. gov. cn/jyb_ sjzl/moe_ 177/tnull_ 2478. html，1999 年 6 月 13 日。

模的不断扩大，扩招带来的负面影响也开始显现，带来教育质量普遍下滑、就业问题严峻、学校债务压力大等一系列问题。21 世纪初提升高等教育质量成为我国亟须解决的问题，这一问题导向也影响了这一时期教育评价制度的发展方向。

在基础教育领域同样存在因为市场经济建设追求效率而遗留下来的教育难题，21 世纪初我国已经基本实现“两基”发展目标，然而由于地区发展状况的差异，我国义务教育的发展出现了不平衡、不充分的情况，特别是中西部地区教育成果没有得到巩固，教育质量也仍存在提高空间。在这样的背景之下，我国教育开始由之前的一味注重扩大规模向提高质量发展，致力于建立合乎素质教育的教育评价制度，促使教育跟上时代的脚步。在肯定过去成就的同时，我们也必须认识到教育评价理念、教育评价体制落后于时代发展的事实，教育评价制度的发展在之前的基础上需要进一步进行调整和质量优化。

二　主要特点

21 世纪的前十年，在以“教育要面向现代化、面向世界、面向未来”的指导方针下，教育评价制度进入以质量提升为导向的改进优化时期，我国教育体制的建设驶入快车道。各类教育制度建设结合中国具体国情呈现出了全面性、层次性和科学性的发展特点。

首先，教育评价制度呈现层次性发展。层次性体现在建立了一套从上至下，分级考核各级党委及政府促进素质教育工作情况的评价制度；建立了对各级政府实施教育优先发展战略地位的教育督导制度；建立了符合高校发展实际的水平评估制度等。政府将以评促改作为改革手段，进一步扩充了我国教育评价制度的内涵发展。

其次，教育评价制度加强全面性发展。全面性体现在教育评价内容相比之前更加全面。囊括了诸如教育政策、招生制度、教育教学管理、教育行政管理、师资力量、质量保障等一系列的评价内容，能更全面地反映教学活动的整个过程，更科学系统地促进教育评价功能的实现。

最后，教育评价制度注重科学化发展。教育评价制度的科学化发展体现在评价方式、评价内容和评价主体上，这一时期各层级教育评价制度的完善都更强调教育发展的本质，即增值和提高，有利于被评价者从评价过程和结果中更清晰地认知自我、完善自我，从而促进自身素质的提高和教育目标的实现。

三 具体表现

（一）教育督导制度体系化发展，助力基础教育高质量发展

教育督导制度于1995年以法律的形式被确立，到1998年，伴随着三十一个省市教育督导机构先后建立，我国教育督导体系系统构建完成，也为我国后续教育督导工作奠定了坚实基础。[①] 教育督导制度的体系化发展，一方面完善了我国教育评价制度；另一方面，通过信息反馈决策者能更好地把握我国基础教育的发展情况，把控了我国教育事业的发展方向。

这一时期我国建立了县、市、省、中央四级层层递进的教育督导系统。教育督导工作的重要任务就是要督查、评估和验收我国九年义务制教育的实施情况，也为我国2010年“双基”教育目标的全面实现做出了突出的贡献。

① 邱伟芳：《新中国教育督导制度变迁研究》，硕士学位论文，广西师范大学，2017年，第23页。

（二）高等教育评价制度革新，开始建立“五位一体”高教质量保障体系

与基础教育领域相比，高校教育评价体制构建刚成体系，仍然是以政府评估为主，但社会机构的第三方大学排行榜开始初露头角，同时大部分高校都设有关注自身内部教育质量的教育评价机构或组织，常见的是建立学校、学院、专业（系）三级评价管理体制，通常主要采取院校督导、专家听课、学生评教评学相结合的评价手段，关注人才培养的全过程以及教育教学的各个方面，如图 7 – 1 所示。

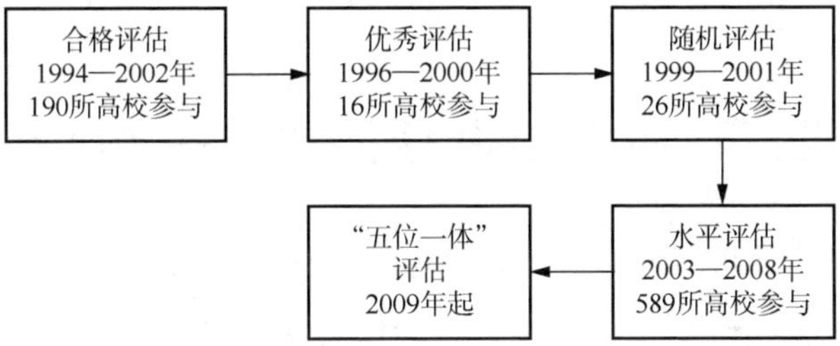

图 7 – 1　我国高等教育评估发展一览

2002 年教育部重新调整合格评估、优秀评估和随机评估，将其合三为一。2004 年，《2003—2007 年教育振兴行动计划》颁布，教育部明确了五年一轮的高等学校教学工作水平评估工作。[①] 同年教育部成立了高等教育教学评估中心以专门负责高校的教学水平评估工作。[②] 这是国家高度重视教育教学评价工作、狠抓教学质量的体现，促进了高等

① 国务院：《国务院批转教育部 2003—2007 年教育振兴行动计划的通知》，http：//www. moe. gov. cn/jyb_ xxgk/moe_ 1777/moe_ 1778/tnull_ 27717. html，2004 年 3 月 3 日。

② 黄连金：《略论中国高等教育评估的发展历程和发展方向》，《黑龙江教育》（高教研究与评估）2007 年第 9 期。

教育评价制度的优化，为进一步规范高校办学与管理、促进教学建设和提高人才培养质量做出了贡献。

然而，我们也应该看到高校教育评估在实践中仍存在很多问题，比如各高校在以评促建的过程中过度看重评估工作，夸大了教育评价的功能，使得评估流于形式，没有起到以评促建的功能。因此，国家层面开始完善顶层制度设计，以此弥补这一阶段教育评价制度的缺陷。2006 年，教育部开始实施工程教育专业认证，在不同学科专业领域开始进行试点认证工作。① 到 2009 年，“五位一体”评估制度开始逐步推广和普及，但在教育评价制度改进优化时期并没有政策上的明确规定。

第四节　制度发展时期（2011—2017 年）

改革开放后的第四次全国教育工作会议于 2010 年召开，站在教育大国迈向教育强国的历史新阶段，我国教育评价制度多元主体格局基本形成，教育评价制度步入改革深水区，其内外环境发生极大改变。这一时期教育在综合国力的竞争中作用更为凸显，国家也进入了深化改革开放、加快发展方式转变的关键时期，教育越来越成为社会整体发展的重要支撑。新高考招生制度改革、教师职称评审改革的深化等一系列的措施都体现了内涵式发展的趋势。

一　背景

2010 年《国家中长期教育改革和发展规划纲要（2010—2020 年）》

---

① 董秀华：《专业认证：高等教育质量保障的重要方法》，《复旦教育论坛》2008 年第 6 期。

的出台标志着我国教育评价制度进入内涵式发展阶段。新形势对教育评价制度提出由质量外延式发展转向质量内涵式发展的要求，需要教育评价制度发挥指明灯作用。

2014年《关于深化考试招生制度改革的实施意见》颁布，新高考制度改革开始在浙江和上海试点。这一举措实现了我国从制度层面到现实落地的转变，教育评价制度的改革和创新越来越受到社会各界的关注和重视。

二 主要特点

科学发展时期国家对教育的发展需求和日新月异的信息技术颠覆了传统评价制度的理念和手段，同时我国经济、政治、文化条件的改变对教育评价制度提出了新任务、新使命和新担当。站在新的历史起点上，教育评价制度的发展体现了内涵不断丰富和改革持续推进的特点。

首先，教育评价制度改革的内涵不断丰富。教育评价制度建设的角度更加多元，各方价值诉求更加立体和全面。这不仅表现在对学生评价方式更加全面和科学上，也表现在引导教师潜心育人、各类教师评价制度更加健全上。从评价主体上看，各级党委和政府科学履职水平明显提高，各级各类学校全面落实立德树人培养和评价机制，社会用人选人的方式较之以往也更科学和公平。

其次，教育评价制度改革持续推进。改革没有完成时，只有进行时，教育评价制度的改革也是如此。动态的推进以及坚持问题导向为我国教育评价制度内涵式发展提供了可能性，也只有如此才能实现教育强国的终极目标。

三　具体表现

（一）高考制度改革持续推进，注重学生综合素质培养

2010年制定的《教育规划纲要》中提出新高考的改革目标，[①] 在广泛调研研究之后，教育体制改革小组开设专题研讨考试招生制度；2013年，党的十八届三中全会对高考改革作出全面部署，明确了改革要求与整体方向；2014年，《关于深化考试招生制度改革的实施意见》颁布，新高考制度开始改革，首先在浙江和上海进行试点。[②] 在先行试点区的经验下，加入新高考改革队伍的省份开始逐渐增多，受到的社会关注也越来越大，涉及的利益群体规模也迅速扩大。

目前来说，新高考改革最大的突破是改变以往以全国统一高考为录取依据的招生模式，构建“两依据一参考”为特征的教育评价制度，注重学生的全面发展和综合素质的提高。高考作为基础教育和高等教育连接的重要桥梁，不仅对基础教育具有导向作用，也对高等教育质量保障具有深远的意义，因此，高考招生制度的改革在很大程度上促进了我国教育评价制度的内涵式发展。

（二）深化教师职称评审改革，引导教师潜心育人

教师职称评定制度在提高教师积极性，促进教师立德树人等方面起着重要的引领作用，是新时代推动教师自身能力发展、促进学校培育人才、服务社会等使命的关键因素之一。本阶段国家重视教师职称

---

① 教育部：《国家中长期教育改革和发展规划纲要（2010—2020年）》，http：//www.moe.gov.cn/srcsite/A01/s7048/201007/t20100729_171904.html，2010年7月29日。

② 国务院：《国务院关于深化考试招生制度改革的实施意见》，http：//www.moe.gov.cn/jyb_xxgk/moe_1777/moe_1778/201409/t20140904_174543.html，2014年9月3日。

评审制度的改革和发展，先后颁布了一系列政策文件，注重打造师资力量。结合“放管服”的教育大背景，2017 年《关于深化高等教育领域简政放权放管结合优化服务改革的若干意见》明确规定下放教师职称评审的权力至高校，① 标志着高校教师的职称评审进入完全的校评时代。在此文件基础上，同年《高校教师职称评审监管暂行方法》由教育部、人社部联合印发，文件提出，要对教师职称评审相关工作进行监督。②“一放一管”文件先后的颁布，是我国教育评价制度中教师评价迈向现代化治理、内涵式发展的鲜明特征。③

第五节 新时代教育评价制度发展时期（2018 年至今）

2018 年全国教育大会在北京召开，这也是自党的十九大以来，习近平总书记宣布我国步入“新时代”的第一次全国教育大会，在我国教育发展史上具有承上启下的重要意义。会议强调了以“坚持党对教育事业全面领导”为首的“九个坚持”，明确了教育首要问题是培养什么人，指出教育要在以“坚定理想信念”为首的六个方面下功夫，最重要的是站在国家发展的高度提出要扭转教育的评价导向，“坚决克服唯分数、唯升学、唯文凭、唯论文、唯帽子的顽瘴痼疾，从根本上解

① 教育部等五部门：《教育部等五部门关于深化高等教育领域简政放权放管结合优化服务改革的若干意见》，http://www.moe.gov.cn/srcsite/A02/s7049/201704/t20170405_301912.html，2017 年 3 月 31 日。

② 教育部、人力资源社会保障部：《教育部 人力资源社会保障部关于印发〈高校教师职称评审监管暂行办法〉的通知》，http://www.moe.gov.cn/srcsite/A10/s7030/201711/t20171109_318752.html，2017 年 10 月 20 日。

③ 屈振辉：《我国高校教师职称评审改革评析》，《大学教育科学》2019 年第 1 期。

决教育评价指挥棒问题”。教育评价制度建设的重要程度再度被提高，2020 年《深化新时代教育评价改革总体方案》的颁布更是体现出国家对教育评价制度的治理决心。

一 背景

党的十九大以来，整个社会都处于实现现代化发展的关键时期，教育现代化也是其中重要的组成部分。在教育现代化的时代要求下，教育评价制度正处于爬坡的攻坚期。这一时期，国际国内形势都发生了巨大的变化，构建教育新发展格局也比以往任何时期都要更为迫切，2020 年 10 月《深化新时代教育评价改革总体方案》颁布，作为新中国首个关于教育评价改革的纲领文件，它的出台表明国家治理教育评价活动、建立科学的教育评价制度的决心。经过前期质量提升，我国教育逐渐加快现代化发展步伐，在质量提升的基础上更加追求科学发展。《总体方案》明确党委和政府科学履职、各级各类学校立德树人、教师潜心育人、学生全面发展、社会选人用人的各项发展目标，要求教育评价制度必须开发出体现教育内涵式发展的指标体系。①

二 主要特点

新时代教育评价制度的发展是教育评价制度去功利化、去标签化和去官僚化而着重加强教育评价制度科学化、现代化和多元化的过程。总的来说，这一时期的教育评价制度具有坚持党的全面领导、坚持立德树人导向以及聚焦评价本身质量三大主要特点。

---

① 国务院：《深化新时代教育评价改革总体方案》，http：//www. moe. gov. cn/jyb_ xxgk/moe_ 1777/moe_ 1778/202010/t20201013_ 494381. html，2020 年 10 月 13 日。

首先，坚持党的全面领导。加强党对教育工作的全面领导已经渗入政府、学校和社会等主体参与社会评价的方方面面，各主体都明确党管教育是教育长足发展的根本保证，“四个意识”和“四个自信”已经深入各个参与主体的教育实践中。

其次，坚持立德树人导向。教育评价制度积极回应新时代为党育人、为国育才的时代需求，坚持育人为本、德育为先。教育评价制度从制度层面精准把握这一要求，从舍本逐末的教育评价转向关注“全人”教育。

最后，聚焦评价本身质量的提高。教育评价制度的建设开始关注教育评价质量提高这一关键环节，逐渐抛弃外在的浮华转而关注教育评价的本质，开始关注学生的学、教师的教、学校的建等重要内容。

三　具体表现

（一）颁布教育评价制度辅助文件

从不同教育层次来看，国家教育部门颁布了系列辅助文件。例如，《2021 年普通高等学校本科教育教学审核评估实施方案（2021—2015 年)》的颁布，具化了新时代教育评价制度改革和创新的内容。从不同教育参与主体来看，教师职称评定制度受到政府的高度重视，2020 年教育部发布了《关于深化高等学校教师职称制度改革的指导意见》，《意见》中明确了教师职称评定要以德为先、以人为本、坚持问题导向和坚持分类实施的基本原则。[①] 这些意见和方案的颁布是我国教育评价制度改革的具体实施途径，对于新时代教育评价制度的创新具有重要

---

① 《人力资源社会保障部　教育部关于深化高等学校教师职称制度改革的指导意见》，http：//www. gov. cn/zhengce/zhengceku/2021 －01/27 /content_ 5583094. html，2020 年 12 月 31 日。

作用。

（二）探索学校立德树人评价机制，办好人民满意教育

党的十八大、十九大报告明确要将立德树人作为教育的核心和重点，近年来各级各类教育都重视立德树人评价机制的建立，既是响应了国家的号召也是为教育的内涵式发展寻求更具体的坐标。“立德树人”是教育评价制度内涵式发展的目标，而教育评价制度内涵式发展则是“立德树人”目标实现的必要保障，两者互为表里，也是未来我国教育评价事业发展的风向标。

第八章

我国教育评价制度的现实状态

教育评价制度是指在一定历史条件及社会环境下形成的，为保证办学基本质量，对与教育教学相关的活动及对象进行评价的教育评价制度体系。通过评价制度相关政策的整理、评价制度相关案例的搜集以及评价制度相关文献的归纳等调研手段，本章分析总结了我国教育评价制度的现状、问题及其成因。

第一节　现状分析的材料依据

一　评价制度相关政策的整理

本编整理了自新中国成立以来与教育评价及其制度建立和改革相关的政策文件，主要包括《中国人民政治协商会议共同纲领》《国家中长期教育改革和发展规划纲要（2010—2020 年）》在内的全局性政策文件，同时包括《中共中央关于教育体制改革的决定》《深化新时代教育评价改革总体方案》在内的专门针对教育评价及其制度的政策文件，也包括了《高等学校招生考试办法》《教学成果奖励条例》等具体实施细则的政策文件。

二　评价制度相关案例的搜集

主要搜集了党和政府教育工作评价制度、学校评价制度、教师评价制度和学生评价制度相关的具体案例。通过湖南省《对市州人民政府履行教育职责的评价办法》具体阐述党和政府教育工作评价制度，《教育部关于普通高等学校本科教学评估工作的意见》具体阐释高校学校评价制度，《北京市普通高中学生综合素质评价实施办法（试行）》具体阐释学生评价制度，《某校教师发展性评价方案》具体阐释中小学教师评价制度。

三　评价制度相关文献的归纳

借助互联网、文献数据库的线上资料和图书馆实体书籍，归纳与教育评价制度实施现状相关的学术研究。利用孔祥沛对于传统文化与教育评价制度关系的探究等文献描述我国教育评价制度的文化现状，利用曾昭轰等人关于学前教育评价制度、基础教育评价制度、高等教育评价制度的研究描述我国教育评价制度体系现状，利用闫飞龙等人的研究描述我国教育评价制度运行机制现状。

第二节　教育评价制度的现状

一　教育评价制度文化现状

教育评价制度文化即评价制度中的非正式规则部分，包括评价制度的伦理规范、俗成习惯以及意识形态等。相较于正式成文的制度来说，它更具有广泛性和长效性，不需要通过正式的条款来体现。

伦理规范。教育评价制度伦理规范指的是教育评价制度具体实施过程中，各主体应当遵循的社会道德准则。[①] 作为教育评价制度具体实施的道德保障和各界监督教育评价制度落实到位的关键因素，教育评价伦理规范起到了一定的引领和监督作用。目前来看，虽然我国教育评价制度的建设已经进入内涵式发展的科学时期，但我国教育评价工作实施的伦理规范还未成型，存在着诸如教育评价制度实施过程中过度强调统一、动机不够纯粹等问题。[②] 这些问题也是各评价主体自身缺乏伦理规范意识造成的，有待进一步完善。

俗成习惯。“考，老师的法宝；分，学生的命根”成为人们对于教育评价制度的固有印象。对学生来说“唯分数”，教育评价制度过度偏重智育，获得高分以升入好的学校被社会大部分人作为学生成长的核心目标。对学校来说“唯升学”，各类重点学校的升学率、一本率、清北率一度成为社会各界对学校办学实力的权衡标准，同时也映射到政府评价教育主管部门、教育相关部门评价学校、学校评价教师的硬性指标上。对社会来说“唯文凭”，在当前教育评价制度下好的学业成绩意味着好的文凭，好的文凭是一张好工作的入场券，也在很大程度上决定了一个人未来的社会地位和前途。[③]

意识形态。我国教育评价制度意识形态的现状表现为两点：第一，

---

① 朱忠明：《教育评价伦理：内涵、实践缺失与构建策略》，《教育测量与评价》（理论版）2016 年第 2 期。

② 王燕：《构建我国高等教育评价伦理规范体系的研究》，博士学位论文，第三军医大学，2012 年，第 42 页。

③ 何忠国：《坚决克服“五唯”痼疾》，《学习时报》2018 年 9 月 10 日第 1 版。

表现为中国传统意识文化，特别是“大一统”和“官本位”思想的渗透。“大一统”思想观念主要集中体现在教育评价制度由国家制定，同时教育评价活动由政府组织实施。而其他非政府主体缺少对教育评价进行管理的意识，独立于政府之外的第三方评价机构还有较大的发展空间。“官本位”思想主要体现在教育评价制度实施的过程当中，由于我国教育评价制度制定主体是政府官方，因此，评价客体对于官方开展的活动是积极响应，甚至是“过度”响应的。[①] 相反，若评价活动不具备官方背景，相关迎评主体的配合程度可能会降低，也就使得非官方评价效益不尽如人意。第二，计划经济体制思维，表现在行政化痕迹和部门思维过重。这一点体现在教育评价制度的建立、实施和效果保障等过程之中。教育评价活动主要由国家教育行政部门基于管理主义自上而下的组织，使得行政化教育评价模式僵化，造成了教育评价等同于国家教育评价，这种现象不利于评价制度本身的发展。

二 教育评价制度体系现状

教育评价制度体系是教育评价制度的核心内容，厘清教育评价制度体系的现状对于把握我国教育评价制度至关重要。在三大板块中，教育评价制度体系也有着基础性和全局性作用，它影响着教育评价制度文化的形成同时又是教育评价制度运行机制的基石。研究我国教育评价制度体系现状，是一个庞大的工程，其涉及主体之多，跨越领域之广是难以言喻的。因此，根据《深化新时代教育评价改革总体方案》（以下简称《方案》）中重点任务的不同主体，将我国教育评价制度划

① 孔祥沛：《浅论传统文化对我国教育评价制度的影响》，《教育科学研究》2001 年第 7 期。

分为党和政府教育工作评价制度、学校评价制度、教师评价制度和学生评价制度四大板块，并根据相关评价制度发展现实做相关梳理和总结。

（一）党和政府教育工作评价制度

在教育评价制度中，党的领导机制是处于核心和引领地位的，起着“把方向”和“管大局”的作用。目前，我国党和政府教育工作评价制度主要与教育督导制度相结合，由国务院相关部门统筹领导评价省级人民政府，省级人民政府再根据各省教育实际情况下发对各市州人民政府相关规定，具有层层递进、环环相扣的制度特征。它在促进教育评价制度内涵式发展的过程中起着重要的作用，是我国教育评价制度改革和发展的“方向盘”。对省级人民政府履行相关教育职责的评价工作是我国教育评价制度中重要的组成部分，它是强化我国教育督政工作的重要举措，也是近年来教育评价制度中的创新之举。这一机制在建立之后对我国省级政府的教育履职情况起到了监督作用和评价作用，并不断完善形成了联动机制。

《2020年对省级人民政府履行教育职责的评价方案》明确了我国党和政府教育工作评价制度采取明察暗访全覆盖和线上线下全融合的考察方式，以自查自评、监测评估和实地抽查的评价程序进行督查。评价内容覆盖幼儿园、义务教育、高等教育等多个教育层级，主要包括各省级人民政府贯彻党的教育方针情况、本地区各层级教育发展情况、学校办学规范性等内容。①《对省级人民政府履行教育职责的评价

① 国务院教育督导委员会办公室：《国务院教育督导委员会办公室关于印发〈2020年对省级人民政府履行教育职责的评价方案〉的通知》，http：//www. moe. gov. cn/srcsite/A11/s7057/202006/t20200611_ 465090. html，2020年6月5日。

办法》明确评价的结果将会作为对省级人民政府及相关人员进行奖惩与考核的重要凭据。①

（二）学校评价制度

我国学校评价制度呈现出发展不均衡的现状，在幼儿园评价制度、中小学校评价制度、职业学校评价制度和高等学校评价制度中，高等学校评价制度明显处于领先发展地位，整体来看，各层次教育评价制度之间尚未形成良好的衔接效应和互补效应。

目前幼儿园评价制度的建设主要是以2017年教育部印发的《幼儿园办园行为督导评估办法》为指导，再由地方政府依据文件具体制定和颁布幼儿园分等定级的验收工作。具体来看，我国幼儿园评价制度在一定程度上归属于教育督导制度体系之内，且规定由地方政府结合自身情况具体设定相关评价内容。幼儿园评价制度以办园条件、安全卫生、保育教育、教职工队伍、内部管理五大指标体系为评价内容；通过幼儿园自评、实地督导评估、反馈意见、自行整改、复查以及抽查等评价流程实施。②

我国中小学评价制度并没有形成独立的组织与制度体系，而是常与国家教育督导制度并行。③ 当前我国中小学评价管理实施“地方负责，分级管理”的制度，且根据各省市地区教育实际发展情况的不同具有较强的地域特点，但普遍实施的是上级政府评价下级政府、下级

---

① 国务院：《国务院办公厅关于印发对省级人民政府履行教育职责的评价办法的通知》，http：//www.gov.cn/zhengce/content/2017－06/08/content_ 5200756.html，2017年5月31日。

② 教育部：《教育部关于印发〈幼儿园办园行为督导评估办法〉的通知》，http：//www.moe.gov.cn/srcsite/A11/s6500/201705/t20170512_ 304460.html，2017年4月18日。

③ 曹大宏：《基础教育呼唤专业化教育评估——建立面向基础教育专业化教育评估机构的思考》，《教育理论与实践》2004年第7期。

政府评价各个学校、各个学校评价相关教师、相关教师评价学生的定期与临时、全面与单项评价相结合的多元评价制度。① 《教育部关于推进中小学教育质量综合评价改革的意见》提出要“通过测试和问卷调查等方法进行评价，辅之以必要的现场观察、个别访谈、资料查阅等”，主要考查学生的品德、学业、身心发展水平、兴趣特长养成和学业负担状况。②

高等学校评价制度方面，2011 年颁布的《普通高等学校教学评估意见》确立了我国“五位一体”的高等学校评价制度，即以自我评估、院校评估、专业认证、国际评估、教学基本常态数据监测五种评估形式为整体，构建成我国教育评价制度的整体框架。③ 其中院校评估可以细化为合格评估和审核评估，专业认证可以细化为工程专业认证、专业评估、医学专业认证。高校自我评估保障了高校的评估主体地位，分类的院校评估保障高等教育的特色发展，专业认证保障高等教育中的各个专业共同发展，国际评估保障我国教育评价制度与国际接轨，教学基本常态数据监测保障了评估数据的实时性和全面性。

（三）教师评价制度

教师队伍的建设对我国各级各类教育的发展起着关键性作用，根据各层级教师不同的教育职责和教学任务，本编将我国教师评价制度分为教师教育教学评价制度、高校教师科研评价制度和教师师德师风

---

① 曾昭轰：《基础教育评价体系及制度创新研究》，《江西教育科研》2005 年第 12 期。

② 《教育部关于推进中小学教育质量综合评价改革的意见》，http：//www. moe. gov. cn/srcsite/A06/s3321/201306/t20130608_ 153185. html，2013 年 6 月 3 日。

③ 教育部：《教育部关于普通高等学校本科教学评估工作的意见》，http：//www. moe. gov. cn/srcsite/A08/s7056/201802/t20180208_ 327120. html，2011 年 10 月 13 日。

评价制度三大部分。目前来看，中小学教师考核制度、教师奖励制度和高校教师科研评价制度的建设虽然仍存在“唯学历、唯资历、唯论文”等顽疾，但相对来说较为成熟。教师师德师风评价制度则仍处于发展建设期，国家和社会都相当重视其相关体系的健全。

教师教育教学评价制度。教师教育教学评价制度主要包括中小学教师考核制度和教师奖励制度。某中学教师评价制度是我国中小学教师考核制度的缩影，以促进教师的专业化成长为目的，主要从思想品德、工作量、参与和共事能力、教学能力、教育科研能力、文化素养和奖惩七个方面对教师进行发展性评价。我国自 2009 年开始启动教师职称改革的试点工作，在职称等级上设置正高级、高级、一级、二级和三级教师五个等级。2015 年《关于深化中小学教师职称制度改革的指导意见》的颁布改革了教师职称评价制度，建立健全了同行和业内评价机制。在评价办法上，采取说课讲课、面试答辩、专家评议等多元的教育评价方式。[①] 现行教师奖励制度是通过 1998 年《教师和教育工作者奖励规定》确立下来的，规定每三年表彰一次“全国模范教师”等荣誉获得者，并明确了优秀称号的获奖比例。[②] 通过本人述职、本单位无记名投票、领导班子确定人选，通过公示后上报上级教育管理部门等流程，评价过程也更加公开透明和规范民主。

高校教师科研评价制度。2016 年《教育部关于深化高校教师考核评价制度改革的指导意见》明确高校教师科研考核制度要坚持“服务

---

① 人力资源社会保障部、教育部：《人力资源社会保障部 教育部关于印发〈关于深化中小学教师职称制度改革的指导意见〉的通知》，http：//www. moe. gov. cn/jyb_ xxgk/moe_ 1777/moe_ 1779/201509/t20150902_ 205165. html，2015 年 8 月 28 日。

② 国家教委：《教师和教育工作者奖励规定》，http：//www. moe. gov. cn/srcsite/A02/s5911/moe_ 621/199801/t19980108_ 81874. html，1998 年 1 月 8 日。

国家需求和注重实际贡献的评价导向、实行分类评价和建立科研评价周期”等原则。[①] 目前我国高校教师科研评价制度主要采用科研业绩点以及科研工作量为考核指标，正处于指标量化的发展阶段，亟须向内涵式科研评价制度转型。当前高校教师科研能力的评价主要以刊物发表层次及篇数、国家级省部级项目和科研经费等为指标，忽略了学科之间的差异。[②]

教师师德师风评价制度。我国教师师德师风评价制度尚未完全建立，《总体方案》中强调要健全教师荣誉制度，同时建立师德失范行为通报警示机制，对于出现严重相关问题的教师实施禁入制度。[③] 教育部在2018年分别颁布了针对幼儿园、中小学和高校教师师德失范行为的处理办法和意见，未来需要制定教师师德、师风评价考核具体实施细则，营造社会参与的师德监督制度体系。

（四）学生评价制度

学生评价制度是指导和约束学生评价活动规则的集合，是教育评价制度的核心。目前我国学生评价制度中对学生学业的评价是主体，虽然国家层面不断强调要对学生德智体美劳全方面进行评价，但学生评价制度还未完全达到这一要求。

从中小学的层面来看，学生评价制度正处于发展性学生评价制度的完善阶段，主要是以教师评价为主，学生在其中更多的是被动接受

---

① 教育部：《教育部关于深化高校教师考核评价制度改革的指导意见》，http：//www. moe. gov. cn/srcsite/A10/s7151/201609/t20160920_ 281586. html，2016 年 8 月 25 日。

② 李欣欣、任增元：《以质量为导向的评价：高校教师科研评价制度重构研究》，《上海教育评估研究》2020 年第 4 期。

③ 《中共中央　国务院印发〈深化新时代教育评价改革总体方案〉》，http：//www. gov. cn/zhengce/2020 - 10/13/content_ 5551032. html，2020 年 10 月 13 日。

的角色。以《北京市普通高中学生综合素质评价实施办法（试行)》为例，其评价内容以思想品德、学业成绩、身心健康、艺术素养和社会实践为主。“重点记录学生必修课程与选修课程学习内容和成绩，研究性学习表现与成果等。”① 高校学生评价制度主要可以分为学业评价制度、综合素质测评制度和奖学金评比制度。学业评价制度主要以课程作为依托，主要评判学生课程学习的层次和水平。综合素质测评制度主要是关注学生的全面发展，它是实现由单一的考试评价制度向德智体美劳全面发展的评价制度的重要手段。主要根据德智体美劳各项指标的评分，核算综合分数并评定等级。奖学金评比制度是国家、高校、企业及社会团体等社会组织和个人依据《中华人民共和国高等教育法》的规定，对高校当中符合相关评定标准的、品学兼优的优秀代表进行奖励的制度，与前两个学生评价制度存在着一定的关联性。

三　教育评价制度运行机制现状

（一）运行主体

教育评价制度的运行主体可以通过评价主体的不同分为政府、社会和学校三类。政府对应行政性评价，社会对应第三方评价，学校对应自我评价，三者中以政府的行政性评价为主。② 这三大主体既独立又相互联结，共同构成了教育评价制度的运行主体。

政府的行政性评价主要通过政府组织或者委托相关的评价组织及

① 北京市教育委员会：《北京市教育委员会关于印发北京市普通高中学生综合素质评价实施办法（试行）的通知》，http://www.beijing.gov.cn/zhengce/gfxwj/sj/201905/t20190522_60411.html，2017年7月5日。

② 闫飞龙：《高等教育评价制度中的权力及其分配》，《教育研究》2012年第4期。

机构具体执行，虽然目前我国政府强调“放管服”工作的落实，但教育评价制度仍然呈现出政府主导的特征，也就是说，我国教育评价制度是由政府自上而下制定以及组织实施的。作为国家和相关教育主管部门对教育体制改革的重要工具，教育评价制度从建立、实施到效果的保障，都是按照政府设计来擘画。

在政府的推动下，一大批具有资格评审、决策咨询和承担教育督导评估的教育评价中介机构不断成立，而这些社会的第三方评价主要是基于教育市场运行机制，与各教育相关利益群体对于教育价值的认可程度成立的。第三方评价采取委托代理的方式，通过契约来规制第三方评价机构与评价委托方的权责，从而保证评估过程的公正性。[①] 一般是以第三方评价组织或机构为主体，代表教育的消费者（学生或家长等），尽管它不具有政府性质，但一般仍需要得到政府的认可才能获得相关评价主体地位。

在政府的简政放权机制下，更多学校拥有了教育评价的自主权。学校的自我评价宏观上可以包括两个部分，一是学校对自身办学水平的全面评价，二是对学生、教师等相关主体的个别评价。前者主要是针对政府的周期性检查所实施的预评价内容，学校为应对周期性检查对自身办学条件等一系列评价内容形成自我评估报告，在报告中根据教育评价制度的相关实施细则，依据实际情况阐述自身情况。后者主要针对教师阶段性教学成果和学生阶段性学习成果进行考核，在对相关主体进行评价时，也要依据教育评价制度的要求和指导思想开展相关工作，见表 8－1。

---

① 王曦：《高等教育第三方评价制度创新研究》，硕士学位论文，西华师范大学，2019年，第 25 页。

表 8-1　　教育评价制度运行主体、类型、主体

运行主体	评价类型	评价主体
政府	行政性评价	官方机构
社会	第三者评价	民间机构/半官方机构
学校	自我评价	校内机构

（二）运行程序

教育评价制度的运行程序可以分为教育评价制度的建立、教育评价制度的实施两大部分。其中教育评价制度的建立是基石，是开展一切教育评价活动的基础；教育评价制度的实施是制度科学性和有效性的“试金石”，也是整个教育评价制度的重心。下面以《对省级人民政府履行教育职责的评价办法》（以下简称《评价办法》）为例，对我国教育评价制度的建立和实施做具体的现状分析。

教育评价制度的建立主要包括国家重大政策的推进、法律规定的明确以及评价制度的细化三大方面的内容。首先，国家重大政策推进并影响教育评价制度的确立。其次，以法律形式明确教育评价制度。最后，具体评价制度的细化。在教育相关政策和法律出台后，政府和相关部门需要制定针对不同层级、不同类型教育评价的细则。《评价办法》以《中华人民共和国教育法》和《教育督导条例》为上位法，以行政强制手段要求各省级政府结合实际情况开展评价工作。①

教育评价制度实施的完整过程可分为准备工作、实施评价和结果处理三个阶段。《评价办法》第三章和第四章明确了评价的实施和评价

① 国务院：《国务院办公厅关于印发对省级人民政府履行教育职责的评价办法的通知》，http：//www. gov. cn/zhengce/content/2017 -06/08/content_ 5200756. html，2017 年 5 月 31 日。

结果的运用等问题。首先是评价的实施，各省级人民政府根据通知要求进行自查自评，形成自评报告后由国务院相关部门委托第三方机构进行检测评估并形成检测报告，再由国家监察组随机选取地区进行实地考察。其次是评价结果的运用，将成为对相关领导班子和干部进行奖惩和考核的依据。

（三）运行方式

本书对应运行主体的政府、社会和学校三大主体，将运行方式划分为行政运行模式、市场运行模式以及学校自治模式三大类型。

首先，行政运行模式一般通过立法、行政政策、挂钩财政等方式实施，具有强制性的特点。立法主要是指制定与教育相关的法律，使教育评价的活动有法可依，如我国的《教育法》就对我国的教育评价制度做出了详细的规定，也是我国教育评价活动的法律性约束和评价活动的底线。行政政策是在法律的基础上，具体对中小学评价、高校评价、职业教育评价等不同类型，对党和政府、学校、教师和学生等不同主体，具体制定的相较法律而言更加灵活的措施与规定。而财政措施则是将评价的结果与财政挂钩，通过资助、拨款等间接的方式影响教育评价。

其次，市场运行模式，目前在我国没有得到较为全面的展开和实施，主要集中在高等教育领域，在基础教育和职业教育领域还较为少见。通常是第三方机构自发地或接受政府、学校或其他社会组织的委托，根据委托对象的需求和评价目的，设计相关评价维度和指标，并从多个维度对被评对象做出评价。

最后，学校自治模式通常是由学校基于政府的教育政策和方针，以其教育目标和办学理念为标准，形成自我审查和自我评价机制。以国家大政策和方针为导向，对包括教学和管理等在内的评价指标进行检查和诊断。

第三节　教育评价制度存在的问题及原因

多年以来，教育评价制度的建立促进我国踏入了教育大国的行列，在向教育强国迈进的道路上，我们要及时总结尚存的不足及成因，以此完善教育评价制度。

一　教育评价制度存在的突出问题

从教育评价制度制定到其落地的过程中来看，我国教育评价制度存在制度导向单一化、制度内容不完善、制度程序单向化、制度元评价有待发展等问题。

（一）制度导向单一化

教育评价规章制度作为硬性措施会对教育评价的导向产生影响，会使整个社会为与之“同频”出现导向单一化的问题，具体包括存在功利化倾向、意识形态不够突出、制度理念重问责。

首先，存在功利化倾向。评价内容呈现出三大特点：一是忽略对情感、态度和价值观的考察，过于重视知识和技能的考查；二是忽略学习与生活之间的联系，过于重视书本知识；三是忽略对学生视野和思维的拓展，过于局限于课堂教学。在基础教育领域中，教科书主义和“以考促学”的倾向较为严重。教育评价制度过于重视基础理论、基础知识和基础技能，考试也以记忆型内容为主，过度重视课本，而缺乏对学生创新思维、实践能力的关注和培养。在高等教育领域中体现为过度重视论文等研究性成果的产出。[①] 功利化倾向严重也体现在教育评价结果的使用上，升学、就业、职称晋升、资源分配这些都会受到教育评价结果的影响。

其次，意识形态不够突出。意识形态和教育评价制度的关系十分密切：意识形态决定和影响教育评价制度的建立，教育评价制度又是理念的具体体现。现行教育评价制度缺乏明确的价值取向，很多评价活动只是为了应付评价而评价。[②] 从教育评价制度的定义上来说，它应该是基于一定价值取向的，反过来说没有明确价值取向的教育评价制度难以发挥促进教育发展的作用。在不同的意识形态下，对教育对象、现象和活动的评定会产生截然不同的结果。比如常被人们诟病的“唯论文”现象中，教师发表一篇 SCI 论文从研究产出的角度来看是有价值的，但是从人才培养的角度来说其价值甚至有可能为负。目前来说，我国教育评价的意识形态还是较为片面地体现政府阶层的管理价值，其他教育利益相关者的话语权缺位。[③]

最后，制度理念重问责。一分为二地看教育评价制度的目的，一方面是加强管理，另一方面是促进教育。在我国的教育评价制度实施过程中，教育评价者主要以管理者的角度将教育评价作为一种管理手段，进而对被评价主体进行“教育问责”。在这一过程中，被评价主体深知教育评价结果的重要性，不敢暴露自身真实存在的问题而选择包装自身的短处，凸显自身的长处。长此以往，对于被评价对

---

① 李立国等：《超越“五唯”：新时代高等教育评价的忧思与展望》，《大学教育科学》2020 年第 6 期。

② 叶赋桂：《教育评价的浮华与贫困》，《清华大学教育研究》2019 年第 1 期。

③ 刘佳：《第四代评价理论视阈下高校教学评价制度的反思与重建》，《教育发展研究》2015 年第 17 期。

象的发展百害而无一利，教育评价的促改、促建功能也没有得到体现。

（二）制度内容不完善

从内容上看，我国教育评价制度横向层次和纵向层次都存在一定的发展枷锁。分别体现在横向的教育评价制度本身不健全以及纵向保障教育评价制度有序推进的相关法律法规的缺失。

从横向来看，基础教育、职业教育评价制度不健全。我国高等教育评价制度形成了“五位一体”的教育评价制度，但是，我国基础教育评价制度、职业教育评价制度仍处于待完善状态。我国基础教育评价制度不断在改革与发展，在这个过程中也出现了较为棘手的问题，即教学改革的长期不稳定性带来的不完整的基础教育评价制度。即上一轮的改革成果还来不及总结和延续，新一轮的改革又开始启动了，在这种不稳定的机制下，基础教育评价制度的建立、教育质量监测体系的发展都受到了制约。职业教育评价制度建设的问题体现在其评价指标体系不健全，职业教育评价制度并不像高等教育评价制度一样进行了分级分类的评价，导致了在实施评价的过程中其评价内容、评价标准与实际情况不相称的情况，不利于职业教育的协同发展创新。[①] 同时，社会对于职业教育评价及其制度重视程度不够高，对其认同程度也有待提升。

从纵向来看，教育评价制度的法律法规建设还比较薄弱，专门的法律法规缺失。缺少明确的法律规定和强大的法律保障。具体来说，教育评价制度纵向层次不全面体现在法律体系不健全、专门性法律缺

---

① 杨红荃、黄雅茹：《高等职业教育评价制度的反思与构想》，《职教论坛》2016 年第 25 期。

失和制度依据陈旧且效力级别低三大方面。第一，法律体系不健全。有关教育评价的制度依据中，涵盖了国家法律、政策、行政法规等法律法规，形成了一定的制度体系。但对于教育评价实践来说，从纸上公文走入评价实际，需要一个较为详尽且从上至下的制度依据。① 也就是说，教育评价的实际操作是缺少制度支撑的，其运行机制并没有覆盖到执行的层面。此外，大部分的制度规定较为零散地分布在不同的专门性法律中，而这些法律很多并不是完全针对教育评价制度的。第二，专门性法律缺失很大程度地阻碍了评价工作的合理化、规范化和科学化进程，无法形成教育评价的凝聚力和向心力。第三，制度依据不符合时代要求。目前我国的教育评价各方面发生了很大的变化，过去的教育评价制度依据与新形势下的教育现实匹配程度不高。

（三）制度程序单向化

我国教育评价制度程序呈现单向化主要体现在政府主导性过强、缺乏多方对话协商机制以及管办评机制仍需深化三大方面。其中政府主导性过强是决定性因素，也是问题的关键。

首先，政府主导性过强。在处理政府、学校和社会三者的关系中，政府占据主导地位。虽然我国目前存在政府委托评价组织机构实施教育评价的制度体系，但是，社会评价机构的参与只是象征性的补充，实质上的评价结果还是要由政府来决定。总的来说，教育评价制度由政府主控和规定，从根源上说，还是体现着政府的意愿。社会组织以及第三方评价机构是没有权利决定是否要展开评价、何时进行评估、评什么、如何评、利用何种评估工具以及评估结果的利用等内容的，

① 刘坤轮：《中国高等教育评估制度依据：制度规范及其不足》，《武汉科技大学学报》（社会科学版）2020 年第 6 期。

这些程序和内容归根结底还是要由政府决定。①

其次，缺乏多方对话协商机制。我国教育评价制度缺乏第四代评价理论的“对话与协商”，更多的是评价实施过程中的单向和单方规制，即自上而下地由评价者对被评价者进行管理与评价。体现在政府对学校的评价，学校对校内基础部门的评价以及教师对学生的评价上，缺乏上下之间的良性互动，较容易产生抵触心理，也容易影响教育评价的质量。

最后，管办评机制不够深入。管办评机制改革在一定程度上对教育评价制度的发展有正面的作用，取得了一定的改革成效，也促进了教育管理水平的提高、保障了教育质量的提升。但是在改革实践中，还存在着一些共性的问题。首先，政府的错位、缺位和越位的现象仍然广泛存在。其次，学校自主办学能力有待提升，未建立起社会多方参与的内部治理结构。最后，官方与非官方教育评价组织机构协同参与能力不足，各方面主体协同联动机制有待完善。

（四）制度元评价有待发展

首先，我国教育元评价的对象和内容较为狭隘。目前对于教育评价制度元评价的理论和实践研究都较为薄弱，教育评价制度主要还是政府层面对于教育的意志体现，缺乏对制度本身价值和功能的合理评价。较少地关注教育评价制度发展和改革所体现的自身逻辑，缺乏具备相关教育评价技术的专业化操作。

其次，我国教育元评价缺乏有效科学的评价标准。在实践上，我国教育元评价大部分是引用国外的研究成果，缺乏中国特色评价体系

---

① 刘振天：《完善高等教育评价体系　提升高等教育治理能力》，《大学教育科学》2020 年第 1 期。

标准，存在评价指标缺失和指标片面等问题。现有的片面性指标体系并没有对“质”和“量”两方面做出明确的要求，也就很难再谈制度元评价本身的有效性及科学性。①

二　教育评价制度存在问题的原因

追溯我国教育评价制度目前存在的制度导向单一化、制度内容不完善、制度程序单向化、制度元评价有待发展等问题的源头，可以从内外两个角度进行思考。外部原因主要是受传统观念与缺失科学评价意识的影响，内部原因主要是教育评价制度建立与管理的弊端。

（一）外部原因：传统观念与缺失科学评价意识的影响

首先，过度重视结果导向的历史传统。我国有着1300多年的科举制度的历史，我国社会对与科举制相类似的考试制度有着一种情结，在一定程度上导致了整个社会对教育结果的重视，常常忽视了在教育过程中的增值。这一历史传统延伸到现在就是轻过程重结果，抑制了教育评价制度发展的科学性。

其次，功利化的评价环境。当前，我国仍是相当重视文凭、重视评比的国家。因此，功利化社会环境下所传授的这些知识不仅拥有其本身价值，社会大众更看重它能带来的地位和实权等实用价值。② 家长从小就重视学生的考试成绩，也就倒逼社会、教师、学校更看重学生应试能力的培养，加上教育行政部门对于学校的评价很大部分也是源于成绩，以上种种导致了教育评价制度难逃功利化、应试化的发展。

最后，评价范式工具化倾向。各教育主体过于依赖和滥用教育评

---

① 霍国强：《我国教育元评价的实践缺失及对策思考》，《教育发展研究》2012年第Z2期。

② 冉亚辉：《基础教育应试倾向的深层原因论析》，《教学与管理》2010年第10期。

价，过于注重其鉴定功能。在促进教育发展的过程中，教育评价的确起到了不可忽视的作用，但是，当人们过分使用，将其工具化之后，教育评价就走向了与其初衷相悖的道路，进而导致了教育评价制度变得不那么纯粹，最终沦为了“工具”。社会大众比起教育评价制度，更加关注教育本身，还没有深刻认识到教育评价制度的发展对于教育整体的导向作用。

（二）内部原因：教育评价制度建立与管理的弊端

首先，缺乏整体顶层设计。在《总体方案》颁布之前，我国教育评价制度相关的政策文件存在“碎片化”分布的特征，这种“碎片化”不利于地方政府了解顶层设计，反而需要花费一定的精力和时间来各自探索教育评价制度改革的方法，效率较低且难以取得成就。

其次，运行保障制度缺位。教育评价制度的运行除了教育评价制度本身之外，还有两个必不可少的运行保障要素，即评价机构系统和评价质量管理系统。评价机构系统由系统模式和系统人员构成，目前我国教育评价机构系统存在人员来源单一的问题。评价质量管理系统具有确保评价信度、效度和发挥其效用的制度化功能，它包括元评价系统和反馈系统。目前我国教育评价质量管理系统体系不完整，元评价和反馈系统仍处于初级发展阶段，若要能切实对教育评价制度起到保障作用，还需要进行配套性完善。

第九章

新时代教育评价制度创新的依据与要求

新时代对教育评价制度的创新提出了新要求，即要为发展更高质量、更加公平、更有效率和更可持续发展的教育提供制度支撑。同时，新时代也为教育评价制度创新提供了更为先进的技术支撑、更为强劲的发展动力和更为广阔的交融平台。本章以教育评价制度创新的背景为基础，从教育评价制度创新的时代理论依据和时代要求两个方面分别阐述，力求解释清楚为什么我国教育评价制度需要创新这个核心问题。

第一节　新时代教育评价制度创新的主要依据

一　治理体系及治理能力现代化与教育评价制度

党的第十八届三中全会提出坚持把完善和发展中国特色社会主义制度，推进国家治理体系和治理能力现代化作为全面深化改革的总目标。教育作为国家发展的重要基础，实现教育治理体系和治理能力现代化的地位不言而喻，实现教育治理体系与治理能力现代化是新时代教育综合改革的重要发展方向，也是实现教育强国战略的重要抓手。基于治理能力提升，发展现代化的教育评价，离不开评价制度的完善。评价作为质量保障的重要手段，也是治理的重要体现。

教育治理体系现代化就是要通过完善法律法规和改革教育体制机制来实现。教育治理能力现代化指通过加强各项教育制度治教的能力，将制度优势转变为高效的教育管理能力和水平。① 党的十八大以来，我国教育制度的建设步入深水区，要实现教育现代化和教育强国的目标，还有许多“硬骨头”要啃，其中最具代表性的就是教育评价制度的改革和创新，实现“两个现代化”离不开多元主体的协商。首先，要完善教育评价制度法律法规体系的建设。以问题为导向，通过国家层面和地方层面的立法相结合，针对不同层级教育评价制度存在的问题设立相应的政策和规定。其次，要通过明确不同主体的权责来促进管办评分离。政府要实现权力的下放，增强教育评价活动中其他主体的自主性和积极性。最后，为实现教育效益的最大化必须建立紧密且有效的协商对话机制，保证各方有诉诸需求的途径。

二 高质量发展与教育评价制度

党的十九届五中全会提出，要加快构建以国内大循环为主体、国内国际双循环相互促进的新发展格局。② 新发展格局要求我国社会发展要注重内涵式、高质量的发展，对于教育而言，构建新发展格局需要

① 陈金芳、万作芳：《教育治理体系与治理能力现代化的几点思考》，《教育研究》2016 年第 10 期。

② 《中共中央关于制定国民经济和社会发展第十四个五年规划和二〇三五年远景目标的建议》，http：//www. gov. cn/xinwen/2020－11/03/content_ 5556991. htm，2020 年 11 月 3 日。

积极应对大环境变化，及时做出相应调整，从而达到高质量发展的目标。[①] 保证教育高质量发展离不开完善的教育评价，特别是离不开能够有效保障教育质量增值的教育评价制度。它既是新时代教育高质量发展的保障，也是新发展格局打开的关键突破点。

教育的高质量发展要求提升教育质量、实现教育公平和教育可持续发展，这三方面都需要通过建立适当的评价制度来保障。通过教育评价制度的建设来提高教育整体的高质量发展包含多方面的内容：一是建立教育评价实现质量改进的制度取向，通过评价发现问题，以评促改、以评促进、以实现教育质量提升。二是以教育评价制度保障教育公平，有什么评价制度就有什么样的教育导向，保证不同地区、不同群体、不同阶段的教育公平离不开科学的评价模式与制度。三是以完善的教育评价制度实现教育可持续发展。评价不应仅仅指向结果，而更应指向教育发展的未来，通过教育评价制度的改革，来实现教育评价结构的调整和教育评价技术的发展。

三　中国特色社会主义教育道路与教育评价制度

党的十八大以来，习近平总书记对新时代教育进行了全方位的论述。他在北京大学师生座谈会上就我国教育要培养什么样的人和怎样培养人这一问题进行了深刻阐述。在 2018 年 9 月举行的全国教育大会上，习近平总书记提出，要“坚持中国特色社会主义教育发展道路，培养德智体美劳全面发展的社会主义建设者和接班人”[②]。这一系列重

---

① 刘国瑞：《新发展格局与高等教育高质量发展》，《清华大学教育研究》2021 年第 1 期。

② 《坚持中国特色社会主义教育发展道路　培养德智体美劳全面发展的社会主义建设者和接班人》，http：//www. moe. gov. cn/jyb _ xwfb/s6052/moe _ 838/201809/t20180910 _ 348145. html，2018 年 9 月 11 日。

要论述构成了较为完整的新时代中国特色社会主义教育理论体系，为新时代教育领域的改革和发展提供了理论支撑。办好教育的根本保证是坚持党管教育，坚持党对我国教育事业的全面领导，坚定不移地走中国特色社会主义教育发展道路。对于新时代教育评价制度的创新来说，党的全面领导是做好教育评价工作最重要的经验，是关系到教育评价制度举什么旗的原则性问题。

发展新时代教育评价道路，实现教育强国战略，办好人民满意的教育，对完善教育评价制度有以下要求。[①] 首先，明确“立德树人”和“为党育人、为国育才”的基本要求，提出到2035年建成具有中国特色的教育评价制度体系的总目标。其次，从党和政府、学校、教师、学生和社会用人五个维度论述了教育评价制度改革和创新的重点任务。从各级党委和政府来看，要牢牢把握党对教育相关工作的全面领导；从学校来看，要以立德树人作为教育评价道路发展的风向标；从教师评价来看，要引导教师做中国特色社会主义教育评价道路的坚定捍卫者和守护者；从学生评价来看，要尽快促成五育并举的评价制度体系建成，保证其成为中国特色社会主义教育评价道路的受益者；从社会用人来看，要形成良好的用人导向。最后，通过包括落实责任、加强体系建设和营造氛围等多项举措保证新时代中国特色社会主义教育评价道路的畅通。

第二节　新时代教育评价制度创新的基本要求

党的十九大报告明确提出：“建设教育强国是中华民族伟大复兴的

① 《中共中央国务院印发〈深化新时代教育评价改革总体方案〉》，《人民日报》2020年10月14日第1版。

基础工程，必须把教育事业放在优先位置，深化教育改革，加快教育现代化，办好人民满意的教育。”下面将从促进教育质量提升、加快教育公平实现、注重教育效益提高、推动教育持续发展四个方面分别进行论述。

一　促进教育质量提升

新时代教育评价制度的创新必须以促进教育质量提升为基本出发点，最终要实现教育质量的跨越式发展。这种高质量的教育，指的是全球教育竞争新态势下的高质量，更是适应我国教育现代化新要求的高质量。

在这个过程中，教育评价制度必须保证促进各级各类教育的发展，实现教育全面发展的大格局。为保障教育质量的提升，要回答好五大问题，即如何解决学前教育“幼有所育”的问题，如何保障义务教育质量的问题，如何建设中国特色招生考试制度的问题，如何加快高校向“双一流”目标迈进的问题，如何提升职业教育和特殊教育等非社会主流教育水平提高的问题。

二　加快教育公平实现

新时代下，教育要向着更公平更科学的方向迈进，也要求教育评价制度改革以加快教育公平的实现。教育公平的实现是一个需要协调多方力量解决的问题，教育评价制度在其中起到的是支撑作用。新时代教育不仅要发展好，还要发展均匀，不能存在掉队的现象。但也要意识到，这里所说的公平是相对的公平，并不是绝对的平等。目前看来，最重要的是防止差距继续扩大，且应该尽量地缩小地区与地区、不同教育体系间的发展差距。这些差距或多或少都因教育评价的影响而存在，所以通过发展合理的教育评价制度解决公平问题是必然途径。

三 注重教育效益提高

教育效益提高更关注教育过程中的产出，也就是在投入一定的人力、物力和财力以后，教育要如何将“利益”最大化的问题。首先，要树立科学而全面的教育发展观，注重教育评价制度的科学性。遵循教育自身的发展规律和本质特征，设置合理的教育评价制度，控制教育发展规模，优化教育结构，提高办学效益。其次，要促使教育内涵式与外延式发展并举。完善各级各类教育评价制度，教育部门要根据实际情况以及不同层级、不同类别学校的优势和特色协调结构和布局，稳定控制教育的发展速度和规模。同时，改善教育财政评价制度，围绕教育效益的产出分配经费，调动相关人员积极性。[①]

四 推动教育持续发展

新时代对教育的要求已经从生存型教育转向发展型教育，这是教育适应时代和社会发展的必由之路。新时代的教育在促进全人发展和实现人的价值上有着促进作用，对于社会而言，这是实现我国现代化发展的有力举措。教育的持续发展是一种动态的、多元的、全面的发展过程，是新时代对教育提出的新要求。教育评价制度是教育综合改革工作的切入点，作为教育活动指挥棒的教育评价是提升我国教育软实力的重要手段。因此，教育评价制度的创新必须围绕推动教育的可持续发展展开，并且为我国实现教育强国的历史使命服务。

① 高凯平、卫建民：《浅谈提高教育效益的途径》，《山西财经大学学报》（高等教育版）1999 年第 3 期。

第十章

教育评价制度创新的原则、内容及实施路径

经过几十年的实践，教育评价制度建设为我国教育高质量发展奠定了坚实基础，在这个过程中也积累了丰富的经验。但是，我国教育评价制度现代化发展水平仍有待提高，存在制度导向单一化、制度内容不完善、制度程序单向化和制度元评价有待发展等问题。新时代背景下，我国教育评价制度必须改革和创新，才能为建设教育强国、实现教育现代化提供有力支撑。本章以顶层设计、试点实践、分类管理、动态推进为原则，着眼于营造与时俱进的制度文化、建设分类健全的制度体系、保障多元协商的运行机制，以优化制度创新的外部环境、完善教育评价制度的相关立法、深化管办评分离的现代化治理、推进第三方专业评价机构成长和建立教育元评价制度体系五大方面为抓手，为实现我国教育评价制度的创新打好基础。

第一节　教育评价制度创新的原则

我国正处于新的历史方位，面对国内国外新的发展机遇，教育评价制度改革应遵循以下基本原则。

一　顶层设计原则

顶层设计主要是运用系统论的方法，从整个事件的全局出发，对这一事件的各个层次、各个方面和各个要素进行全方位和全过程的统筹规划，通过集中有效资源等手段，更高效、更快捷地实现既定目标。从改革的全局出发，顶层设计是实现治理体系现代化的关键，也是教育评价制度创新过程中最为核心的原则之一，在很大程度上决定着教育评价制度创新的有效性。[①] 从教育评价制度的历史脉络与现状来看，我国教育评价仍然是政府主导的发展模式，政府就评价制度的顶层设计负有主要责任。在现阶段管理转向治理的教育发展过程中，政府“放管服”改革不断深化，政府在教育评价制度改革中的地位也逐步改变，加入社会、高校力量，也是顶层设计不可或缺的。

因此在我国教育评价制度改革创新的过程当中，政府作为教育改革的主导者，应该提高顶层设计能力，以满足大众需求为出发点，以追求教育评价制度的价值实现为导向，在充分实践、调研、研究的基础上，集合智力资源进行设计和决策，运用权威来推动教育评价制度的创新。其他主体应该积极响应相关的政策，在顶层设计大框架内稳步推进。

二　试点实践原则

试点实践是指一种具有目标性的，为某项正式活动的全面铺开累积经验的活动方式，具有试验性的特点。通常在制度改革的过程中或

---

① 张继明、冯永刚：《高等教育有效治理的系统化原则及其实践——基于顶层设计与法治问责的视角》，《江苏高教》2020 年第 5 期。

者某一项政策正式实施之前，会选取具有代表性的地区进行相关实验，在实践中检验改革的可行性，也通过这个过程，让不匹配现实情况的部分凸显出来，为相关的修正提供依据。教育评价制度改革涉及制度文化、制度结构与运行规则等多方面的调整，并不是一步到位的，为保证评价制度改革创新的平稳进行，坚持试点推进是必然选择。例如，高考制度的改革，关乎每个国民的切身利益，因此，其改革不可能是一蹴而就的，而是一个不断实践和调整的过程。

三　分类管理原则

分类管理是综合性制度建设的重要原则，将整体中的不同部分分类，再针对不同的分类采取不同的管理方式，其目的是实现更具针对性的管理。[①] 我国教育评价制度体系大概可以分为政府教育工作评价制度、学校评价制度、教师评价制度和学生评价制度四大类，每个层级的教育评价制度都有其自身的发展特点。因此，针对多层级的教育评价制度体系，必须以分类管理原则作为保障。也就是说，国家教育行政部门要根据一定的标准和依据，将不同类型、不同层级的教育评价制度分类，通过宏观调控等各种管理方式，制定具有针对性的教育评价制度，使其符合不同层级教育评价的内在规律，满足不同层次教育被评价主体的发展要求。

四　动态推进原则

教育评价制度的改革创新是一项长期工程，在具体改革措施的

① 周守亮、赵彦志：《民办高等教育分类管理实施路径与策略研究》，《教育研究》2014年第5期。

推进中要有的放矢，把握好轻重缓急，动态推进，伴随时代的发展动态更新。在教育评价制度创新的过程中，及时将相关信息加以过滤、挑选和整合，为更好地推进教育现代化而服务。具体来看，要在运行过程中合理有效运用反馈机制。在教育评价实践中，及时收集有效的反馈信息，从而做好进一步的调控工作，增强教育评价制度改革创新的灵活性。也就是说，教育评价制度的创新不能急于求成，要将动态推进原则内化于制度创新的全过程，以实现教育评价制度的可持续发展。

第二节　教育评价制度创新的内容

我国新时代教育评价制度创新具体包括与时俱进的制度文化、分类健全的制度体系、多元协商的运行机制三大方面的内容。

一　与时俱进的制度文化

改革离不开文化与观念的转变，当前教育评价制度发展的诸多瓶颈一定程度上受制于陈旧的制度文化与观念。教育评价制度文化中存在的功利化倾向严重、意识形态不突出和过程性评价思维缺乏等问题，使得评价制度的创新阻力重重。历史上的改革也证明，没有文化与观念的改革，制度改革是注定失败的。因而，新时代教育评价制度改革必然要重视制度文化的改革。

具体来看，要发展以学生为中心、公平与效率并重的评价制度文化与观念。首先，改变陈旧、功利性的教育评价观念，从思想根源上及时扭转不符合时代发展要求的教育评价价值理念。其次，从元评价的改革中扭转旧的评价制度文化，如破“五唯”的元评价改革。建立多元综合的教育评价体系意味着要转变观念，若观念没有转变，新时代教育评价制度建立只能是流于形式。

二　分类健全的制度体系

教育评价制度是一个庞大的制度体系，它是贯穿于各主体、各学段、各类型教育所构成的宏观教育系统。① 总体来看，我国教育评价制度横向体系不健全且纵向相关法律法规缺失，这都是阻碍教育评价制度发展的枷锁。教育评价制度的本质决定了包含的内容丰富，横跨各个教育层次，要创新就必须建立健全的、不同类型相结合的制度体系。

具体来看，要建成以保证教育高质量发展，促成教育治理体系与治理能力现代化的制度体系。首先，要从全局性出发，保证教育评价制度分类健全的统一性，明确教育评价制度要为建成中国特色社会主义教育强国服务。其次，从横向发展来看，要巩固成熟的制度成果，发展不成熟的评价制度体系。将学前教育评价制度、基础教育评价制度、高等教育评价制度、职业教育评价制度等看作一个有机的组成部分，健全整体性的制度规划。最后，从纵向层次上看，要健全法律法规保障体系，保证教育评价制度的建设有法可依，以实现教育评价决策科学化。

三　多元协商的运行机制

新时代教育评价制度改革创新与以往的不同之处在于，更多强调多元主体之间的协商机制，有针对性地解决我国教育评价制度存在的

① 张楠、宋乃庆、申仁洪：《新时代教育评价改革的价值意蕴与实践路径》，《中国考试》2020 年第 8 期。

政府主导性过强、程序规制单向化、方法重问责轻改进等问题。因此，政府、学校与社会要形成多元协商的教育评价制度运行机制，加强三方之间的良性沟通，完善互动机制以满足人民对于高水平教育质量的需求。

具体来看，要从保证多元主体参与着手，从“管理”向“治理”转变，构建双向沟通交流平台和机制。首先，确保政府、学校和社会多元主体的参与，从不同主体的诉求出发，解决决策科学性的问题。其次，要注重沟通和协商，不搞“一言堂”。以第四代评价理论为指导，提高学校和社会的话语权。

第三节　教育评价制度创新的实施路径

秉持顶层设计、试点实践、分类管理、动态推进的原则，着力于制度文化、制度体系与制度运行机制的建设，遵循以下发展路径，更有效地实现新时代教育评价制度创新发展。

一　优化制度改革创新的外部环境

环境优化是教育评价制度改革的外部保障，外部改革环境影响着教育评价制度改革的成效，各类社会主体要形成合力，逐步优化制度改革创新的外部环境。

首先，要形成发展科学评价的社会文化氛围，转变个人陈旧、功利与落后的评价观念。社会各界要营造新时代教育评价理念的社会氛围，积极探索适合教育长期健康发展的教育评价理念，积极响应国家相关教育评价制度的建设。摒弃过去腐旧的教育评价思想，从自身出发纠正不良观念，着眼回归学生、教师、学校的本源发展。

其次，要营造“以评促改、以评促建、以评促学”的改革环境，教育评价的目的应指向改进，而不是结果。当前的评价环境过于重视功利性的评价结果，学校教育质量评价制度是如此，学生与教师评价制度更是如此。营造以发展质量与改进为主要特征的评价制度环境，是发展新时代教育评价制度的重要抓手。

最后，要形成教育评价制度改革与教育综合改革相协同的治理环境。教育评价制度是教育制度中的重要组成部分，也是其中最为重要的影响因子之一，同时教育评价发展的目的也指向于教育的综合发展，两者的辩证关系，要求两者协同治理，不能单一地进行教育评价制度改革。

二　完善教育评价制度的相关立法

当前，我国教育评价制度立法体系不健全，亟须建立一套从上至下、包含各层级的教育评价法律体系。整体来看，教育评价制度相关立法构建应该遵循以下思路：以《教育法》为根本，以《教育评估法》为基本，将教育评价领域的单行法律构成体系。先由全国人大制定宏观的教育评价法，然后国务院在此基础上制定教育评价相关条例和行政法，再由教育部制定省市级相关评价规定，下级人大和政府根据这些法规和条例结合本地方具体教育实情再制定相关实施细则。除此以外，各级教育主管部门可以制定相关评价工作的规章，这些规章要在不违背上位法的前提下，对评价实践进行补充性的说明。

需要指出的是，应重视地方教育评估立法。地方教育评估立法虽然居于较低层次，但在教育评价制度法制建设中起到重要作用。我国教育发展情况不均衡，在这种情况下，国家教育评价法律、行政法规和规章对许多问题只能做出原则性的规定，而这些规定显然无法适应各地的具体情况，因此，地方也应结合实际制定具体的实施细则或补充变通的规定。

三　深化管办评分离的治理改革

深化管办评分离，规避政府既当运动员又当裁判员的现象。厘清各教育相关主体的权责关系，推动多元主体间的深度融合。从制度层面，推动政府管的水平、落实学校办的责任与增强社会评的独立性。

政府方面，适当下放制度权力最大程度提高利益相关者的积极性。要把政府从繁杂的教育行政事务中解放出来，集中精力做好教育评价的宏观管理。加强顶层制度建设，出台相关的法律法规及实施细则，增强政策的可操作性。同时要精简政府的教育行政权力清单，做好分权和放权，转变教育管理的方式。

学校方面，推动学校内部教育评价机制的健康运行和持续发展，建立权力制衡与体制保障机制，以此推动学校教育评价落地生效。要加快推进内部治理章程建设，在学校内部形成多元主体参与的治理格局；要畅通沟通与参与渠道，对与学校发展相关的重大决策要通过民意调查进行公开表决；要严格按章程对学校内部进行管理，遵循权责匹配原则。

社会方面，建立保证第三方评价机构活力的制度设计，同时社会要积极参与教育评价制度的构建，增强社会主体参与教育评价的能力。社会大众对于教育评价相关决策具有知情权，反过来教育评价制度的改革也影响着社会大众的生活。

四　建立第三方评价成长的运行机制

随着教育评价逐渐走入大众视野，我国第三方教育评价机构开始逐渐发展和日益壮大。但究其本质，第三方目前起到的作用更多是一种象征性、表面性的补充。所以适应新时代发展的教育评价体制必须正确地处理好政府、社会和学校之间的关系。

政府要适当地实行“退出机制”，避免因为管理的幅度过大和管辖的范围过广而影响第三方机构参与的积极性。被评价的学校应该积极利用外部评价，与第三方评价机构建立良好合作关系，认识到教育评价对学校自身发展的促进作用，借助第三方评价机构健全自我评价机制。

社会要树立第三方评价的意识，监督教育评价制度的实施，支持专业第三方评价机构的建立和成长。目前来看，我国政府委托以及各级各类学校自主选择第三方机构进行评价的需求还不够强烈，没有从根源意识到第三方评价对教育的促进作用。因此，第三方评价机构应该从提高自身教育评价能力出发，努力争取政府部门和各级各类学校的信赖，树立行业标准和行业信誉。

五　发展教育评价的元评价体系

“元评价”又称“再评价”，建立我国教育评价制度元评价体系是推进我国教育评价制度科学化、专业化发展所必要的举措。尽管目前国内教育界引进了元评价思想，并且也对元评价的理论、技术和意义进行了许多的研究，但运用元评价的有关理论和技术进行教育教学指导的并不多见，制度层面发展元评价体系更是少见。对教育评价制度体系而言，需要规范、需要监督、需要评价、需要认可，因此建立教育评价制度元评价体系是非常有必要的。

首先，要系统分析我国教育元评价行业发展现状，遵循我国教育管理体制的相关模式，通过专家的学术探讨和专业研究研制出中国特色的教育元评价指标体系，将其作为评价活动的基本准则。

其次，严格遵守教育元评估体系的基本规范，依据其相关内容指导教育评价的实践创新。通过改进评价方案、优化评价指标、指导评价实施过程，有效促成评价目的实现。最重要的是要为教育评价活动的质量提供客观的价值判断标准，进而为公众提供教育评价的有效凭据，以此树立教育评价机构、教育评价主体和教育评价活动的社会公信力。

总之，教育评价制度元评价体系可以有效减少偏差，促进实现教育评价的目的和功能。任何有关教育评价制度的法规中，都应在法令上对元评价制度进行定位；要保证评价质量，元评价组织必须独立于评价系统而存在。

小　结

教育评价制度是指在一定历史条件下形成的，为保证办学基本质量，对与教育教学相关的活动及对象进行评价的整体制度。新中国成立以来，我国教育评价制度的发展经历了以政治服务为导向的制度初步探索时期、以市场效率为导向的制度基本建立时期、以质量提升为导向的制度改进优化时期和以内涵式发展为导向的制度科学发展时期，目前正处于新时代教育评价制度发展时期。经过长期的探索与积累，我国基本建立了一套具有我国特色的教育评价制度，对促进我国各级各类教育事业的发展起到了积极作用，但也应清楚认识到，新时代我国教育评价制度仍有待创新与完善。

通过文献分析法和文本分析法，对与我国教育评价制度相关的论文、政策等相关资料进行阅读、分析和整理后，我们更确定我国教育评价制度的正式规则和非正式规则都需要创新和进一步发展。具体来看，教育评价制度发展中存在的制度导向单一化、制度内容不完善、制度程序单向化、制度元评价有待发展等问题，这些问题如果不得到及时解决，将对我国未来教育将产生较为深远的影响。所以，本编将新时代的呼唤与教育评价制度的创新相结合，通过具象地分析我国教育评价制度现状，深入剖析了我国教育评价制度目前存在的顽疾。将教育评价制度的创新与治理体系及治理能力现代化、高质量发展格局和中国特色社会主义教育道路相结合，从质量提升、促进公平、提高效益和推动发展四方面切入，明确了新时代对教育评价制度的要求。最后以顶层设计原则、试点实践原则、分类管理原则和动态推进为原则，以问题为导向，指出了我国教育评价制度创新的内容和路径，呼应了教育评价制度的制度文化、制度体系和运行机制，提出了多方面的对策。

第三编

教育评价文化的培育

第十一章

教育评价文化培育的概述

第一节　研究背景及意义

一　研究背景

教育评价是提升教育教学质量、促进教育可持续发展的重要环节，在我国已有30多年的发展历史。然而，教育评价毕竟是一个从西方引进的"舶来品"，必然会与我国的社会制度、教育传统、文化环境和经济发展水平产生不可调和的冲突，因而在我国的应用不能只是简单的拿来主义。正如英国教育政策研究专家所说："在借用他国教育政策时，要在展望全球教育发展局势上，深入考察推出和阐释的教育政策在本国教育情境中的种种可能，并重视引入政策与本国教育文化价值观的融合性。"① 由于教育在本质上是一种文化形式，教育评价活动自然就具备文化属性。文化差异会带来价值冲突，价值冲突进而造成评价各异。教育评价自诞生伊始就带有文化基因，要重新审视对评价理

---

① 陈秋仙：《论形成性评价在中国的文化适可与挪用》，《山西大学学报》（哲学社会科学版）2016年第3期。

念和评价本质的理解，并重视评价文化在评价改革中的隐性作用。

教育评价是教育改革的指挥棒，引领着我国教育发展的前进方向。然而，社会竞争的日趋激烈造成教育评价“指挥棒”的正向效应发生异化，“以分取人”“排名争先”等现象使整个社会被笼罩在教育焦虑的氛围中，“评建并举、重在建设”的评价理念被各种评价指标所替代，各个层次的教育系统正在沦为评价的附庸。教育领域中不合理的评价文化风潮外溢至整个社会系统，带来“影子教育”泛滥、学术造假、教育产业化等各种问题。除此之外，教育评价被各种量化数据绑架，外显的评价符号遮蔽“以人为本”的评价取向，当下的教育评价文化俨然成为中国教育改革的桎梏。如何营造健康向上的教育评价文化，重视以激励和导向为价值逻辑的评价理念，进而引导教育领域内的各项改革是新时代必须回答的问题。

2020 年，中共中央、国务院印发的《深化新时代教育评价改革总体方案》（以下简称《总体方案》）提出破除“五唯”顽瘴痼疾，构建立体化的新时代教育评价体系。新时代的教育评价改革引起广泛关注，需要整体推进和系统谋划。制度是文化分析的基本单元，评价活动是在评价文化引领下的行为实践，两者都需要在评价文化的引领下予以理论外显和实践执行。因此，如何培育立足本土文化传统、彰显中国特色的新时代教育评价文化，为教育评价工作营造和谐有序的文化氛围，使评价文化发挥在教育评价改革中的引领作用，是构建现代教育评价体系的必答题。

二　研究意义

（一）理论意义

文化以隐性的方式潜留在某个群体的内部，并对个体的价值取向乃至行为产生影响。根据社会文化理论，处在同样文化环境中的人们会逐渐成为具备共同价值观、社会关系以及行为模式的“行为共同体”，个体在意义建构和行为转变的过程中也会体现出一定的集体性，使这些价值观和行为模式染上文化底色，被称为“思维的文化工具”①。由此可知，文化对一个群体具有强大的凝聚功能，尤其是文化中无形的精神要素在更大程度上左右着人们的理性认同和情感归属。在教育领域，文化也会潜移默化地对人们产生感染力和驱动力，并且影响我们的价值取向、思维方式以及行为趋向。教育评价作为教育质量保障的重要手段，在长期的历史发展中，会形成独特的教育评价文化，渗透在教育系统的各个环节。在理论层面，有利于厘清教育评价文化的意蕴和其在教育评价改革中发挥的作用，并通过探讨如何培育积极健康的评价文化，为我国新时代的教育评价改革提供不同的研究视角。

（二）实践意义

从现实来看，凝结了价值取向、思维习惯和理论体系的评价文化在我国的教育评价改革中未得到应有的重视。本书立足教育评价的文化视角，试图探讨教育评价改革中的文化障碍和促进性因素，把握教育评价文化的历史发展脉络和趋势。一方面，对我国教育评价实践中的计算主义和量化倾向的误区纠偏。另一方面，从我国教育评价文化的发展现状出发，并基于新时代背景指出我国教育评价在文化层面的应然品性，为教育评价工作丰富理论支撑，促进教育评价改革稳步有序开展。

---

① Rogoff B., *Thinking with the Tools and Institutions of Culture*, Oxford: Oxford University Press, 2003, p. 258.

第二节　研究综述

一　教育文化的研究

教育评价改革是整个教育改革的重要分支，因而教育评价文化与教育文化亦关系紧密，要想研究评价文化，首先就要系统整合教育文化的相关研究。

在教育文化的内涵方面，叶澜先生认为："教育和文化的关系，完全不同于教育和政治、经济之间相互决定的关系，而是一种部分包含、互为目的和手段的交融关系，它们处于社会总系统的同一结构层次。"①换言之，教育和文化的关系本就互为表里，难以严格区分。由此，教育文化的内涵得以明晰，"教育文化"是一个民族文化大系统中的子系统之一，与政治文化、经济文化、宗教文化等在主体意义上具有同等地位，其作为一个民族在长期教育实践中形成的一种思维和行为模式。② 宋志臣也将教育文化看作人类文化的一部分，他认为："教育文化是人类在教育实践中创造的物质和精神成果总和，是教育有机体的理论形态，具体内容包含价值层、制度层、器物层和行为层。"③ 刁培萼从文化哲学视角出发，在我国第一部以教育文化学为研究主体的著作《教育文化学》中，将其定义为"主文化实现文化控制的自组织系统，在这个系统中通过一定的教育形式，向社会成员灌输一定的文化

① 叶澜：《教育概论》，人民教育出版社 1991 年版，第 176 页。
② 孟小红：《"教育文化"视阈中的高等教育变革》，《教育评论》2011 年第 6 期。
③ 宋志臣：《教育文化论》，《教育研究》2012 年第 10 期。

思想和行为，最终在无意识中对社会成员进行文化渗透”①。

在教育文化与评价文化的关系方面，一方面，评价文化是教育文化的重要组成，受到教育文化的影响。如传统和合文化是中国文化思想的精髓，蕴含了“基于差异、注重调和、指向共生”的智慧，可以对目前学生评价中的认识误区进行矫正，做到理念多元、注重过程和互利共赢。②在世界两大高等教育体系——英美体系和罗马体系中，由于前者奉行自由主义文化传统，认为教育是一种自然演化的逻辑，院校的自主改进性评价成为衡量大学建设成效的主要方式。而后者奉行国家主义文化传统，认为教育遵循人为构建的逻辑，政府的问责性评价成为大学评价的主要方式。③教育评价是一种主体性的活动，价值判断是教育评价的核心，一定的教育文化势必会对主体的价值体系产生影响，并体现在主体的价值判断活动中，教育评价活动本身就隶属于教育文化现象的范畴。④ 由此可知，教育评价深受教育文化的影响，不同的文化场域会塑造出不同的教育评价逻辑，要重视教育文化对教育评价的影响。另一方面，评价文化也会对教育文化产生反作用。新时代教育评价改革亟须破除“五唯”顽瘴痼疾，提出的“四个评价”直击教育领域内的现实困境，伴随着评价实践的落实，从教育系统的宏观和微观两个层面贯彻新的评价理念，使评价文化得到更新和发展，为教育评价实践路径指引方向。⑤ 究其根本，评价本身就是一种文化工具和手段，目

---

① 刁培萼：《教育文化学》，江苏教育出版社 1992 年版，第 310 页。

② 高展：《传统和合文化对学生评价的启示》，《上海教育科研》2020 年第 12 期。

③ 周光礼：《世界一流大学的建设与评价：国际经验与中国探索》，《中国高教研究》2019 年第 9 期。

④ 李亚东、张行：《教育评价发展的历史轨迹及其规律》，《江苏高教》2000 年第 3 期。

⑤ 张楠、宋乃庆、申仁洪：《新时代教育评价改革的价值意蕴与实践路径》，《中国考试》2020 年第 8 期。

的是促进和发展文化，其次才是选拔、淘汰等附属功能，若文化和评价二者的主从位置颠倒，就会使评估的文化以其先验权威演绎为一种霸权文化。[①]

二 教育评价文化的研究

在研究视角方面，微观视角下教育评价文化的提出，主要源于传统目标评价模式下高扬工具理性，目的是选拔和区分被评价者，而忽视社会文化和历史情境，造成不平等的文化等级结构。从 20 世纪 80 年代开始，国际教育评价领域掀起了将文化与背景引入教育评价的思潮，实现教育评价的文化范式转变，并有针对性地开展参与性评价、回应性评价、多元文化评价等方面的研究，强调文化是各种评估环境的组成部分，并呼吁重视教育评价的文化能力建设。[②] 美国评估协会主席凯伦·柯克哈特（Karen Kirkhart）在就任演说中提到，文化是评价有效性的重要维度，评价项目的设计者和实施者必须关注项目开展的文化背景。[③] 这股思潮强调将评价者和被评价者的文化背景纳入教育评价过程，强调背景文化的重要性。这需要评价者超越文化的多样性和差异性认知，深入理解文化内部不对称的权力关系，提高自身文化敏感性和文化能力以化解教育评价实践过程中的文化差异和冲突。[④] 为实现这一目的，我国学者宗国庆就从文化环境、价值导向、建构基础三

① 杨启亮：《评估的文化与高校文人精神的迷失》，《江苏高教》2002 年第 6 期。

② 宗国庆、王祖浩：《试论我国科学教育的本土文化转向》，《中国教育科学》2021 年第 4 期。

③ Kirkhart K. E.，“Seeking Multicultural Validity：A Postcard from the Road”，*Evaluation Practice*，Vol. 16，No. 1，1995，pp. 1 – 12.

④ Chouinard J. A.，Cousins J. B.，“Culturally Competent Evaluation for Aboriginal Communities：A Review of The Empirical Literature”，*Journal of Multidisciplinary Evaluation*，Vol. 4，No. 8，2007，pp. 40 – 57.

个层面建构了我国教育评价文化范式的实施程序和指标体系，倡导坚守文化自觉和文化自信的立场，使教育评价文化符合我国的主流文化价值观。[①] 在教育评价文化范式的实践层，国际上已经形成较成熟的文化实践框架，包括评价准备、利益相关者参与、评价目的确定、结果使用等六个步骤，促进评价实践开展。[②]

从中观视角看，教育评价文化的研究常与组织管理文化相关联。组织管理文化以态度、价值观和信念等内隐方式对组织产生影响，无论评价文化积极与否，都可以决定组织内部对评价的态度、信念、价值观和具体操作，从而使组织的资金流向评价或远离评价。[③]学者通过研究非正式教育组织中的评价文化影响因素时发现，可以通过加强管理者对评价的领导、推动评价工作可视性、营造分享评价意见的氛围以及提高整个组织的评价能力等方式促进评价文化建设。[④] 作为正式的教育组织——学校，我国学者沈胜林也提出相关论述。他认为，文化生成是学校内涵发展的重要环节，注重评价者和被评者之间的接触交流，培育以素质教育为核心的学校评价文化，加强多重主体对评价工作的认同感，在学校内部形成重视评价的文化场域，进而促进学校教育教学质量的提升。[⑤] 评价文化和组织文化的有机融合，可以通过塑造共同的评价理念引领组织成员把评价视为促进发展的手段。

---

① 宗国庆：《我国教育评价文化范式建构：理论主张、实施程序与指标体系》，《中国考试》2021 年第 3 期。

② Newcomer K. E. , Hatry H. P. , Wholey J. S. , eds. , *Handbook of Practical Program Evaluation*, Hoboken: Wiley, 2015, pp. 281 – 317.

③ Hogan S. J. , Coote L. V. , "Organizational Culture, Innovation, and Performance: A Test of Schein's Model", *Journal of Business Research*, Vol. 67, No. 8, 2014, pp. 1609 – 1621.

④ Courtney Vengrin, ed. , "Factors Affecting Evaluation Culture within a Non – formal Educational Organization", *Evaluation and Program Planning*, Vol. 16, No. 69, 2018, pp. 75 – 81.

⑤ 沈胜林：《论学校内涵发展与文化生成机制的建构》，《教学与管理》2015 年第 27 期。

从宏观视角看，评价文化融入整个教育评价改革中，始终发挥着引领性作用。教育改革本身就是一场蕴含文化逻辑的社会活动，通过引入和传播某一主流文化，使学校的文化结构中不断融入新的文化要素，进而调整原有的文化价值系统，以期实现文化整合和新的平衡状态。[①] 伴随着教育评价改革的推进，以人为本的评价理念逐渐取代以分为本，成为教育评价的灵魂，促进人们的行为方式转变，一旦被教育界普遍认可，以人为本的评价文化就会呈现出主流文化的姿态。[②] 构建一种有发展韧度和情感温度的评价文化，营造良好的教育评价氛围，可成为舒缓家长教育焦虑的可能路径。[③] 本编将立足教育评价文化研究的宏观视角，探讨如何培育中国社会文化情境下的评价文化，为新时代的教育评价改革提供良好的文化氛围，使其逐渐成为影响教育领域乃至整个社会的主流文化。

从教育评价文化存在的问题看，主要有以下方面。台湾地区课程专家欧阳生认为当前课程评价的改革首先应以文化为抓手，通过文化的力量扭转中国传统评价文化，达到标本兼治的目的。但如今台湾地区的考试评价文化受到政治的“规训”，变成服务于政治的管控手段，势必会泯灭学校特色，形成“千校一面”的状况。[④]杨启亮等同样从课程评价文化着眼，他们认为重选拔、倡分数的课程评价文化窄化和弱化了教育评价的内涵和功能、为课程评价带来一系列偏智轻质的积弊。[⑤] 张志

① 容中逵：《教育改革的文化逻辑》，《教育研究》2016 年第 6 期。

② 王中男：《考试文化研究》，博士学位论文，华东师范大学，2012 年，第 135 页。

③ 钱洁、缪建东：《破解家长教育焦虑的可能路径：构建促进学生全面发展的教育评价体系》，《中国教育学刊》2021 年第 9 期。

④ 王中男：《谈我国台湾九年一贯课程评价改革——对我国台湾著名课程专家欧用生教授的访谈》，《教育理论与实践》2012 年第 19 期。

⑤ 杨启亮：《制约课程评价改革的几个因素》，《课程·教材·教法》2004 年第 12 期。

红、李凌艳等从教师评价观念出发，着重探讨其与评价文化的关系，认为我国是一个高利害评价文化国家，在这样的评价文化背景下，我国教师评价观念有较强的问责性。[①] 蒋文昭立足科技评价，他认为我国当前“唯数字”评价文化阻滞科学研究，主要体现在过度追求数量与级别，从而带来“学术泡沫”、学术氛围日渐淡薄、学术诚信危机等问题[②]。刘志军等从初中生综合素质评价出发，认为教育评价文化中的封闭管理文化正在将学生个体发展的非结构化素质转向可量化操控的程序中；考试文化则成为学生个性发展的阻碍。[③] 由此可知，我国教育评价文化总体呈现出不合理的发展态势，并且存在诸多问题，在一定程度上制约着我国教育评价改革的进程。

从教育评价文化的研究内容来看，也突出表现在不同方面。在国外，评价范式悄然转变带来文化取向随之变化，从考试文化走向评价文化。考试文化强调评价的选拔和甄别，主要应用于对教师和学生的问责。而评价文化将教学和评价融合，注重对学习结果和过程进行全方位评价，可称之为“镶嵌于教学之中的非标准化评价”。在这样的评价文化中，师生会由被动、压迫乃至被蒙蔽的客体转为主动的参与者，并在反思中积极完成自我评价和同伴评价，促进师生共同成长。在我国，有学者对基础教育阶段的评价文化进行研究，如丁念金提出文化精神、文化形式和文化情境是小学生素质发展评价文化的三个层面，并从校内和校外两个方面提出建设方

---

① 张志红、李凌艳：《教师评价观念：内涵、与评价实践的关系及其差异性》，《中国考试》2022 年第 4 期。

② 蒋文昭：《试析“唯数字”科技评价文化的阻滞及超越》，《科学与社会》2017 年第 1 期。

③ 刘志军、袁月：《初中学生综合素质评价的现实困境与破解之道》，《中国考试》2021 年第 12 期。

略。① 王芳芳对高等教育以过程为主导的评价文化进行研究，提出心智是评价文化的认识论基础，这种评价文化侧重衡量学生的探究合作能力，具有主体性、情境性和过程性的特点。② 张雨强从文化角度对标准化测验和开放性活动两个层面进行剖解，阐释其中蕴涵的教育评价文化理念，并归纳出前者具有管理主义倾向、价值一元化和科学范式化的特点，而后者则侧重服务和价值多元性、寓于自然和主体建构。③ 张洋等以学术评价为研究对象，对我国借鉴和沿用植根于西方文化底蕴和学术环境下的评价理念以及带来的弊端进行批判，并指出我国迫切需要坚定文化自信，培育学界崇尚、业界敬畏和社会认可的学术评价文化。④

三　教育评价文化培育的研究

当今世界各国教育评价形势复杂多变，逐渐发生评价理念转向人的需要、评价内容侧重人的综合能力、评价功能凸显诊断激励等一系列变化，尤其是《教育和心理测量标准（2014 版）》的颁布，体现出教育评价专业化的发展趋势，并逐渐孕育评价文化。因此，学者们开展了对教育评价文化培育的相关研究，主要内容如下。

在教育评价文化培育的重要性方面，已引起学者们的重视。比如，钟启泉教授指出："纵观我国的教育发展史，比起资金、技术、人员的

① 丁念金：《面向中国梦的小学生素质发展评价文化建设》，《当代教育科学》2014 年第 22 期。

② 郭芳芳：《大学中以 GPA 为主导的考试文化和以过程为主导的评价文化》，《江苏高教》2012 年第 3 期。

③ 张雨强、崔允漷：《论开放性活动的教育评价文化》，《教师教育研究》2006 年第 2 期。

④ 张洋、庞进京、侯剑华：《学术评价的关键问题与未来发展对策研究》，《情报杂志》2020 年第 11 期。

缺乏，我国亟须变革思维方式，重塑话语系统。”[①] 孙玲认为：“我国特定的文化根基和文化渊源在一定程度上牵制了教学评价，当前的考试评价制度深受其束缚和制约，如科举考试文化就给现行的课程评价带来很多消极影响，在无形中抵制和阻碍课程评价改革，亟须在深层次上进行转变，即培育新的评价文化。”[②] 卢立涛教授提出：“具备促进发展作用的评价文化，是转变我国学校质量和评价观的关键之道。”[③] 赵黎也同样呼吁培植良好的评价文化，并认为转变技术层面上的教育评价只是成功的一部分，真正的成功在于建立与之相适应的评价文化，从而实现共同发展。[④] 周诗婷提出教育改革要克服文化惰性，既要从深层次挖掘传统评价文化中的文化源头，又要通过剖析现有评价文化的结构和要素，使传统评价文化与之相契合，以推动新文化的发展。[⑤] 通过上述学者的研究，我们可以看出由于文化是在长期的历史积淀中形成，具备延续性和稳固性，我国目前的教育评价文化势必印有传统文化的烙印，在无形中以价值观渗透、思维方式固化等方式影响我国教育评价改革的进程。因此，要大力展开教育评价文化的系统性研究，推动我国教育评价改革向好发展，培育并传承优良的教育评价文化。

在教育评价文化培育的举措方面，詹颖等提出“嫁接”策略，即应该以平稳的方式将连续的终结性评价替代结果评价，并将其效用“嫁接”到结果评价上，消减家长和学生的反抗情绪，逐渐渗透形成性

---

① 钟启泉：《中国课程改革：挑战与反思》，《比较教育研究》2005 年第 12 期。

② 孙玲：《教学评价改革的文化制约分析》，《中小学教师培训》2010 年第 7 期。

③ 卢立涛：《改革开放 30 年我国中小学学校评价的回顾与反思》，《教育科学研究》2009 年第 10 期。

④ 赵黎：《评价的呼唤：学校良好评价文化之培植》，《当代教育论坛》（综合版）2010 年第 1 期。

⑤ 周诗婷：《综合素质评价纳入高考录取遭遇阻抗的文化审视》，《中国考试》2018 年第 4 期。

评价理念，为培育评价文化提供土壤。[①] 白文昊认为要引领考试选拔文化向增值评价文化转变，尤其要全过程关照教师和学生的发展情况，淡化成绩在教育评价中的作用，创设相互信任的良性评价生态。[②] 卢立涛认为应该将创设发展性评价文化作为目标，学校以积极主动的态度进行自我评价和自我反思，在改进中取得进步和发展，主动配合政府或社会评价，使教育评价工作高效开展。[③] 黄向敏立足建设和谐的高等教育评价文化，在评价中主要采取贯彻“以人为本”的理念、坚持公平公开的原则、将评价文化纳入校园建设等措施，实现凝聚人心，最大程度发挥评价效能的作用。[④] 李木洲等认为教育评价文化是决定教育评价导向的深层次内因，要塑造新时代教育评价文化，使教育评价跳脱出甄别和选拔的囹圄，关键在于全面实施综合素质评价，坚持质量导向，扭转“唯智化”“唯分化”等评价导向，确立教育评价新观念，发挥评价育人的作用。[⑤] 为改变选拔性教育评价文化，徐彬等倡导培育发展性课程评价文化，采用多次评价、及时评价、档案袋评价等评价方法构建指向核心素养的课程评价，打破传统评价文化藩篱，从理论和实践上挣脱传统课程评价的文化困境。[⑥] 马国焘等认为要想破除功利

① 詹颖、万志宏：《论形成性评价与中国考试文化之间的张力》，《中国考试》（研究版）2008 年第 11 期。

② 白文昊：《教师增值评价素养的结构要素、生发机理与培育策略》，《当代教育论坛》2022 年第 5 期。

③ 卢立涛、井祥贵：《促进发展性学校评价在我国实施的条件保障》，《教育科学研究》2011 年第 9 期。

④ 黄向敏、李佳孝：《高等学校教育评价存在的问题与对策初探》，《内蒙古师范大学学报》（教育科学版）2009 年第 7 期。

⑤ 李木洲、刘子瑞：《综合素质评价牵引高质量育人体系建设：历史脉络、现实意蕴与实践策略》，《河北师范大学学报》（教育科学版）2022 年第 3 期。

⑥ 徐彬、刘志军：《指向核心素养的课程评价探析》，《课程 · 教材 · 教法》2019 年第 7 期。

化的评价文化，需要对教育评价生态进行重构，一方面，从评价指标上尽心梳理，分阶段分步骤克服“五唯”顽疾；另一方面，在评价结果上要注重长期综合效益，多维度公布评估结果，关注教育质量内涵发展。[①] 徐彬等从制度创新角度出发，提出制度是维护和支撑系统内外部动态平衡的架构性存在，要紧扣时代发展脉搏，通过制度创新变革教育评价文化中的管理文化和治理文化。[②] 由此可知，关于教育评价文化的培育举措，学者们从评价导向、评价方法、评价制度等不同角度出发，强调建设发展性的教育评价文化，扭转不合理的评价文化导向。

在教育评价文化培育的主体方面，张瑞等认为高校是师范生进行教育评价实践的场域，将学校作为培育开放性评价文化的主体，高校要突破传统教育评价文化壁垒，激发学生内在的评价智慧。[③] 刘子真同样认为要以学校为主体，培育评估主体文化，通过以外促内使教育评估成为学校自觉化、常态化工作，实现向“内部评估”的转变。[④] 蒋家琼等以英国高等教育质量监管为研究对象，肯定我国高校在培育“学生中心”理念文化方面的进步，但是政府在高等教育质量监管中过于关注科研等量化指标，应在政府层面注重培育学生中心的监管文化，复归教育评价内涵。[⑤] 余小波等认为应将社会评价介入大学治理，政府

① 马国焘：《教育评价转型视角下我国学科评价的挑战与发展方向》，《研究生教育研究》2020 年第 3 期。

② 徐彬、刘志军、肖磊：《论课程评价制度创新的阻力及其化解》，《课程·教材·教法》2021 年第 1 期。

③ 张瑞、覃千钟：《师范生评价素养发展的内在诉求与驱动生成》，《继续教育研究》2019 年第 2 期。

④ 刘子真：《高校教学评估的文化逻辑》，《辽宁教育研究》2008 年第 11 期。

⑤ 蒋家琼、张亮亮：《英国高等教育质量风险监管：缘起、实施及启示》，《大学教育科学》2021 年第 6 期。

不能以单方意志垄断教育评价权，而要重视多元主体平等参与，培育高等教育多元主体评价文化。[①] 宗爱东提出文化因素是教育评价症结的根源，体现了社会表层文化和深层逻辑间的冲突，要想突破这种困境，既要营造良好的评价氛围，又要从政府、学校、第三方社会评价等多元主体构建现代教育评价治理体系。[②] 由此可知，政府、学校、社会是培育教育评价文化的主体，多元主体评价文化已成为发展趋势。

四 新时代教育评价文化培育的研究

中国特色社会主义进入新时代，教育评价领域迎来新的发展契机，对教育评价回归育人本位提出新要求。教育评价文化是影响评价改革的深层内因，也是扭转不科学评价取向，促进学生全面发展的关键一环，可从价值取向、评价环境和氛围、思维方式等角度窥探新时代教育评价文化培育的研究趋势。

在教育评价的价值取向方面，孙翠香等认为当前高等职业院校评估的价值取向存在一定程度的偏差和异化，“以人为本、教育公平、可持续发展”是高职教育评估应坚持的基本价值取向。[③] 高涵等立足新时代科研评价的价值取向，认为主流存在的“行政本位、工具本位、结果本位”的价值取向遮蔽了教育科研应有的多向度需要，应该走向生态本位的价值取向，树立起关注人、关注成长、关注公平、关注教育

---

① 余小波、陆启越、周巍：《社会评价介入大学治理：价值路径及条件》，《大学教育科学》2015年第4期。

② 宗爱东：《教育评价的症结及出路》，《探索与争鸣》2022年第4期。

③ 孙翠香、张媛媛：《高等职业教育质量评估的价值取向分析》，《职教论坛》2014年第10期。

功能的理念，以及与之相对应的科研者中心观、环境促进观、民主协商过程观、多元价值成果观。[①] 林宝灯运用 CiteSpace 知识图谱的可视化分析对我国近十年高等教育评价的研究现状进行梳理，"价值取向"等关键词从 2013 年起凸显，并从实然转向应然，"管办评"分离、立德树人、重视发挥第三方评价的独立作用等成为主流。[②] 金柏燕从人学视野出发，认为教育评价中充斥着大量见物不见人的评价怪象，因而教育评价改革要观照人的价值，弥合人与技术的裂痕，认清育人的评价本质，以"五唯"为代表的旧取向转化为以人为本的新取向。[③] 在教师评价方面，以往奖惩性的量化评价方式忽视了教书育人的本质，缺乏校内外评价主体的共同参与，因而新时代的教师评价应以"四有好老师"为要求，重视师德评价，回归育人初心。[④] 价值取向是教育评价文化的核心，决定了评价文化的态势和发展方向，"以人为本"的教育评价取向成为主流，在此基础上学者们展开人的德行修养、全面发展等系列探讨，为新时代教育评价文化的培育奠定总基调。

在评价环境和氛围方面，徐朝晖等以发展性评价为研究对象，认为虽然当前社会注重彰显个体的平等和权利意识，但是等级观念仍然普遍存在，物化的世俗价值观在教育领域的渗透，成为制约发展性评价的社会环境因素。除此之外，过于强调教育选拔公平，也成为课程评价、综合素质评价推行的环境阻力。[⑤] 冯虹等聚焦第三方教育评

---

① 高涵、成思琪：《生态本位：新时代教育科研评价的价值取向》，《当代教育论坛》2022 年第 2 期。

② 林宝灯：《近十年我国高等教育评价研究现状与前沿演进——基于 Cite Space 知识图谱的可视化分析》，《西南民族大学学报》（人文社会科学版）2022 年第 5 期。

③ 金柏燕、蒋一之：《人学视野下教育评价改革的新取向》，《现代大学教育》2020 年第 2 期。

④ 杨志刚：《怎样建构科学的教育评价体系》，《中国教师报》2020 年 12 月 9 日第 14 版。

⑤ 徐朝晖、张洁：《学生发展性评价的困境追问》，《教育理论与实践》2015 年第 5 期。

价，提出需要重塑教育评价由官方主导的理念，通过法律法规、资格审查等手段规范第三方评价行为，并为第三方评估机构参与教育评价提供开放、公正的评估文化氛围。① 对此，毛杰也认为要努力营造有利于第三方评估发展的文化环境，渗透现代教育理念，增强社会对第三方评估的认同度，为教育实现“管办评”分离提供社会文化支持。② 徐承萍等从职业教育质量评价出发，提出要加强教育评价的内外部环境建设，变革职业教育管理体制单一化倾向，推动构建多元主体参与教育评价的格局，为形成以人为本的职业教育评价提供环境保障。③ 刘志军等提出要创设课堂教学评价育人环境，包含三个方面内涵：第一，良好的评价氛围是开展课堂教学评价的前提。第二，最大化发挥评价结果的利用价值，在检测学生知识与技能的掌握情况时，更加注重学生的主体性学习体验。第三，以运行环境、监督环境和治理环境作为保障。这种评价育人环境关注学生身心发展，为课堂教学提供民主和谐氛围，是一种生态良性的评价环境。④ 评价环境是新时代教育评价文化形成的环境保障，是人们在共同的价值取向、思维方式等影响下形成的群体文化氛围。通过对新时代以来的相关文献梳理可知，我国当前的教育评价环境还存在诸多问题，创设有利于第三方评估、多元主体评估的评价环境成为趋势，这种环境氛围关注人的价值和发展问题，倡导摒弃传统的单一管理体制，符合新时代的发

---

① 冯虹、刘国飞：《第三方教育评价及其实施策略》，《教育科学研究》2016 年第 3 期。

② 毛杰：《新制度经济学视角下的第三方教育评估制度环境研究》，《中国大学教学》2016 年第 7 期。

③ 徐承萍、赵蒙成：《职业教育质量评价的人文意蕴》，《河北师范大学学报》（教育科学版）2018 年第 6 期。

④ 刘志军、徐彬：《我国课堂教学评价研究 40 年：回顾与展望》，《课程·教材·教法》2018 年第 7 期。

展特征。

在评价思维方面，张志华等认为应摒弃固化的评价思维，大数据能够为挖掘获取自然状态下的教育数据信息提供支持，因而要树牢数据治理思维，加快大数据与教育评价融合的步伐，倒逼评价改革，实现全过程自动化评价。① 卢晓中提出要以系统性思维助推教育评价改革，如推动各学段形成教育评价有效衔接和一体化建设，“五育”评价的内恰性，学校、学生、教师等各主体评价的协同性，展现系统性教育评价的牵引作用。② 罗祖兵等认为当前知识本位思维固化现象严重，侧重评价统一性和学生知识的掌握情况，因而要转变评价思维方式，建构基于学科核心素养的评价思维。③ 刘志军等立足初中生综合素质评价，认为目前综合素质评价中的分析思维和综合思维并存，以分析思维占主导。综合性思维体现在对学生进行整体性评价，分析思维侧重自上而下划分出关键评价要素，要综合利用两种思维，发挥综合素质评价最大效用。④ 刘志军等在研究新时代背景下课程与教学评价时，认为其遵循育人和甄别的逻辑，前者体现出关系性、复杂性思维，后者则由实体思维和线性思维主导，两者是相互通约的，应运用辩证思维和整体思维看待教育评价育人和甄别逻辑的有机统一。⑤

---

① 张志华、王丽、季凯：《大数据赋能新时代教育评价转型：技术逻辑、现实困境与实现路径》，《电化教育研究》2022 年第 5 期。

② 卢晓中：《基于系统思维的高质量教育体系构建与教育评价改革——兼论拔尖创新人才培养的系统思维》，《国家教育行政学院学报》2021 年第 7 期。

③ 罗祖兵、郭超华：《学科核心素养评价的困境与出路》，《基础教育》2019 年第 5 期。

④ 刘志军、袁月：《初中学生综合素质评价的现实困境与破解之道》，《中国考试》2021 年第 12 期。

⑤ 刘志军、徐彬：《面向未来的课程与教学评价：困顿、机遇与走向》，《课程·教材·教法》2020 年第 1 期。

五 研究述评

评价文化作为教育领域中的一种亚文化，关乎我国教育和人才培养的质量，并以独特的运行机理影响教育评价改革。教育评价的核心要义在于价值取向，与文化的深层内涵不谋而合。因此，两者的有机结合在许多学者看来都是十分必要的，通过已有文献，得出下列结论。

评价文化是教育文化的子系统，两者是相互促进的关系。评价文化在我国的教育文化史中占据重要地位，二者不可分割。在现有研究中，还未有学者系统阐释教育文化与评价文化的关系。但是，通过文献可以看出一个国家的教育文化传统会深刻影响该国教育评价文化的形态，教育评价文化反过来又会更新或阻碍教育文化，两者联系十分紧密，形成相互依存、相互促进的关系。

关于教育评价文化的研究视角多样，内容涵盖许多方面，存在的问题较为突出。在研究视角方面，国外更倾向于探讨教育评价文化的微观层面，即在教育评价过程中要将评价者与被评价者的文化差异等背景因素考虑在内，以免造成不平等的文化等级结构。当然也有学者从中观视角出发，以组织文化为联结点，探讨某个教育组织中评价文化的运行机理和影响因素。国内更侧重从宏观角度探讨国家和社会层面的教育评价文化，发挥其在整个教育评价改革中的作用。在研究内容方面，涵盖教育的各个阶段、评价的各个方面，但缺乏对教育评价文化本身的深刻阐释和系统性研究，多以学术评价文化、课程评价文化为依托，个性明显，而共性不足。在研究问题方面，同样重在阐释评价文化的具体问题，忽视提炼出当前教育评价文化存在的普遍性问题。

培育教育评价文化的重要性已凝聚为国内外共识，我国在具体举措和文化主体两方面探讨较多。在重要性方面，许多学者都提出我国迫切需要从深层次开展教育评价改革，既从文化层面进行转变，又要深入挖掘我国传统教育评价文化中的积极因素。在举措方面，多着眼于微观，以具体的教育评价方法为抓手，如利用过程评价、档案袋评价、综合素质评价等手段开展教育评价，缺乏统筹全局意识。然而，无论立足哪个角度，培育发展性、人本性的教育评价文化已然成为必然趋势。在培育主体方面，强调政府、社会等多元主体共同参与，依托构建立体多元的现代教育评价体系，培育教育评价多元主体文化，为培育评价文化提供主体保障。

新时代教育评价文化更彰显时代特征，主要体现在评价取向、评价环境、评价思维等方面。在价值取向方面，呈现出许多具有时代特色的价值导向，如评价的生态观、发展观、人本观等，反映出新时代背景下教育评价文化应有的价值底色。在评价环境方面，多元、公平、民主等成为高频关键词，一个宽松和谐的评价环境为培育评价文化提供良好环境支持。在评价思维方面，数据治理思维、综合思维、复杂思维等推动思维变革，影响着新时代教育评价文化的发展方向。与新时代教育评价文化直接相关的研究内容较少，缺乏整体性和全面性，时代性渐趋明显，但是力度和深度不够，面对新时代的新问题、新特征、新挑战的研究成果较少，迫切需要进一步研究。

总体而言，与评价实践、评价制度相比，教育评价文化在我国受到的关注较少。此外，国内更关注培育某一具体领域内或不同教育阶段中的教育评价文化，对整个教育评价背景下的文化关注度不高，也鲜少有对我国教育评价文化的历史梳理。因此，本编将系统梳理我国的教育评价文化史，从中提炼出隐匿的教育评价文化发展轨迹，并在历史嬗变的基础上，审视我国当前教育评价文化的现实困境及成因，本书还将阐述新时代教育评价文化的应然品性和培育动因，并提出行之有效的培育路径。

第三节　研究内容和方法

一　研究内容

本编将营造和谐的教育评价文化氛围，提高教育质量为根本出发点，深入研究评价文化在教育评价改革中的作用。在这一思路的指引下，拟从以下五个方面进行论证。

第十一章，阐述选题缘由、概念界定和文献综述，是本编的“思想先导”。以教育评价文化为主要研究对象，必然要明晰教育评价文化的概念，并通过比较分析国内外的研究现状，为我国新时代教育评价文化的培育提供借鉴。本编从文化视角分析我国新时代的教育评价改革，是我国教育评价研究领域中的一个新视野。

第十二章，梳理我国教育评价文化的历史嬗变，从评价文化的历史发展脉络中寻求新时代教育评价文化的培育之道。文化发展是一个传承和创新的过程，要想培育新时代教育评价文化，必定要对其溯本求源，通过纵向剖析，深入了解我国教育评价文化的历史沿革，在批判反思中挖掘可以被借鉴吸收的当代价值。

第十三章，审视教育评价文化在我国遭遇到的现实困境及成因，力图找出培育新时代教育评价文化的阻碍。教育评价文化作为一种亚文化，势必要受到中国传统文化、政治、经济等各方面的影响，需要将教育评价文化的本真状态展现出来，重塑不利于教育评价发展的阻碍因素，助推其成为符合时代发展潮流的先进文化。

第十四章，阐释新时代教育评价文化的应然品性。新时代教育评价文化承载了社会公众的价值期待，只有明确新时代教育评价文化的应然品性，才能够目标鲜明地与现实加以对照，从而发现不足，为优化当前教育评价文化以及符合新时代要求指明方向。

第十五章，综合上述研究成果，构建新时代教育评价文化的培育动因及路径。本编的着力点就在于此，研究问题的根本目的在于使问题得到有效解决。培育动因是新时代教育评价文化的动力保障，剖析评价文化变革的必然性。在充分分析教育评价文化的基本内涵、历史嬗变、应然品性的基础上，提出行之有效的解决措施，为我国教育评价改革营造健康向上的文化氛围。

二 研究方法

本编主要采取文献法、历史研究法进行分析。

（一）文献法

文献搜集是学术研究的首要环节，任何一项科学研究都要在大量阅读文献的基础上，吸收借鉴前人经验，全面掌握研究领域的相关进展。本编利用文献法进行研究，以线上数字资源和线下纸质资源为媒介，以教育评价、文化、教育文化、评价文化等为关键词，搜索相关文献，将教育评价文化的概念进行书面呈现，同时从文献中探寻现行教育评价文化的现实困境，遇到的发展障碍，并提出新时代教育评价文化的培育路径。

（二）历史研究法

又被称为纵向研究法，即通过史料知晓某件事物的历史发展脉络，从源头对其现状和演变趋向进行研究。本编选取历史研究法，主要原因在于教育评价文化作为一个抽象概念，至今还未有学者系统整理其历史沿革。因此，只能通过梳理我国的教育评价历史，归纳出我国教育评价文化的历史嬗变，同时在总结分析历史经验的基础上，找出当前我国教育评价陷入的困境和机遇。

第四节 概念界定

一 文化

顾明远先生曾说："如果教育是一条大河，文化就是河水之源头，研究教育必须研究文化，否则就会只见河水的表面形态，而无法触碰其本质特征。"① 因此，教育评价作为教育活动的重要组成部分，同样离不开对文化的研究。由于文化内容的庞杂性和流变性，一直以来其概念界定在学界莫衷一是，歧异纷纭，尚未能形成统一的认识。截至目前，关于"文化"的概念界定多达160多种。英国社会学家泰勒在《原始文化》一书中，第一次从整体上对文化概念作出界定，他认为："所谓文化或文明乃是包括知识、信仰、艺术、道德、法律、习惯以及其他人类作为社会成员而获得的种种能力、习性在内的一种复合整体。"② 这种界定方式被学界普遍认可，并被沿用至今。

我国学术界目前对文化概念的界定，较为普遍地采用了广义和狭义层面的"两分法"。广义的"文化"即指人类社会实践过程中创造的物质和精神财富的总和。而狭义的"文化"指的是文化传统中较稳

① 顾明远：《中国教育的文化基础》，山西教育出版社2004年版，第1页。
② ［英］爱德华·泰勒：《原始文化》，连树声译，上海文艺出版社1992年版，第1页。

定的部分，是和政治、经济相对应的社会意识形态，以及制度和组织机构，包括语言、文学、艺术等意识形态在内的所有精神产品。如果对文化的结构作宏观剖析，主要包括内隐文化和外显文化两个方面。内隐文化主要指观念、价值观等精神要素，而外显文化则由物质文化、制度文化、行为文化等组成。从纵向结构看，根据斯宾塞·奥蒂的文化"洋葱模型"可将文化划分为三层，分别是核心层的价值观和对人性的假定（精神文化）、中间层的管理体制（制度文化）、最外层是人类行为的"礼仪与行为层"和人类非行为的"人工制品与产品层"（行为和物质文化）。它们分别对应文化"洋葱模型"的深层、中层和表层结构。①

上述对文化概念的阐释都是基于一种特定的视角，在不同的研究背景下，侧重点也不尽相同。本编主要以文化的深层结构为基础进行剖析，即文化的精神层面。因此，本书采用石钟英先生对文化概念的界定："文化在人类生存和发展的历史中形成，是人们通过各种活动表现和传承的价值观念、风俗习惯、知识系统等的整体，核心是价值观念。"②

二　教育评价文化

我国的教育评价改革研究中较少提及评价文化的概念，有学者认为教育评价文化是以评价为中心，历史凝结成的生活方式，既是处于教育领域内的人的生活方式，也是评价领域中内含的社会运行机理和

① 邓优、陈大超：《我国大学教学文化的价值冲突与转型路向》，《教育理论与实践》2021 年第 8 期。

② 转引自罗晨晨《课程评价改革遭遇阻抗的文化检视》，硕士学位论文，湖南师范大学，2013 年，第 5 页。

图式。[①] 也有学者提出评价文化是涉及评价的文化现象总称，如评价理念、思想意识、价值观、群体文化氛围等。[②] 张继平从生态性评估文化的角度出发，将其界定为促成评估主客体的思想、行为、动机、价值观等和谐统一的氛围和环境，参评高校能够以平常和原始的心态对待评估，以追求客观的评估结果。[③] 荀振芳认为评价文化在意识形态、社会文化的影响下，以显性或隐性的形式对一个地区或学校的评价工作产生深刻影响。[④] 以文化概念为基础，本编将教育评价文化界定为："在人类长期生存和发展的历史中，教育评价领域内所展现和传承的带有稳定性、并被集体共同认知的文化心理，以及影响教育评价的环境和氛围，核心是价值取向。"[⑤]

三 文化培育

培育（cultivate）主要有三层含义，即发展某种感情、养育动植物和培养教育。[⑥] "文化"一词的起源是拉丁文 cultura，相对应的英文是 culture，原义指耕种及对农作物的培育。德文中的文化是 kultur，更加具有民族主义色彩，集中表现在精神生活和宗教方面的成就。而在法文中，文化同样是 culture，但是它不单只有栽培、种植的意思，还扩

① 王中男：《考试文化研究》，博士学位论文，华东师范大学，2012 年，第 133 页。

② 秦平：《我国大学教学评价的价值错位及反思》，《黑龙江高教研究》2008 年第 4 期。

③ 张继平：《"双一流" 建设语境中的学科评估中国化：成效、问题与进路》，《高校教育管理》2019 年第 5 期。

④ 荀振芳：《大学教学评价的价值反思》，博士学位论文，华中科技大学，2005 年，第 141 页。

⑤ 余小波、陈怡然、张欢欢：《新时代教育评价文化建设：意蕴、困境及完善路径》，《大学教育科学》2022 年第 6 期。

⑥ 中国社会科学院语言研究所词典编辑室编：《现代汉语词典》（第 5 版），商务印书馆 2005 年版，第 1028 页。

展到人类发展领域，延伸为对心灵的培育。从文化的词源上看，文化与培育二词存在概念交叉。虽然学术界并未对“文化培育”做出明确的概念界定，但本编的研究点聚焦于新时代教育评价文化的培育，结合对教育评价文化的界定，可将文化培育界定为“在内在锻造和外在干预下，有意识地提升人们的评价意识、评价思维等，塑造和谐的评价文化环境，使得人们在精神和情感倾向上形成一套关于教育评价的共享价值观，并且与评价行为相统一的全过程”。

第十二章

我国教育评价文化的历史嬗变

我国现代意义上的教育评价是“后发外生型”已成为公认的事实，但这并不意味着中国的历史发展中从未出现过内含教育评价思想的文化传统。纵观我国的教育发展史，不难发现，无意识的教育评价思想和实践活动古已有之，并经由漫长的岁月沉淀，汇聚为独特的教育评价文化。本章立足历史视角，系统梳理我国教育评价文化的发展脉络，为教育评价文化寻根探源，以窥教育评价的文化品格，了解教育评价文化在不同历史时期中的改变和影响，对于新时代背景下弘扬教育评价的文化内涵和传统底蕴具有十分重要的意义。

第一节 “教评合一”的萌芽阶段

我国的教育评价文化发端于学校的产生。《学记》中就有先秦时期官学体系中对学生考评的记载，也是世界上最早对学生管理的考核和规定有专门论述的著作。春秋战国时期，随着私学教育的兴起，教学形式往往以师徒游学方式展开，教育评价也就出现于师生原始的教学互动中，即教师在教学或日常生活中渗透出主观性的评价理念。这种理念往往着眼于个体，并多就事论事，大致以儒、墨、道、法四派为代表。

一　儒家："以德为先"的价值偏好

孔子是儒家学派的集大成者，终其一生致力于创办私学，学生规模庞大，开创了博大精深的儒家教育思想体系，其中不乏丰富的教育评价思想。"因材施教"是孔子提出的著名的教学原则，"施教"的前提便是对学生评价，根据其个性不同有针对地教学，正如孔子所讲"不可以不知人"。素有"万世师表"之称的孔子，深谙每位学生都各有专长，他认为人的性格有"狂者、中行、狷者"三类，人的智力发展水平有"上智、中人、下愚"之别，人生规划有"从政、从教、退隐"等方向，因此，不可对学生择一而教，设立单一的评价标准。比如在《论语·先进》篇中孔子就曾从德行、言语、政事、文学四个方面对学生进行评价，他指出："德行：颜渊、闵子骞、冉伯牛、仲弓；言语：宰我、子贡；政事：冉有、季路；文学：子游、子夏。"① 正是这种富有个性化的教育评价理念，才有后人喟叹的"弟子盖三千焉，身通六艺者七十有二"的学生贤才队伍。

孔子在重视人才个性化发展的同时，倡导"以德为先"，认为德行是评判人才的基本准则。"予以四教，文，行，忠，信"② 是孔子对自身所教内容的阐释，"文"指历代文献等文化知识，后三项内容分别是德行、忠诚和守信，均与道德相关，可以看出孔子在日常教学过程中

① 刘铁芳：《进退之间：从〈论语〉看因材施教的意涵与路径》，《贵州社会科学》2022年第6期。

② 杨伯峻：《论语译注》，中华书局2006年版，第83页。

注重学生的人格品质和道德修养。孔子认为对学生的德行评价，应该先于知识技能评价，因而当有人质疑冉雍虽有德行却不善辩，他却以人应该先具备仁德之心，不逞口舌之能进行驳斥。除此之外，在孔子的教育实践中，还暗含了以人为本的评价理念。根据《中国教育通史》，孔子以六艺为主要科目（礼、乐、射、御、书、数），六经为主要教材（《诗》《书》《礼》《易》《乐》《春秋》），[①] 教学内容涉及文化、道德、艺术、体育等多方面内容，符合以人为本的全面和谐发展观。孔子评价人才时运用综合性思维，他所推崇的贤才既要有学识涵养，又要具备全面发展的技能，他还对评价贤能之士提出“尊五美、拥九思、持三戒、怀三患、知五耻”的量化要求。[②] 孔子的教育评价思想贯穿在整个教育活动中，将评价融入教学全过程，为后世积累了丰富的评价素材。

孟子和荀子继续发扬儒家学说，并将评价理念融入其教育思想之中。“以德为先”依旧是评价人才的基本价值取向。譬如，孟子在性善论的基础上提出要设立学校，才能达到“皆所以明人伦也”[③]，即通过教育，使人知伦理、强化自身道德修养，以实现培养人的善端和发展善性的目的。荀子虽崇尚性恶论，但也力推在礼法之下化民成俗，使人具备高尚的道德操守，并称之为“圣人”或“大儒”。此外，孟子还认为万物皆可测量，人心同样可测，是我国较早运用量化思维提出测量道德品行的人。而荀子的评价理念除了讲“智”、重“德”，更要求“全”。他认为：“天见其明，地见其光，君子贵其全也。”[④] 与孔子

---

① 毛礼锐、沈灌群主编：《中国教育通史》，山东教育出版社 1985 年版，第 226 页。

② 冷淑敏：《孔子推崇什么样的人才》，《人民论坛》2017 年第 23 期。

③ 任丑：《孟子的人性实践论》，《中州学刊》2023 年第 6 期。

④ 杨国荣：《儒家的人格学说》，《华东师范大学学报》（哲学社会科学版）1998 年第 1 期。

的以人为本评价理念相契合，荀子崇尚的理想人格，要在道德品行的基点上，实现个性释放和多样性发展，即君子的全面发展原则，也与现行的综合素质评价理念不谋而合。

二　墨家："能力导向"的思维转换

墨家是春秋时期与儒家同为显学的门派，创始人为墨子，弟子众多，其教育思想也极具特色。在人才观上，墨子提出贤才需具备三条标准，分别是"厚乎德行、辩乎言谈、博乎道术"①。首先，德行修养依旧是评判贤才的基本准则，墨子还将其提升到新的高度。他将"义"作为最高的道德标准，在道义与利益冲突时，能够做到"背禄向义"，仁人君子应该有强烈的社会正义感，存"兼爱"之心。此外，如果说儒家的道德评判重动机，着眼于个体的自我道德完善，那么墨家则更讲求功效，重视道德行为的实践效果，以行为本，只有造福全社会的人，才可称为"兼士"。其次，"善辩"也是人才必不可少的条件之一。囿于春秋战国的时代背景，"善辩"背后体现出贤者的认识论基础和逻辑思维能力，也唯有掌握高超的言语技巧和灵活的交际才能，贤才的治世韬略才能被诸侯青睐，实现政治理想。最后，知识与能力是人才的养身之技。墨子在要求弟子学识广博、通晓治国之道的同时，还要具备处理实际工作的技术和能力，在知识储备基础上对学生的能力素质提出更高要求。由此，我们可知墨子的思想中渗透出重视实用型人才的评价理念，凸显能力导向。

三　道家："标准无涉"的自然取向

道家的创始人老子重视人在教育中的主体性价值，主张"行不言

---

① 孙诒让：《墨子闲诂》，中华书局2001年版，第44页。

之教”。尽管在老子的人才评价思想中也显露出对“德”的关注，但与儒家在道德人文主义指引下建立“父子君臣”的等级社会，重视个体生命的道德价值不同，老子的“德”则以自然人文主义为基调，包括诸如自由的生存发展方式、质朴沉稳的品质、人的创造性等层面的丰富内涵。[①] 概言之，老子鄙弃固定标准对人才的桎梏，要挖掘人的主体性，追求个体存在的价值和意义，反对外力对人的发展带来的控制和干预。老子思想的核心为“道”，并将其作为整个社会应遵循的价值观。而在教育过程中，受到欲望和物质主义的冲击，人的价值观容易产生异化。因此，老子将教育的本质看作一种精神历程，是肉体生命中蕴含的精神性超越。[②] 既然教育本质是出于个体自我实现的需要，那就要把人从社会普遍认知的评价境域中解放，实现人的自然发展，不断追寻更高的境界。

庄子是继老子之后道家的代表人物，同样倡导“教育为自然立法”。庄子认为很难以一个绝对标准衡量形形色色的天下万物，反观人类亦是如此。他同样对儒家为名利治学，以道德教化扭曲人之本性，将人限定在“恭宽信敏惠”的教育框架中加以批判。如果说儒家是在对学生的个性化评价后加以施教，塑造的是“补偏救弊”下统一的中道人格，道家则是在保持个体差异性下“以不救救人”的自由人格。[③] 庄子将“真人”视为理想人格，“独与天地精神往来”[④] 是“真人”的

---

① 张学强、张军历：《重塑教育的人文价值：老子哲学思想的启示》，《西北师大学报》（社会科学版）2018 年第 2 期。

② 陈明、吕锡琛：《老子是否存在教育思想》，《大学教育科学》2013 年第 2 期。

③ 于述胜：《道家教育智慧的现代启示》，《陕西师范大学学报》（哲学社会科学版）2004 年第 1 期。

④ 朗宁、国靖：《真人、缘督与逍遥：庄子的生命哲学指向》，《延安大学学报》（社会科学版）2023 年第 3 期。

内在本质特征，不被物质和名利所累，顺应自然天性，在精神世界里自由徜徉。由此可见，庄子追求自由和个性化的教育理念，从根本上反对任何标准和价值判断对人类自然本性的牵绊。与持社会本位教育价值观的儒家不同，庄子的教育思想重视自我价值的实现，将教育视为服务个人自身发展的需要，彰显的是一种个人本位的教育价值观，也是道家在人才培养目标上的集中展现。

四　法家："耿介之士"的功利取向

法家的教育思想以法制性、实效性为特征，带有明显的世俗精神。首先，法家在选才标准上带有明显的功利倾向。法家的教育主张是为新兴地主阶级的利益服务，将教育视为促进社会实践发展的工具。因此，法家认为所谓人才就是"显耕战之士"，应该培养此类人才实现国家富强。其次，"以法为先"贯穿于法家教育思想的始终。在教育内容上，实行法治教育，即封建国家颁布的政策法令；在教师的选用上，要求"以吏为师"，教师应由封建国家的官吏担任。由此，可以窥探法家教育评价的根本价值取向在"法"，培养的是适应封建制下为君主效力的能法之士或智术之士。最后，法家倡导培养政治实用性的"耿介之士"。法家的集大成者韩非子曾将儒家学者视为"五蠹"，并提出"人主不除此五蠹之民，不养耿介之士"[①]，那么国家就会面临陷入破败沦亡、地消名除的境地。之所以如此，在于韩非子认为儒家所授是贫国弱病之教，否定儒家对"仁"的极高崇拜，过重强调品德和伦理关系，不利于实现富国强兵。因此，要大力推行法治教育。尽管法家学说以法治政治为出发点，但"以法为教"的理念适应封建社会发展，

① 王先慎：《韩非子集解》，中华书局 1998 年版，第 456 页。

为教育评价文化发展埋下了伏笔。

第二节 “寓评于举”的形塑阶段

教育评价与中国古代选举制度密切相关。严格来说，选举是古代中国选拔任用官员的政治制度，但是选举制与古代的人才培养不谋而合，“学而优则仕”被社会普遍认可，学习的终极目的就是入仕为官。因此，选士制度被视为古代教育的“指挥棒”，起到宏观调控的作用。既然选举制度具有教育评价性质，那就有相应的评价和判断人才的标准，可借此探寻背后折射出的价值取向和思维方式，以及整个社会的文化场域。秦代主要采纳法家建议，以军功等功绩授予官职，直至汉代，才有严密的选举制度，并与教育评价文化的发展历程结下不解之缘。

一 察举制——“德高才薄”

汉代首创察举制，形成了一套重在凸显道德理想主义色彩的选举制度。何谓察举？简单地讲，就是地方官员向朝廷举荐符合封建伦理规范的人才，是一套自下而上的选拔制度，在程序上要经由乡里清议，又被称为乡举里选。察举制的出台，是由于汉初承袭秦制通过军功、“任子制”“赀选制”等方式选拔人才，已不适应渐趋安定的社会对人才的需要。公元前 196 年，汉高祖刘邦颁布《高帝纪》诏书，命令各地举荐有“明德者”称谓的贤士大夫共治天下。由此拉开察举制的序幕，并于汉武帝时期正式形成，历经两汉，逐渐形成较为固定的四科，即贤良方正、孝廉、茂才、异科。其中，贤良、孝廉、茂才三科侧重选拔品德高尚的社会管理人才，异科则旨在罗致通晓民政、兵法、治水等方面的专才。但无论如何，“举才重德”是汉代人才选拔的主旋律，据《后汉书·百官志》载，“德行高妙，志节清白”① 被视为四科取士的首要标准。

察举制将教育评价的“指挥棒”指向人的德行，尤为注重孝与廉，体现汉朝统治者对士人品行修养的重视。由于察举制不试笔墨，入仕要通过乡议士断，整个社会盛行以节义相标榜的风气，营造了重视人才品德评价的社会氛围。然而，察举制构建的是一种道德理想主义，并在之后宋代理学家所推崇的道德理性主义中得到赓续和提升，不同程度地泛滥于随后的各个王朝。② 过于重视德行的价值取向，容易使人忽视对高深学问的追求，不乏被荐举者空有品德而才智平平，出现“举秀才，不知书”的重德轻才现象。此外，汉初社会风清气正，察举制尚可按照设想推行，随着朝代替迭，腐败之风日渐盛行，而荐举主要依靠人为主观评价，导致仕人追求虚伪浮薄的外在道德表现，甚至于出现送礼行贿、伪饰德操等行为。在这种文化场域中，学风日趋败坏，学校教育质量呈现下降趋势，察举制也就在德高才薄的教育评价文化中走向衰落。

二　九品中正制——“唯论薄伐”

（一）背景

曹操颁布“唯才是举令”，人才评价出现由品德向才能的理念转换。东汉末年，察举制对德行无限高扬，社会道德标准被不断拔高，

---

① 范晔：《后汉书》第1册，中华书局1965年版，第176页。

② 赖井洋、王泽应：《宋代道德理想主义的构建与历史影响》，《中南大学学报》（社会科学版）2014年第6期。

而德行又难辨真伪，带来虚伪矫饰、名实不符的社会流弊。基于此，在政治需要的刺激下，在短短八年中，曹操下达三道求贤令，公开征召“德行有瑕疵但善治国用兵者”。然而，曹操的唯才是举论有些许偏激，他甚至以不孝、不仁、无节的吴起为例，指出一个人只要有才，即使不仁不孝也可以被举荐并加以重用。曹操的言论显然与长期积淀的儒家文化传统相抵牾，势必会遭到重德派的反对，德或才的偏重问题莫衷一是，始终未能在集团内部实现统一。因此，在东汉选拔人才倾向德行与建安时代重视才能和政治实践的用人观不断交锋、互相颉颃的背景下，九品中正制应运而生，德充才盛的用人观念走向并存乃至融合。① 一方面，对东汉末年虚假的道德标准进行修正，汲取法家观点，将重心转向对违德行为的惩戒。另一方面，人才选拔标准在一定程度上被客观化，将才能的地位提高，成为不可或缺的评价依据。

魏晋南北朝时期，氏族家学全面繁盛。作为一种文官选拔制度，九品中正制与当时的教育状况密切相关。魏晋时期，社会环境动荡不安，战乱流离，士人流移，官学和开馆授徒的私学呈现衰落趋势，晋末官学甚至时设时废。而官学中的太学和私学是平民接受教育的重要渠道，阻塞了平民学子的求学之路，平民人才匮乏自在情理之中。此外，世家大族的各种家学全面繁盛，陈寅恪对此指出：“盖自汉代学校制度废弛……学术中心移于家族。”② 与两汉时的学校不分等级地位，对平民和官僚子弟一视同仁有所不同，九品中正制将人才的门第和家族名望明确列为入仕的重要依据，后期更沦为门阀制的工具，“名”成为评价人才的基本价值取向。

---

① 郝虹：《德与才的较量：从“唯才是举令”到九品中正制》，《孔子研究》2015 年第 1 期。

② 陈寅恪：《隋唐制度渊源略论稿》，中华书局 1963 年版，第 7 页。

（二）内容

九品中正制形成于曹魏时期，两晋时走向成熟，南北朝日渐衰落，并于隋朝正式废除。延康元年，魏文帝曹丕采取吏部尚书陈群“行九品中正制”的建议，实现对高才异质者的选拔录用。据载，“州郡皆置中正，以定其选，择州郡之贤有识鉴者为之，第其高下”①。九品中正制以“德、才、家世”为考核标准，中正将由乡举里选所得人才划分为上、中、下三等，其中每等又分三等，共九个品级，并对每一品级施以评语，谓之“状”。九品中正制以逐级考核的方法，对被荐举者按照一定名目、标准进行评级打分，在一定程度上是对汉代察举制的延伸和细化。此选拔制度创立伊始的逻辑起点在于察贤任能，以士人的才能高低为选用准绳，却在之后的政治践履中被扭曲，成为世家大族巩固门阀制度的工具。西晋后期，“薄伐”即家族名望成为评价人才的主要标准，整个社会的教育评价取向可概括为“唯重家世，不论德才”，寒门庶族子弟的晋身之阶被门第阻碍，造成“上品无寒门，下品无士族”的社会局面。九品中正制在我国持续长达 400 多年，为我们提供研究魏晋时期教育评价文化的不同视野，之后随着门阀制度的衰落逐渐淡出历史舞台。

（三）科举制——“以文取士”

科举考试自隋朝兴起（606 年）至晚清（1905 年）诏废，共历 1300 多年，有“中国第五大发明”的盛称。科举制本身与教育制度无关，但由于其将读书和做官联系起来，使得隋至清朝的教育都围绕科

① 黄明光：《明代科举制度研究》，博士学位论文，浙江大学，2005 年，第 103 页。

举展开，教育沦为科举的附庸。虽然科举制与察举制、九品中正制一样，都是选拔人才的工具，但由于科举文化在我国已有千余年的传承历程，其精髓不仅被现代西方文官选拔制度吸纳，更是我国现行考试评价文化的源头，与前两者相比，在教育评价文化史上有着更重要的地位。

1. 科举是教育发展的“指挥棒”

在科举时代，中举及第率成为学校办学目标，两者成为一种轻重消长的关系。隋朝虽创立科举，重建中央官学以振兴教育，但国祚短促，科举制还未及完备，就遭遇朝代更迭，直至唐朝，正式确立了学校教育和科举考试的基本形式。

唐代科举考生来源广泛，一是隶属国子监“六学”和“三馆”等中央官学，以及各地方学馆的学生，通过学校考试且取得优异成绩者，即可参加科举考试，成为“生徒”。二是来自民间的私学或自学人士，赶考者称为“乡贡”。唐太宗时，学校教育与科举并重，二者都得到长足发展。但武则天临政后，施行“重科举，轻学校”的政策，参加科举可不经学校，以致天宝年间养成“以京兆同华为荣，而不入学”①的社会风气。因此，唐玄宗励精图治，敕令“罢乡贡”，建立完备的学校教育体系，目的是要扭转“重乡贡，轻生徒”的局势。然而由于安史之乱爆发，国家再次陷入动乱，学校教育的衰退之势已难以逆转。到了宋代，统治者为汲取唐朝重科举、轻学校的偏向带来官学萧条沉寂的教训，开展了三次大规模的兴学运动。三次改制的共同关注点都是学校教育与科举考试的结合，在一定程度上重振了学校教育，也为

① 郑若玲、宋莉莉、徐恩煊：《再论高考的教育功能——侧重“高考指挥棒”的分析》，《全球教育展望》2018 年第 2 期。

教育融入科举系统埋下伏笔。

明清时期，学校已完全沦为科举附庸。学校教学内容与科举应试内容无异，八股文成为教学的固定程式，以培养政治人才的取士标准作为学校的人才培养标准，州府县学的入学考试也被纳入科举考试系统，科举与学校教育融为一体，难分彼此。学术独立的书院，也难逃科举的功利诱惑，不仅有科举生员的名额分配，还开设有“洞学科举”的名目。自唐至清，科举考试与学校教育犹如两根缠绕千年之久的藤蔓，以科举在这场轻重变易的角逐中胜出，并最终凌驾于学校教育之上为结局，[①] 科举主导教育的方向，甚至成为社会重心。

2. “以文取士”的评价取向

科举实质上是一种文官选拔制度，重点考察士人的文学才能，以文采的优劣进行取士。隋炀帝时期，通过设立进士科，主考诗赋和策问，开创我国科举制的先河。唐继隋制，同样采取“诗赋取士”，使得唐代诗文盛极一时，涌现出许多世人称道的大诗人。除此之外，唐代科举还有秀才、明经、明法、明算等六科，明经、进士两科最为士人青睐。明经侧重考察对儒学经典的记诵之功，考试方法以贴经、问义、策问三种为主。进士科则设贴经、策问、杂文三场考试，后来又将以诗、赋为主要考核内容的杂文提至首场，诗赋文辞地位一并得到提升，以致唐代形成“五尺童子耻不言文墨”的社会风气和价值取向。

宋代，王安石改革唐代科举制“重诗赋取士”的风气，废明经科存进士科，以经义取士，实行二合一的模式。科举考试被限制在一经和兼经之中，使得士人对儒家经典的关注度与日俱增，成为读书人的

---

① 郑若玲：《科举启示录——考试与教育的关系》，《清华大学教育研究》1999 年第 2 期。

必读书目。在科举制的影响下，对士人的评价标准向“经学人才”转变，带来文人知识面严重窄化的危机。明清时期，八股取士成为社会潮流，在“科举必由学校”的政策驱动下，学校和书院的教学内容不得不“唯八股是瞻”。明清各级各类学校都以传授八股文为主，从启蒙教育起学生就要为学写八股文做准备。“以文取士”的评价取向使得人文学科过于强盛，自然科学方面的技术型人才受到压制，甚至于后期八股文风盛行，成为牵制读书人的思想藩篱，沦为一种畸形的人才评价观，最终在历史浪潮的裹挟中被淘汰。

3. “学而优则仕”的评价文化氛围

儒家积极的入世观为“以试入仕”并获取功名利禄的行为奠定伦理道义的合理性基础。孔子最早提出“学而优则仕”，将读书与做官联系起来，并更加直白地指出“学也，禄在其中”。由此可知孔子并不反对读书人追逐功名利禄，甚至有隐隐支持之意。随着科举制度打破了上层阶级对官门的垄断，底层人士凭此可以获取社会资本、实现阶层流动，尤其考中举人或进士，即可实现田舍郎步入天子堂的梦想，从此跻身统治阶级行列，光耀门楣的同时获取巨大的经济利益。进士及第后即可免除徭役，还可享受跨马游街、曲江游宴的优待，及第者被给予极大的社会声望。因此，“学而优则仕”早已被固化在民族深层的心理结构中，读书的终极目的即为入朝为官，社会公众将做官视为读书人成功的重要标准。由于报考不受门第限制，并且实行自由报考，百姓对科举的热衷程度难以言状，为科举制度赓续千年奠定广泛的社会基础。科举社会自形成以来，以入仕为指向的评价文化氛围便难以消除，宋人汪洙的“万般皆下品，唯有读书高。满朝朱紫贵，尽是读书人”形象描绘了“读书、应试、入仕”是古代读书人向上层浮动几乎唯一的途径，并一直延续到“期取科第以荣其亲”的明清时期。[1] 在长期积淀中，我国社会被刻上功利主义评价取向的烙印，在民族潜意识中以读书做官为荣，这种价值观念是由社会群体文化氛围共同浸润的结果，并影响至今。

第三节　“凸显量化”的成形阶段

纵使科举考试开创我国标准化测验的先河，在一定程度上为教育评价的客观化、标准化奠定历史文化基础。但是由于科举考试始终处于封建制度的庇佑下，缺乏心理测量学的基础和现代教育评价理论的指导，教育评价的定量化还未充分体现，也不是真正意义上的现代教育评价。科举制废除后，在内、外力量共同作用下，西方科学实证主义思潮逐渐传入我国，吹来一股量化之风，为我国的教育评价文化注入新的活力，现代意义上的教育评价文化走向成形阶段。

一　量化思潮的兴起背景

在西方教育测量试验运动的影响下，20 世纪 20 年代我国进入教育测量实践探索的高潮，教育评价走上定量化道路。1917 年，北京大学校长蔡元培率先指导成立我国第一个心理学实验室。次年，在北京清华学校任教的美籍教师瓦尔科特应用修订后的比奈智力量表对该校部分学生进行测量。1918 年，时任南京高师附小校长的俞子夷编制了毛笔字书法量表，为解决小学生国文毛笔字分数评判中主观随意性较大

---

① 王中男：《学习评价价值观为何会“以分为本”——基于“社会・个体”维度的双重审视》，《教育理论与实践》2019 年第 11 期。

的问题提供借鉴。1920 年，廖世承、陈鹤琴开设测验课程，并把心理测量表直接运用于南京高师当年的招生考试中；翌年，二人合著的国内第一部教育测量专著《智力测验法》出版，在当时的学界影响较大。随着中华教育改进社的成立，教育测量的研究工作持续推进，并专门聘请美国哥伦比亚大学的教育测量专家麦克尔来华指导，推广先进的测量编制方法。除此之外，我国学者还注重教育测量的理论研究，在编译、引进国外成果的同时，结合国情进行大量的修订和自创研究，成果颇丰。

然而，红极一时的教育测量运动在后期的发展中出现偏差。从根本上讲，教育测量只是对各种教育客体的特征描述，其独特性在于以数字为表征、对教育客体属性量的描述，不包括对研究对象的价值或特征评判，因而只是教育评价获取信息的一种方法。[①] 由于对教育测量的作用过分夸大，导致研究者将教育测量完全等同于教育评价，并认为任何教育对象都可以被完全量化，引起社会公众反感，1928—1930 年的教育测量研究一度陷入停摆状态。为改变这种混乱、低迷的局势，艾伟、陈鹤琴等学者于 1931 年组织成立“中国测验学会”专注测验理论研究，也是国内第一个教育测量和评价领域的学术研究组织。至此，新一轮教育测量研究虽进展缓慢但又重新起步，其间也取得许多成就，但随着抗日战争爆发被迫中断。在此期间，美国教育学家泰勒自 1932—1940 年开展教育评价历史中著名的“八年研究”，教育评价的概念被正式提出，教育评价成为一门独立学科，但此时的研究成果却未能引进我国，我国的教育评价发展也几乎陷入停滞状态。长达二十年的教育测量运动奠定了我国教育评价过程中的量化思维模式，是教

① 杨向东：《教育测量在教育评价中的角色》，《全球教育展望》2007 年第 11 期。

育评价科学化的必经道路，在纵深发展过程中，“凸显量化”的教育评价文化逐渐形成。

二　量化评价跻身主流地位

新中国成立后，苏联的社会主义教育大行其道，在我国的教育实践中被全盘照搬，教育研究的独立性丧失。这个时期中国的教育评价以苏联成绩考评法中的五级分制为核心，后期随着中苏关系的彻底破裂，教育评价再次中断陷入无所适从的困境。由于政治斗争，其间又经历了“文化大革命”，直至 1977 年恢复高考我国的教育评价研究才又重新步入正轨，在后发刺激下快速发展，形成学生评价、教师评价、学科评估、大学评价等多样化评价生态体系。

自高考恢复以来，量化指标便已成为挥之不去的符号印记。高考是基础教育阶段的评价“指挥棒”，总体遵循“分数优先，择优录取”的招生原则，本质上体现的是知识本位和能力导向，以分数高低评价学生的学习能力和智力发展水平，在学生数量激增和教育体量不断膨胀的特殊时期发挥了甄别和选拔功能，高效率地为我国社会主义事业建设输送人才。作为一种选拔性考试，高考采取单一的分数指标衡量学生，这把百分制的“量才尺”具有刚性、可比、公平、客观的特点，在社会诚信机制尚不完备的情况下，有效抵制了特权腐败对高校招生的干预，构筑起社会普遍认可的公平底线，最大限度满足了社会的公平诉求和国家选才需求。除此之外，考试分数也成为评价教师的教学质量以及学校综合实力的重要参考指标。就我国目前的教育评价文化而言，分数在整个教育系统中处于基础性地位，并生长在以知识水平鉴定和纸笔测验为主的考试土壤中，与绵延两千年之久的科举考试文化相契合，汇聚成一股强大的以数字符号标榜人才的应试性教育评价文化。

在高等教育领域，随着绩效管理意识的渗透，效率和产出被突出强调，从而精确化、可计量的量化评价普遍被当前高校内外部教育评价体系采纳，中国的高等教育在“体”和“量”上都有所扩张。[①] 在高校的外部评价中，无论是政府主导的学科评估、本科教学工作水平评估，还是由第三方评估机构发布的大学排行榜，都基于精细的可测量指标体系对高校进行条块分割，在无形中左右着高校的发展方向，并成为政府和社会对高校问责的依据。在高校的内部评价中，科研绩效主义成为主流，“论文”发表数量、刊物级别等学术指标成为评价教师甚至高校管理人员的指标，与注重科研产出的外部评价产生联动，共同构筑起研究成果量化、科学主义高效的学术生态圈。正是在学术论文的指向下，我国科研经济投入比例显著提高。据统计，1995—2015 年我国高校科研经费增长了 913.5 亿元，高校教师增长 114.7 万人，年在读博士研究生增长 27.9 万人，在经费和政策的双重支持下，我国在以科研评价为主导的世界大学排行榜中排名靠前，俨然成为世界范围内的论文产出大国，[②] 以量化为主要特征的教育评价文化已然走向成型阶段。

第四节 “多元参与”的发展阶段

教育评价是教育系统的重要组成，而教育测量只是教育评价的手段。虽然我国有关教育评价的思想和实践活动历史悠久，但是现代意

---

① 高江勇：《大学教育评价中的过度量化：表现、困境及治理》，《中国高教研究》2019 年第 10 期。

② 张淑林等：《大学排名视角下的我国“世界一流大学”建设现状、差距与路径》，《清华大学教育研究》2018 年第 1 期。

义上的教育评价在我国起步较晚，致使我国在引进西方的评价模式中奉行拿来主义，过于重视教育测量等科学方法的引入，形成“凸显量化”的教育评价文化，乃至现在都还受到这种评价文化的影响。随着后现代主义思潮在我国的兴起，教育评价中的人本理念受到重视，教育评价文化正在迈向“多元参与”的发展阶段。

一　后现代主义思潮的兴起

后现代主义在20世纪80年代引入中国，是以现代主义对科学至上、效率、绝对理性等无限推崇的对立面出现，其所展现的观点和思维角度极大地冲击了以理性和形而上学为代表的传统思维模式，教育、哲学、文化、艺术等领域都深受影响。具体来讲，后现代主义重视反思和批判性，尤其警惕科学技术在人类生活中的潜在危险，防止人类过度依赖理性和自然科学的力量。此外，后现代主义提倡以多元化的视角理解世界，克服单一理念对思想的束缚，重视对话和利益协商，尤其强调一个社会中存在着多种合理性的价值系统，不能以唯一的价值体系遮盖社会的丰富性。因此，我国的教育评价越来越追求多元化发展路径，从政策角度指引教育评价的发展方向，如《中共中央关于全面深化改革若干重大问题的决定》中的第42条就提出“推行综合评价多元录取机制，多元主体参与的运行机制”①。文化与制度是息息相关的，教育评价政策渗透出的新理念和价值取向是评价文化形成的基础，在一定程度上预示着文化的转变趋势。

① 《中共中央关于全面深化改革若干重大问题的决定》，http：//www.gov.cn/jrzg/2013-11/15/content_2528179.html，2013年11月12日。

二　面临多元价值主体的挑战

教育评价观在后现代主义思潮的影响下反复更新，在不断地碰撞融合下，逐渐形成多元化的教育评价观。以往现代主义背景下的教育评价秉持科学管理、效率当先的理念，强调以量化为主的结果评价，关注教育目标的达成度，这种思想观念下的教育评价被束缚在封闭、单一的文化体系中，一切因素都在寻求可量化的表达逻辑。后现代主义为教育评价的发展带来多元化理念，以一种更为合理、包容、民主的方式，促进教育评价文化的和谐发展。两者呈现高度契合，一方面，因为教育本身存在多样性，学校、教育者、受教育者等重要的教育元素在不同的历史背景、社会环境、地域文化中风格迥异，难以用单一的视角对待；另一方面，教育利益主体呈现多样化趋势，强势利益主体主导的单一价值观难以保障社会各阶层的价值诉求，当前评价文化面临教育多元价值主体的挑战。

在多元的价值观念下，评价主体、内容、标准都将呈现出多元化的发展特征，形成适用不同文化群体的评价文化。正如我国积极倡导评价主体与客体要从对立转向动态交互关系，采用差异化的评价标准尊重个体发展，评价过程要变革以政府为主导的单向封闭格局，在不同文化主体的视域融合中走向对话开放。① 值得注意的是，文化的变革是一个缓慢的过程，教育评价文化的多元主体态势目前尚处于发展阶段，还未形成稳定的评价文化格局。例如，我国的第三方评估机构虽然发展迅猛，但是从属于政府的行政力量，目前仍属于半官方的事业单位性质。纯粹社会性质的评估中介机构在发展过程中陷入公

---

① 伍远岳、程佳丽：《文化理解视角下的教育评价》，《中国考试》2022 年第 2 期。

信力不足、缺乏公平竞争环境、得不到法律保护等困境中。毋庸置疑，第三方评估机构是社会力量参与教育评价和监督学校办学质量的重要主体，对保障社会公众的利益有重要作用。因此，如何发挥第三方评估机构的主体地位，协调多元主体共同参与教育评价，是新时代教育评价文化必须回答的问题，也是评价文化格局稳步推进的必经之路。

第十三章

教育评价文化的困境及成因

第一节　教育评价文化的困境

《总体方案》的正式颁布，直接披露新时代背景下教育评价面临的“五唯”痼疾，成为我国教育评价改革领域的第一个系统性文件，展现了教育评价在教育领域中的“龙头地位”，在擘画了当前教育评价改革中出现各种问题的同时，也内含了教育评价文化亟待突破的困境。本章将列出教育评价改革中出现的文化失调现象，突破“五唯”教育评价下的文化障碍，为新时代教育评价改革的平稳推进营造宽松和谐的软环境。

一　“唯分数”评价在基础教育领域盛行

“唯分数”评价是指将分数作为对学生、教师乃至整个教育系统进行价值判断的唯一标准。分数本身并无优劣之分，其本质只是检测学生知识掌握情况、高效选拔人才的测量工具。然而，一个“唯”字旨在排除其他评价标准而“唯分数独尊”。当前我国的考试招生制度呈现高利害、高竞争的特点，整个基础教育都受到高考的强大下渗和弥散作用，获得高分成为教育教学的主要任务，“唯分数”俨然成为教育领域的沉疴痼疾。[①] 具体来讲，高分是获得优质教育资源的“入场券”，尤其是高考分数直接决定了学生接受高等教育的层次和水平，与社会资源的分配密切相关，分数被赋予评价、筛选功能之外的附属功能，与个体的前途命运相关联，因而成为凌驾于基础教育之上的唯一目标。现实社会的教育系统处在“唯分数论”的困局中，强制与压迫的教育场域使学生自由全面发展的可能受到抑制，身心受到双重规训，被禁锢在分数编织的藩篱中，成为接受既定知识、缺乏自我意识和创新能力的教育傀儡。

“唯分数”的单向度评价取向与人的自由全面发展价值论发生冲突，会造成“见分不见人”的价值异化。根据马克思主义学说，自由对于人类生存意义重大，如果人类以牺牲自由全面发展为代价攫取物质利益，人们就会失去自我支配和驾驭的能力，沦为劳动的附庸，甚至受到其控制，即被称为“异化”。在价值理论视域下，这种异化被称为价值异化，即价值客体被异化为对价值主体的反对力量，两者间的关系发生负向转化。[②] 分数实质上是一种检测学生智力水平和知识掌握情况的工具，目的是让学生发现学习过程中的问题并加以改进，客观上并不能完全反映人的全面发展水平。培养人是教育的终极目标，在各种教育实践活动中应该处于最优先的价值位序。激发人的主体意识、实现自由全面发展是教育的出发点，更是教育的最终归宿，彰显了教

---

① 刘志军、徐彬：《综合素质评价：破除“唯分数”评价的关键与路径》，《教育研究》2020 年第 2 期。

② 周全华、吴炜：《异化的本质即价值异化——从马克思对劳动异化的价值分析谈起》，《哲学动态》2014 年第 10 期。

育的本质规定性，重铸教育的人文品格。[①] 因此，一旦教育忽略“人”的主体地位，就会对人的价值前提产生破坏，使得人的主体地位被客体凌驾。然而，由于现实中的教育与分数密不可分，人的价值常常被以分数为表征的成绩所遮蔽，学习的终极目的是获得更高的分数并获取由此带来的物质利益，整个教育被分数控制和奴役，完全忽视人的存在，造成教育评价中“有分无人”的价值异化。

二 “过度量化”引发高等教育生态失衡

量化评价本质上只是评价的一种方式，因其以精确化的数字符号作为统计依据，迎合了社会公众对效率和产出优先的需求而备受推崇。然而，当前教育评价对量化手段的追求渐趋极端化，抽象的数字集合消解了教育场域中人的存在，也遮蔽了量化评价的深刻性和丰富性，使教育系统内部的无序竞争和生态失衡愈演愈烈。[②] 以高等教育领域为例，量化评价已高频介入整个过程。

其一，大学外部评价深陷“排名陷阱”。全球大学排行榜是高等教育走向国际化的产物，为人们获取各国大学质量信息提供参考，成为高等教育界的潮流。传统四大排行榜的评价范式总体遵循技术理性路线，试图借助精密的运算技术，将大学的整体发展水平拆解为若干定量指标进行赋分，并以排行榜的形式加以呈现。排名结果不仅是顶尖高校掌握话语权的有力证明，而且是高校争夺教育资源的工具，在引导和塑造大学行为上具有“风向标”效应。然而，高校是启迪智慧和洗涤心灵的人文殿堂，教育更要在润物无声中才能发挥育人实效。如

---

① 周国斌、李颖辉：《“育人为本”教育理念的人学意蕴与实践策略》，《教育科学》2017年第3期。

② 么加利、罗琴：《高等教育评价的数字依附及消解》，《高校教育管理》2022年第1期。

果过度重视大学排行榜，就会诱发高校“力争上游”、迎合市场需求的短视行为，一旦陷入追求排名的囹圄中，将会使得高校的内在精神和办学灵魂被空洞符号和机械数字取代，甚至会对大学发展产生阻碍作用。

其二，大学内部评价被“科研计量”绑架。20 世纪 50 年代，《科学引文索引》（SCI）被引入高校科研和人事管理，由于精准化、可比较等特征使其成为衡量一所高校科研实力的公认标尺。1992 年，南京大学首次超过北京大学的榜首地位，成为国内在 SCI 上发文最多的高校。① 自此，无论是哪种类型的大学，乃至人文社科领域，学者们也都将在权威期刊上的发文数量奉为圭臬。在量化评价模式的泛滥下，一切都要以数据说话，大学内部评价被窄化成科研评价，科研评价又以论文评价为主，只重数量而忽略质量，学术繁荣的假象背后是“劣币驱逐良币”的现实。以论文为起点，向上延伸出科研项目、省部级课题、获奖等，均直接与大学和学者个人的核心竞争力直接挂钩。量化指标在评价领域的异军突起，使得学术同行争相模仿并演化出发论文、数项目、争职称、抢帽子等系列行为，个体甚至整个学术共同体都在这样的评价文化氛围中，行为规范不断趋同，角逐重复的量化评价行为，“科研计量”成为非正式的组织主导理念和个人逻辑被固定在学术圈内。

三　“行政泛化”的负面规制效应凸显

教育评价是保障教育质量的关键一环，同样受到行政权力的“规训”作用，教育评价文化自此也落入了行政泛化的窠臼中无法自拔，

① 中国科技信息研究所《中国科技论文统计与分析》课题组：《1993 年中国科技论文统计分析》，《科学》1995 年第 2 期。

主要有以下几种表现形式。

首先，当前教育评价文化受问责文化的禁锢。问责文化根植于绩效管理主义，它主要通过既定的考核指标来衡量个体间的竞争差异，譬如基础教育阶段盛行的标准化考试，就将学生升学率、教师教学奖、学科竞赛等次作为高绩效的评价依据。此外，教育行政部门也会参照既定评价指标和权重，对不同学校进行评估和检查，进而产生“三六九等”的学校差异，并成为家长、学生择校的重要参考。无论是学校还是教育行政部门，绩效考核表现不佳的将被问责，教育评价活动逐渐落入行政问责的怪圈。

其次，评价文化的利益色彩浓厚。在政府借用市场逻辑的绩效理念推动下，高等教育领域的教育评价也在朝纵深方向发展，被笼罩在绩效管理主义的阴霾之下，尤其体现在科研评价体系中。我国科研资金是政府部门以项目制方式向下拨款，配合绩效考核工作制，广大科研人员必须迎合政府部门的偏好并完成绩效考核，才可获得职位晋升、学术资源和资金支持，由此带来评价结果与个人利益高度捆绑的现状。因此，科研人员常处于高效率完成科研“硬指标”以谋取个人利益和安心学术、追求科学价值的挣扎之中，大多数人最终选择将精力投入强绩效信号的科研任务中。①

再次，评价文化的强制性特征突出。价值取向是评价文化的核心，并通过评价标准加以体现。在我国，主要由各级教育行政部门制定评价标准，负责整个教育评价活动的组织实施，行政主导的价值取向必然处于整个价值体系的核心。例如，行政系统对标准化测验分数的征

① 孟溦、张群：《科研评价“五唯”何以难破——制度分析的视角》，《中国高教研究》2021 年第 9 期。

用会生成一种“解释性权力”，当其将“分数”解释为学习者的全部和社会筛选人才的关键信息，“分数为王”的评价暴政文化就会在整个社会形成。[①] 因此，当教育行政部门将分数设定为教育活动的评价标准，各级各类教育系统都会参照执行，行政权力的介入使得评价文化带有强制色彩，评价文化的价值取向也受到行政干预的显著影响。

最后，评价文化深陷主体单一性危机。在知识经济时代，教育的重要性愈发凸显，适龄入学人口的增加却使得教育资源的缺口加大。于是，为缓解教育体量不足、提高教育质量，私立学校不断涌现，在市场化浪潮中走向集团化、产业化。面临私立学校崛起的挑战，公立学校通过绩效管理强化自身竞争力，以获取更多的办学资源。在这样的情形下，面对多元化的办学主体，行政部门仍牢牢抓住评估主导权，强化对教育的控制，致使社会组织发展缓慢，第三方评估机构难以真正独立开展教育评价。过于单一的评价文化主体，难以满足教育主体多元化的市场需求。

四　“绝对公平”造成教育场域僵化

“场域”一词最早由法国社会学家布迪厄在其文化资本理论中提出。布迪厄认为，社会是高度分化的复杂系统，难以用一套共享的文化整合成一个总体，因而社会是由具备自身逻辑和客观关系的独立场域构成，并且不同的资本类型决定了该场域的特性。[②] 在他看来，场域是以特定的资本类型为中心并产生竞争的结构化空间，本质上是一个关系型概念。教育场域是指教育者、受教育者及相关参与者以知识和

---

① 龙宝新、孙瑞芳：《论中小学教育评价的变异机理与修复策略》，《当代教育科学》2021 年第 1 期。

② 刘生全：《论教育场域》，《北京大学教育评论》2006 年第 1 期。

文化为基点，形成的促进人的发展和提升的客观关系网络。与经济场域的经济资本、政治场域的权力资本不同，教育本质上是培养人的社会活动，无论是教师、学生还是教育管理者都以知识的生产和传承为媒介，文化资本成为教育场域中的“通货”媒介资本。

在文化资本盛行下，文化权力成为教育场域中的权力轴心，在知识与权力的联姻之下，“人类命运由知识力量所代言”。教育场域在一定意义上成为知识或文化场域，各教育主体围绕知识和文化展开互动交流，实现文化再生产的同时，也实现着社会再生产。与政治场域和经济场域类似，教育场域也是一个充满斗争冲突的动态系统，不同竞争主体纷纷为了获取更多的文化资本和更大的文化权力，乃至更高的文化位阶产生冲突，表现在受教育者间激烈的竞争态势、管理者间的相互掣肘、教育者间的明争暗斗……文化资源的有限性、教育场域的冲突本性使得每个主体不得不凭借已有资本参与竞争。在布迪厄看来，先天资源充沛者具备得天独厚的优势，拥有更多的文化资本和经济资本，在教育场域的竞争格局中占据优势地位，更容易实现自身利益最大化，进而造成教育场域中的不平等现象。

然而，公平是社会公众亘古不变的核心诉求，在教育场域中亦是如此。自古以来，“不患寡而患不均”的观念深深驻扎在国人的心理意识中，由于我国改革开放以来社会贫富差距加大的特殊国情，社会中的不平等现象屡见不鲜。教育是社会系统的重要组成部分，即使教育场域有独立的生成机制和运行逻辑，政治经济等各种场域还是会对其产生影响。例如，“先富带后富”的政策驱动和收入差距不断拉大的经济困境给教育场域带来了不平衡的区域教育资源分配、入学机会分配不均等问题。对于弱势阶层而言，面临政治和经济资本的双重匮乏、文化资本占有量先天不足的劣势，教育就成为他们改变现状并实现阶层跨越、阻隔贫穷代际传递的重要乃至唯一通道。因此，教育场域中激烈的竞争态势会倒逼“五唯”形成，底层人民对教育公平的诉求更加强烈，这种极致追求使公平观产生异化，甚至以牺牲教育评价的科学性和人本性为代价，致使新时代教育评价文化陷入追求“绝对公平”的场域僵化。

第二节　教育评价文化陷入困境的成因

教育评价文化是评价过程中出现的文化现象总称，是科学认识的发展过程，事关对人的价值定义，因此具有科学性和价值性的双重属性。当前我国教育评价文化出现的问题多以直观表层的形式呈现，背后却暗藏复杂深层次因素的综合影响，主要集中在以下方面。

一　量化思维模式的泛滥

思维方式是人类文化现象的深层本质，属于文化现象背后的、对人类文化行为起支配作用的稳定因素。[①] 具体来讲，思维方式是人们在观念层面认识事物、整合信息的模式，是精神文化的重要组成，对文化的延伸和发展起决定性作用。教育思维方式则指人们在观察、提出、分析、评价、解决教育问题过程中，展现出较稳定和成型的认识框架和思维线路。[②] 教育评价文化的形成和发展深受教育思维方式的影响，在教育研究走向科学实证化的道路上，精准客观的数据思维得到强化，并渗透在教育评价的各个领域。

① 张岱年、成中英等：《中国思维偏向》，中国社会科学出版社 1991 年版，第 2 页。
② 陈家斌：《教育思维方式：结构、功能及意义》，《教育理论与实践》2014 年第 16 期。

中国传统思维方式深受早期思辨哲学运思的影响，强调直觉和整体性思维。法国哲学家柏格森曾对这种直觉性思维进行经典论述，“直觉本质上是一种理智的交融，人们将自己与客体相融合，通过向内追思的方式，体验和获取无法用言语表达的东西”①。这种思维方式往往不经过严密的逻辑程序，凭借对事物的整体感觉和总体把握而快速得出，在一定程度上能够启迪创新思想，突破常规思维的局限，获得崭新的理解。然而，传统的直觉和整体性思维方式也使得中国人缺乏对事物进行科学和理性的分析过程，只注重质的探讨而忽视量的逻辑。由于教育学是一门应用性较强的社会科学，在解释教育现象的同时还要运用理论为解决实际问题提供依据，传统的思维方式势必无法满足教育研究的科学性需求。而教育评价作为教育实践活动的重要一环，同样受到思维方式的左右，教育思维方式一旦确立，就会形成一种稳定的认知结构，影响教育评价的内在尺度，在此影响下带来特定的教育评价行为，从而制约教育评价文化的样态和发展方向。

20 世纪初兴起的教育测量运动，后期被迫中断在战争的硝烟中，却将西方工业社会孕育出的科学实证主义引入教育研究中。20 世纪 30 年代，泰勒的目标导向评价模式，直接助推了我国教育评价的实证化浪潮，并伴随着教育统计学、测量学的发展，实证主义逐渐被窄化为定量研究，数量化成为教育评价实践中的简单追求，并凭借客观化、显性化、易比较和易操作等优点成为教育科学研究的主流。科学实证主义的兴起，使得教育思维方式深陷物化困境，将以“分数、升学、文凭、论文和帽子”为代表的教育元素直接与人的知识和能力挂钩，数

① ［法］柏格森：《形而上学导言》，转引自邹建军《现代诗的意象结构 本体篇》，国际文化出版公司 1997 年版，第 72 页。

据思维广泛渗透在教育评价领域，非理性数字甚至成为一种规训力量，将人们的思维固化在数据泥潭中。诚如尼葛洛庞帝所言："当前人类俨然成为一种'数字化生存'状态，整个社会已对这种思维模式的变革达成共识：即唯有量化言说社会事件才称之为科学，以实证方法演说问题才足以正确描述。"[①] 在工具理性的长期挟持下，以数字符号为特征的量化评价模式溢出应有功能，在成为一种评价手段的同时，更象征了以精确、客观、标准为外在表现形式的人类理性。然而，不同于自然科学研究把研究对象"同质归类"并广泛采用定量方式，社会科学研究的对象具有独特性和复杂性，如教育学将教育现象和教育问题作为研究对象，其中牵涉到有价值却无法量化的"人的存在"，一味以量化思维推动教育评价变革，势必会染上看似严谨科学，但缺失价值内核的"文化失语症"。

二　绩效管理主义的掣肘

管理主义，尤其是绩效管理主义逐渐渗透在政府管理实践中，进而对整个社会产生辐射作用。行政权力的过度干预，使得教育评价中的管理主义倾向也愈发显露，教育评价逐渐成为一种管控手段。在行政泛化的掣肘下，教育领域中的控制与反控制的矛盾激化，严重阻碍"以评促教""以评促改"教育评价文化的形成，使得当前的评价文化带有鲜明的行政化色彩。

管理主义发轫于20世纪初的现代公共行政理论，并在1990年由英国学者首次提出。简单来说，管理主义是将商业管理领域中的理论、方法以及模式移植到公共管理中，以私营部门的企业家精神重塑公共

① 才立琴：《高校学生量化评价的泛滥与纠偏》，《中国青年研究》2009年第8期。

部门，尤其强调“以效率为核心”的价值导向，具有标准化、定量化、理性化的技治主义倾向。不可否认的是，管理主义满足了西方工业社会时期经济增长的强烈欲望对国家治理的需求，为现代国家治理模式提供新的视野和方向。然而，适应于企业的管理主义背后藏匿的却是工具理性对价值理性的僭越，“管理至上”的行为逻辑下是政府对社会的全面支配和控制，这种简单化的管理倾向使得凸显经济价值的行政效率大行其道。“经济领域中的 GDP 主义追求效率当先，忽视社会公平；政治领域中的政府在管理主义彰显的理性思维方式中被塑造成一台精密的运转机器；社会领域也深处组织化的管理之中，社会中每个人的位置都已固定，并时刻被监视着。”[①] 因此，管理主义带来的国家治理范围内的价值迷思已严重影响现代社会的发展。

20 世纪 80 年代以来，管理主义盛行在中国社会转型期间以政府部门为主导的公共管理部门。由于这一时期国内的社会体制、结构和经济形势的急剧变迁，新兴的市场经济取代计划经济，成为资源配置的主要方式。因此，以“僵硬、等级、低效”为核心的科层制和集权化管理模式受到冲击，无法满足市场经济的发展需求，进而被以“经济、效率”为中心的管理主义取代，不断蔓延至各个组织内部。在管理主义的影响下，盛行在政府部门的政绩考核观波及教育领域，诱发教育市场化浪潮，以 GDP 为核心的生存法则也逐渐应用于教育系统。然而，学校在和市场接轨过程中并未获得相对应的自主权，反而在行政干预的效率逻辑下被迫作出强制性的价值选择，在一定程度上助长了新的集权化。在以“效率”为核心的管理主义下，行政化思维观念仍然渗

① ［法］福柯：《规训与惩罚》，刘北成等译，生活·读书·新知三联书店 2003 年版，第 221 页。

透在教育领域的各个环节，教育质量保障过程中仍留有鲜明的行政化痕迹。

三　社会诚信危机的加剧

中国人的信任建立在血缘共同体的基础上，即建立在亲戚关系或亲戚式的纯粹个人关系之上，是一种难以被普遍的特殊信任。[①] 随着市场经济体制的引入，使得传统道德体系下的诚信体系走向瓦解，公平透明的诚信体系更加符合大众期待。在社会的急速转型期，“熟人社会”的运行法则仍具有强大惯性，至今仍作用在社会的各个领域。人情、关系、权力等对教育场域的侵蚀作用，使教育的公平底线不断遭受社会诚信危机的挑战。“五唯”顽瘴痼疾之所以难以根除，暴露的就是社会大众对教育评价和专家系统的信任危机。[②] 由于教育评价产生的价值判断具有较强的主观性，经常会掺杂人情请托或权力逢迎，从而违背普遍意义上的公平原则。诚信文化和惩戒文化建设机制在教育评价中的缺失，使社会大众难以对学历、分数、文凭等显性指标之外的主观评价产生信任。因此，“五唯”担负起筑造教育公平底线的重任，契合社会大众对公权力不信任的集体心理和群体意识，久而久之会凝聚为一股无形的文化力量，任何一种可能威胁教育公平的文化侵入都会受到其强烈压制，难以撼动“五唯”的主导地位。

因此，教育场域中人们的公平诉求发生异化，追求绝对意义上的结果公平。在内部冲突加剧和外部资源不均的双重影响下，教育评价的科学性不得不为公平让位，人们不惜牺牲个体自由全面发展为代价，

① ［德］马克思·韦伯：《儒教与道教》，洪天富译，江苏人民出版社 1995 年版，第 261 页。

② 易凌云：《“五唯”问题：实质与出路》，《教育研究》2021 年第 1 期。

追求一种事关国家、民族、人民整体利益的公平评价方式。正如刘海峰所说，由科举制衍生的考试评价，因其有一套程序化的选拔流程，能够有效避免人情干扰，避免社会陷入无序状态，成为维护教育公平的调节阀。[①]“以分数定高下”能够最大程度地减少权力干预和腐败滋生，社会底层人民甚至将以“唯分数”为代表的结果公平异化为社会公平的正义化身，是保障底层群众利益不可触碰的底线。在学术科研评价方面，正是为了排除公开招聘和晋升通道中人情干扰的“裙带关系”，避免学术领域成为利益输送的保护区，舍弃更加科学和更具信服力的同行评价，而选择直观和较高社会认可度的“论文和帽子”指标，甚至演化到“唯”的地步，反映出人们在追求教育公平过程中对教育结果的过度关注。

结果公平遮蔽真正的教育公平，成为新时代教育评价文化更新的桎梏。何谓教育公平？在《理想国》中，柏拉图从两个方面进行论述。其一，教育公平应排除外在因素的限制，每个人都能获得相同的教育机会，并且都有能力通过教育获得发展；其二，个人发展应有益于国家的发展。[②]柏拉图彰显的是一种差异性公平理念，对不同能力的人区别对待，施行英才教育。现在社会普遍认为的教育公平即起点、过程、结果公平三个方面。无论是哪种界定方式，真正的教育公平都应关注个性和多元化发展，注重过程，使得每个人都能在自我基础上合理突破和提升，这与“以人为本，注重过程”的现代教育评价理念是不谋而合的。然而，以扩大高校招生自主权而实行自主招生政策为例，设

① 陈为峰、韦月：《“选分”还是“选人”：新高考背景下高校招生的改革困境与应对策略》，《河北师范大学学报》（教育科学版）2021 年第 3 期。

② 常媛媛：《布鲁贝克的高等教育公平观——基于〈高等教育哲学〉的解读》，《教育学术月刊》2013 年第 6 期。

计初衷是为了选拔怀有特长或综合能力较强的学生，也因为诸多“黑幕”的负面新闻而甚嚣尘上，丧失了社会公信力不得不被取缔。综合素质评价、过程性评价等评价方式都因掺杂人为的主观因素而得不到社会公众认可，最终难逃形式主义，科学的评价理念难以落实，当前教育评价文化仍然处在“选分不选人”的禁锢之中。

四　落后传统文化的窠臼

人的一生都浸润在文化中，其中所蕴含的价值观念、思维方式、精神风貌等要素已然刻入每个人的骨髓里，对个人的价值选择与行为方式产生深刻影响。一个国家的传统文化为教育发展奠定文化底蕴，具备强大的惯性和社会裹挟力，是教育生长的土壤。中国蕴藏了数千年文化发展史，其中既包含促进评价文化向现代化转型的内源性力量，又暗含文化培育的阻力。我国落后传统文化中蕴含的价值观念、思维方式、民族心理结构等消极因素已成为我国促进新时代教育评价文化发展的陈旧束缚。

（一）追求私利的功利文化

功利文化流传已久，教育的功利化倾向在古代就已形成。纵观古代以劝学和成功为教诲的名诗佳作，“万般皆下品，唯有读书高”“书中自有黄金屋”“春风得意马蹄疾，一日看尽长安花”……都极其直白地将功名利禄作为激励学子刻苦求学和勤奋读书的最终目标。由于读书与个人前途紧密相连，甚至是古代社会阶层流动的唯一途径，可快速实现“朝为田舍郎”到“暮登天子堂”的身份转换，因而教育的功利主义色彩十分突出。不同的是，古代教育与科举制直接挂钩，人们追求的是“读书入仕，考试做官”；现代教育摆脱了科举制的束缚，

“入仕为官”不再是唯一追求，但是教育仍然是促进社会流动的重要途径，获得高层次的教育有利于人们获取物质财富和社会声誉，对于个人价值的增值效应依旧显著。在功利文化的影响下，教育评价文化同样受到侵蚀，评价成为个体和组织追逐教育利益的航标，难以发挥教育评价的应有功能。

从个人层面来看，学生自觉遵循“唯分数”的游戏规则，还未来得及思考兴趣、理想和愿望，便在家长和教师的催促下加入竞争队列，勤奋、自信、独立、团结等品质被抛掷脑后，高考之前的人生意义就在于顺利通过一次次考试，赢得更高的分数，最终造就一批“精致的利己主义者”。教师则将学生的成功视为自身成功的证明，并将学生成绩、科研成果视为获取薪资、晋升的“利器”。当教师将评价指标肢解成获取效益的工具，教育情怀、责任感和道德领导力也会被功利化目标消解，职业倦怠由此产生。① 从组织层面看来，学校为满足自身利益，强化“升学率”的引导作用，重点培养获得高分学生，素质教育和德育沦为形式。因此，教育评价文化的约束和导向功能被功利文化的竞争法则无情干预，难以发挥正面积极引导效应。

（二）不平等的等级文化

我国当前的教育评价文化受到封建等级观念的影响。中国封建社会历来倡导等级分明，无论是政治维度中等级森严的权力机构，还是伦理维度的“三纲五常”“男尊女卑”，抑或礼仪维度的“行必分尊卑”都反映出封建等级观念的无处不在。虽然中国已经建立了现代文明，但是古代森严的等级观念仍有残余，正如通过分数将学生区分优

① 王学：《教育功利性取向的德性反思》，《南京师大学报》（社会科学版）2021 年第 2 期。

劣反映出社会文化心理仍然认同等级划分。具体来讲，学生通过考试获得高分，根据分数划分出优等生、中等生和差等生。优等生可以进入重点中学、重点大学，择业时更容易凭借学历优势享受特殊人才政策，进而获得一份体面的工作，成为社会地位较高的中上阶层；而大多数普通学生因为没有高学历加持，所以在就业市场上面临着更高的淘汰风险，相对来说不容易获得体面工作。因此，在中国人的社会认知中，考试分数高就能够进入好大学获得高学历，高学历对应着好工作，好工作对应着更多的物质财富和更高的社会地位，成为“人上人”。当前教育评价文化中的“以分数定级、以学历定品”正是等级观念的现实表征，也从侧面反映出我国群众对教育和职业的“等级迷恋”。反观国外，学历不会直接与职业挂钩，高文凭也不一定使人成为精英，只要在工作中展现出诚信、积极奋斗等内在品质都会获得尊重。换言之，“平等”才是现代社会和评价文化应追求的基本价值观。

（三）专制主义的集权文化

在我国两千多年的封建社会中，形成了专制主义的集权文化。正如学者所说，“传统文化正是一种以维护封建皇权和宗法制度为核心的专制主义文化”①。因此，为加强集权统治，强化对人们的思想控制，统治者在文教领域施行“罢黜百家，独尊儒术”的文化政策，并借助科举制将教育纳入官府的集中管理。新中国伊始，国家奉行计划经济体制使得教育仍然难以独立，教育体系中的统一领导和分级管理使教育难以脱离政治轨道。直至改革开放，在市场经济的冲击下，政府职能向宏观调控进行转变，教育评价成为一种政府对教育的宏观指导和

① 杨阳：《90 年代复兴儒学运动批判》，《天津社会科学》1998 年第 4 期。

管理手段。作为一种“舶来品”，教育评价在西方民主文化氛围的孵化中诞生，本意是通过移交给第三方教育评价机构负责缓解学者自治和政府管理间的矛盾。

然而，1985 年《中共中央关于教育体制改革的决定》首次明确指出，教育管理部门要组织相关人士和部门对高等学校办学水平进行评价，并依据评价结果实施奖惩。可以看出，即使我国引入了现代教育评价，政府却是负责教育评价的权威主体，高等学校的办学水平由教育管理部门统一组织进行评价，学校只能被动接受监控。在中国传统集权文化的抵牾下，“为避免社会系统的离散和多中心化，各种先赋的和人为的民间组织总是受到历代统治者的怀疑加管制”①。因此，在长期集权化政治环境的影响下，民主开放的教育评价文化短期内难以形成，各种社会组织发展还不成熟，更难以脱离政府独立开展教育评价，社会公众仍置身教育评价之外，参与意识还比较淡薄，多元主体参与的评价文化建设任重道远。

（四）注重声誉的面子文化

面子文化是在群体文化的基础上延伸出来的。与西方传统文化中强调自我意识、追求个性独立和解放不同，中国传统文化中的个人对集体存在强烈的依赖性，个体不但难以脱离群体而存在，个体价值甚至只有在得到群体价值系统的认同后才能够得到肯定。因此，这种源自外部的社会肯定就成为象征个体在人生历程中获得的各种声誉，称为“面子”。传统文化赋予了中国人重视声誉、爱惜面子的内在品质，当其演化为具有心理和社会意义的双重符号系统时，面子文化就形成

① 孙发锋：《中国民间组织“去行政化”改革的动力和阻力》，《理论月刊》2012 年第 10 期。

了。一个人重视面子，也就代表着“想要获得或维持自己在他人心目中的序列地位，即心理地位”[①]。此外，中国人的宗法家族意识浓厚，个人荣誉牵扯整个家族的名誉和尊严，加剧了个人对面子的追求。正如鲁迅将“面子”看作中国人之精神纲领，林语堂将“面子”解读为调节中国人社会交往的工具[②]，面子文化已深刻影响中国人的日常生活，并以独特的运行机理影响我国的教育评价文化。其一，教育评价领域的攀比之风盛行。现如今，重点中学、名校不单是教育的代名词，更成为家长圈中的面子和身份象征，孩子的成绩排名和文凭也成为人们在社会交往中攀比的谈资，催生出急迫的择校心理。在面子文化的裹挟下，量化指标的可比性成为攀比的手段，学校不得不重视升学率、排名、教育评价等因素对声誉的影响，以迎合社会盛行的攀比之风。其二，“重道轻术”的社会文化心理被固化。前面介绍了个人面子需要得到群体价值系统的认可才得以彰显，当前社会公众对职业教育的评价持负面态度，一些家长甚至认为孩子进入职业学校学技术就是丢面子，于是逼迫孩子努力学习、提高分数进入普高和本科院校。“重学术轻技术”成为教育评价文化的普遍心理，并在面子文化的挟持下形成恶性循环，职业教育在社会价值系统中地位不高的现实被固化。

---

① 翟学伟：《人情、面子与权力的再生产》，北京大学出版社 2008 年版，第 131 页。

② 林语堂：《中国人》，学林出版社 1994 年版，第 203 页。

第十四章

新时代教育评价文化的应然品性

中国特色社会主义进入新时代，对教育的发展也将提出更高的要求。教育评价是教育体系走向何处的“风向标”，对教育发展有质的规定性，启动面向新时代的教育评价改革具有关键性作用。相较于教育评价改革中的范式转换和制度优化，教育评价过程中秉持的思想观念和所处的评价环境等文化因素更为重要，在潜移默化中左右改革的进程，贯穿在与教育评价有关的一切活动。因此，提出新时代教育评价文化的应然品性，并将其与现实中所处的实然困境进行对照，以期提出行之有效的培育路径。

第一节　回归育人价值的人本性

一　人本思想的历史溯源

儒家文化是古代评价文化的根基，拥有深厚的人本思想，最早见于《管子·霸言》：“夫霸王之所始也，以人为本。”[①] 早在先秦时期，

① 黎翔凤、梁运华：《管子校注》，中华书局2004年版，第472页。

儒家就意识到人处于天地万物的核心位置，对生命和人格尊严都有着崇高诉求，人的重要性是任何事物所不能比拟的。与西方文化追求个体人格不同，中国文化突出人的社会性，在封建社会专制统治的禁锢下，人本思想是一个群体概念，逐渐演化为民为邦本、敬天爱民的施政伦理。封建社会的“人本”思想向“民本”理念转化后，被纳入政治逻辑体系内，成为历代君王治世经义的正统思想。不可否认的是，这种思想为封建时期“以人为本”理念的延续提供社会语境，但是无法改变君主民从、稳定秩序的政治出发点和历史局限，古代教育培养的人也多是缺少独立思考、读书功利性特征鲜明的政治附庸，与现代“以人为本”的理念相距甚远。

相比较来说，西方人学思想的历史更为悠久、内涵也更加深刻。古希腊时期，哲学家们将人视作衡量万物的尺度，人的理性开始被发掘，理性力量的觉醒使人的地位得到提升。16 世纪，在文艺复兴和启蒙运动的推动下，西方世界对“人”的关注达到前所未有的高度，不仅宣扬人的理性，而且主张实现人在现实生活中的幸福、自由、个性和自我价值，引发了一股人文主义思潮。这股思潮将人的意义和价值纳入核心视域，并在自然科学发展的启发下，倡导追求彰显人的理性和智慧的人文主义。此后，人文主义席卷整个西方资本主义世界的政治、法律、教育文化、艺术等与日常生活有关的方方面面，并深入发展成为和科学主义并立的人本主义。真正的“以人为本”应该基于立体、真实的需要将人看作一个可持续发展的完整存在，即“躯体、心智、情感、精神、心灵等各种力量融汇一体才可视为完整的人”。由此可知，东西方的文化价值体系都认为文化价值的本质就是人的价值。人与动物的本质差别就在于，人能够在复杂的社会实践关系中凭借价值能动性而成为价值主体，文化中价值的主体意义就在于人的存在方式，文化发展的价值取向最终是由人的价值取向决定的。[①] 因此，新时代教育评价文化应该促使评价回归育人初心，观照人文向度，立足人本属性，为当下的教育评价改革提供积极向上的育人力量。

二　回归育人价值的评价文化

文化是与自然相对、产生于人类社会的特有现象和产物，决定了任何文化本质上都要以人为中心，只是在侧重点上各有所趋。教育是一项培养人的事业，尤其在现代社会，任何人都无法脱离教育而存在。因此，当前的教育评价也要恪守以人为本的评价理念，培育以人为本的教育评价文化，主要有以下三方面的特点。

第一，将学生、教师、教育管理者等教育参与者视为真正的评价文化主体。总体来说，教育是教育者和受教育者在一定的社会关系网络中相互建构的过程，主要包括知识与技能、情感态度和价值观、素质与素养、人际交往四个方面的建构过程。[②] 如果单从行政管理者的评价诉求出发，势必会泯灭同一主体不同方面或不同主体的价值需求，化为一种单向度的评价霸权。根据第四代教育评价理论，教育评价应该是一个多元主体价值协商、共建的过程，学生、教师、教育管理者等利益相关人员的意见都应被纳入考虑范围，尊重教育参与者的评价主体地位，赋予多元主体一定的成就感和归属感，积极参与评价工作，更好地发挥教育评价的作用。

第二，恪守“人为本，物为末”的人文主义理念。在教育评价过

---

① 徐椿梁：《认知·实践·主体：价值在文化存在中的三重意义》，《求索》2020 年第 6 期。

② 杜楠、周福盛：《论教育评价中人的理性回归：从“抽象的人”到“具体的人”》，《中国考试》2021 年第 9 期。

程中，无论是对集体还是个人，教育评价的真正主体都是人，而不是分数、论文、绩效等物化指标，这些外在于人的“附属物”只能反映人的局部特征。即使是对课程、学科、学校设施等非人格化事物的评价，也要牢记根本目的是运用评价手段最大限度地使这些事物得到改进，促进人的发展。人应该是教育评价的目的而非手段，当其凌驾于人之上，就成为以物为主体的教育评价，难以了解教育场域中人的全貌，产生教育评价文化中“见物不见人”的舍本逐末怪象。

第三，始终将教育中的人视为一个完整的存在。以人为本的教育评价文化关于“究竟怎样看待人”这一问题可以引用西方人本主义的“完整人”理念。参与教育的个体都应该是独特的生命存在，在拥有与自身能力相匹配的知识与技能时，更要具备健康体魄、德性修养、情感态度、良好习惯、审美追求等一系列美好人格品质。由此可知，人的完整性和复杂性决定了难以用一套标准化的评价模式量化评判每个人，需要运用系统性思维全方位、多角度地探讨与评价人的本真。

因此，在关注学生成绩时更要注重培养学生的道德修养、在关注教师的教学成绩和科研成果时更要聚焦教学质量等关键要素，教育评价不仅要关照人们当下情境的过程性发展，而且要帮助人实现未来情境的可持续发展。

第二节 弘扬价值理性的科学性

一 评价文化滑向“伪科学性”

科学是自然和社会领域中的客观规律在人类主观世界中的本质反映，属于人类的精神范畴。通常来讲，自然科学本身可以直接在物质世界中发现和掌握，更经得起实践的反复检验，人文社会科学则需要借助人的主观能动性，难以从物质世界中直接得出，因而难以接受客观实践的检验。因此，人们更愿意接受自然科学具备科学性，而对人文社会科学的科学性产生怀疑，造成了重自然轻人文的社会风气。教育学也隶属于人文社会科学，教育评价作为其中重要一环，是一种在事实判断基础上对教育是否满足人类需要的价值判断活动，更是引导人才培养、合理利用教育成果、发现教育问题从而促进其发展的保障。教育评价如此重要，其中却涉及人类过多的主观性因素，更难以接受实践检验，科学性自然受到质疑。不可否认的是，古代社会的生产力水平低下，教育内容聚焦于人格培养和社会学科知识，教育评价也以人格塑造和培育价值观为主，随意性和非制度化特征明显，科学化不足。进入工业化社会后，在政治、经济等各方面的综合作用下，尤其是第一代教育评价理论的出现，教育评价与心理学、统计测量学紧密结合，认识评价客体不再全凭主观经验，而是通过科学测评方法和评价标准进行事实和价值判断，科学性、技术性特征愈发明显。

从古代教育评价思想和实践的无意识性，到现代教育评价的专门化和理论化，教育评价的发展正是一个逐渐走向科学化的过程。主要有以下标志：一是教育的价值和评价问题成为教育学的研究对象；二是应用现代科学成果如定量和定性研究，揭示教育评价的运行机制、一般规律以及各种特殊形态；三是教育评价组织形式的专业化和权威化，并将评价结果有效运用在教育实践中；四是教育评价力求客观反映出教育主、客体之间的价值关系和真实状态。① 自 20 世纪 80 年代我国正式引入教育评价以来，已在各个教育阶段得到广泛应用，对提高

① 刘尧：《论教育评价的科学性与科学化问题》，《教育研究》2001 年第 6 期。

教育质量产生积极影响。然而，伴随着教育评价实践的深入发展，对教育评价科学性的追求达到无以复加的地步，“唯科学化”倾向逐渐崭露头角，诱发了“一考定终身”“分数决定命运”的社会负面效应。表面看来，这种注重定量分析、保持价值中立、遵守事实和科学规范的操作满足教育评价科学性的要求，实际上却掩盖了真正富有生命力和本质性的存在，教育评价沦为进行分类和筛选的技术分析工具，对生动活泼的学生进行精确化测量，真正意义上的科学性已发生异化。在教育领域，“能力发展参数化已经成为教育政策实施与‘以证据为基础的’教育学研究的关键概念，旨在使学校的教育过程可受掌控，即可以评估和可受管控”①。因此，需要正视教育评价的科学化问题，呼吁建立一种回归本真的教育评价文化，重新审视正确的科学评价观。

二　弘扬价值理性的评价文化

教育评价走上科学化道路是历史必然，科学理性的思维方式能够有效克服评价中出现的主观性和随意性，增强教育评价的信服力。然而，教育评价的科学性要体现在促进人的发展作用上，特别强调人的价值存在。当前教育评价的思想观念和习惯深受科学主义的影响，滑向“唯科学主义”的极端，只注重事实判断，忽略满足人类需求的价值判断，“五唯”评价之所以能够大行其道，在一定程度上就是在恪守普遍性、精确性、确定性的科学理念，营造出一种形式上科学的教育评价文化。如此一来，科学理性在教育评价领域的广泛渗透，必然使得人的个性逐渐被泯灭，成为单向度的人。因此，需要我们对本真意义上的科学进行反思。在马克思看来，科学必须与现实中的人结合来

① 王建华：《教育研究的确定性与不确定性》，《重庆高教研究》2023 年第 11 期。

看，与社会物质生产、改变社会关系的实践结合，才能真正发挥人在社会发展中的作用。由此可知，本真意义上的科学必须依赖人的存在才能彰显其价值，科学旨在与社会存在相互促进，思维方式具有流动性和开放性，可随着自然和社会的进步而发展，并致力于推动人类社会的进步。尤其是人文社会科学遵循从抽象到具体、再由具体到抽象的认识逻辑，以人及社会发展规律为研究对象，侧重伦理和价值属性，如果一味追求自然科学领域的思维和方法，便会束缚人的自由和真实状态，背离本真意义上的科学。

教育活动以人为目的，教育评价在追求科学性的同时更要厘清价值本真，避免工具理性对人的价值扭曲，其中首先需要教育评价文化回归科学本真，探寻价值真谛，发挥对评价实践活动的引领作用。具体来讲，倡导评价文化回归科学本真能够帮助人们在价值观源头杜绝“量化崇拜”，彰显价值理性。尤其是进行价值判断时，在强调客观事实和客观规律的前提下，更要反思评价是否符合国家和社会对人才的价值期待，是否激发人的主观能动性和尊重人的自身价值。正如20世纪60年代的日本对教育评价过于依赖科学测量进行的反思总结：教育评价中追求客观严谨的科学方法本无可厚非，但是首先要从教育目标和需求出发，考察人的实际发展状态和进步情况，那种一味地追求科学量化后的评价指标，而不顾及人的成长幅度和成果进展，本质上与科学的教育评价思想是背道而驰的。① 回归本真的教育评价文化还会引领人们在思维方式上消解绝对理性下的二元对立，以辩证、全面、关联的观点看待事物发展特征，并在教育评价的偶然性、不确定性、无序性中最大程度实现教育评价的科学性。主要体现在真实再现评价对

① ［日］梶田叡一：《教育评价》，李守福译，吉林教育出版社1988年版，第1页。

象的价值观念、道德品质、知识与技能等多方面特点，关照评价客体的内心世界，尊重生命价值和尊严，缓解评价主客体之间的紧张对立关系，创设和谐、沟通的评价文化环境，真正使教育评价释放出促进个人的解放和发展的力量，发挥本真意义上的科学价值。

第三节　激发内在潜能的发展性

一　人的潜能是发展的基础

教育的发展归根结底是人的发展，潜能为实现人的发展提供内在可能性。人的潜能学说拥有现代心理学、脑科学、生物学、教育人类学等多门学科的理论支撑，如教育人类学认为人不是特定化的，教育的功能就在于发展人的各项潜能，在有意义的创造下使人应对复杂的环境，在文化学习和传递过程中实现发展；心理学家马斯洛提出，“人人都有尚未开发的巨大潜能，如语言、计算、记忆或是生理等潜能都是难以测量的”；哈佛教授霍德华·加德纳的多元智能理论进一步指出，“每个人的个性心理结构都由语言、逻辑、视觉、音乐、身体等八项智能有机组合而成，并通过教育发现智能强项，发展智能弱项”①。追求发展和实现自我是人类天性，可以满足更高的心理需求，个体的潜能也可以在内在需要和适应环境的过程中转化为显能，实现人的发展。潜能与发展是紧密联结的关系，开发潜能的最终目的就是获得发展，而“人的可贵就在于发展，经过锻炼，人尽其才，充分激发内在

① 全晓燕：《多元智能理论对教育学的启示》，《四川师范大学学报》（社会科学版）2005 年第 S1 期。

的天赋性力量，获得相应的社会地位，教育的终极目的就在于此”①。事实证明，与外界压力和强迫相比，一旦人们发展自我潜能的力量被挖掘，就会形成一股强大的内在动力源，激励个体不断实现自我超越，在成长道路上释放巨大能量。因此，教育要承认和尊重人的潜能，创造性地传递知识技能、价值观念、思维方式、人生信仰等，开发人的个性，挖掘出每一个人的天赋潜能，促进人的自由和谐发展。

人的潜能是与生俱来的，隐藏于个体的身心之中，在我国长期的教育实践中迟迟没有被发掘。1949 年，第一次全国教育工作会议将我国的“文化教育”定义为新民主主义的教育，教育目的首先为生产建设服务。此后，相继提出“社会主义劳动者”“接班人”“公民”等来替代教育中人的概念，反映了我国教育发展中坚守的社会本位取向，忽视了作为具体的“人”发展的巨大潜能，也忽视了教育的本质在于促进人的发展。直至 1978 年，党的十一届三中全会的召开使得人的思维模式由封闭单一走向开放多元，人的全面发展成为新的教育命题，并且这里的“人”指的是丰富又具体的人。然而，在各种因素的综合作用下，我国教育不可避免地仍然存在众多冲突与对立，其中之一就是封闭静止的评价文化与人的发展之间的矛盾。人是创造文化教育的主体，当前教育评价中充斥着以分数、文凭等符号将人物化、静止化的文化现象，人的创造热情和生命力面临被消磨殆尽的危机，教育中的人成为统一规格型号和质量标准的器物，优秀率、合格率为每个人贴上不同等级的标签，人的潜能和发展被束之高阁，全面育人观无从体现，亟须更新现有评价文化，激发人的内在潜能，适应人的个性发展需要。

① 张焕庭：《西方资产阶级教育论著选》，人民教育出版社 1979 年版，第 173 页。

二　注重个性发展的评价文化

正是因为人具有巨大的发展潜能，教育评价要发挥对潜能的甄别功能，促进人的发展，其中蕴含的是教育评价的发展性思想。早在美国以泰勒为中心的教育评价委员会开展的“八年研究”中，就提出了“教育评价不仅是简单的测验，更要通过评价过程报告学生成绩、反映教育结果对教育目标的实现程度，借此发现问题，改进相关的教学模式”①。尽管许多学者对泰勒的行为目标评价模式有过批判，然而教育评价的发展性思想已初露端倪。此后，教育评价迎来了稳步发展，尤其是第四代教育评价思想中的“人”已受到全面关注，基本确认了教育评价的终极目的是促进人的发展，“教育评价最重要目的是改进，并非证明”已成为教育评价领域普遍性的价值观念。教育评价的发展性理念逐渐传入我国，许多政策文本都有所体现。2001 年，《基础教育改革纲要（试行）》中就提出，“改变课程评价过分强调甄别与选拔的功能，发挥评价促进学生发展、教师提高和改进教学实践的功能”②。2002 年《关于积极推进中小学评价与考试制度改革的通知》同样提出，“构建以促进学生发展为目标的评价体系；建立有利于教师专业水平提高和学校教育质量提高的评价体系”③。一系列政策的出台表明促进人的发展是教育评价的本体性功能，在我国的教育评价政策中已得到较大程度的重视，需要配合注重发展性的教育评价文化，彰显当代

① ［美］拉尔夫·泰勒：《课程与教学的基本原理》，施良方译，人民教育出版社 1994 年版，第 85 页。

② 教育部：《基础教育课程改革纲要（试行）》，http：//www. moe. gov. cn/srcsite/A26/jcj_ kcjcgh/200106/t20010608_ 167343. html，2001 年 6 月 8 日。

③ 教育部：《教育部关于积极推进中小学评价与考试制度改革的通知》，http：//www. moe. gov. cn/srcsite/A26/s7054/200212/t20021227_ 166074. html，2002 年 12 月 27 日。

教育评价发展性思想的基本精神。

发展性评价理念是针对封闭静止评价文化的修正和超越，需要营造注重发展的教育评价文化。真正健康的教育评价文化，不应该固守线性发展观，在无形中片面推动所有人都朝向同一条固定的发展道路，而应该根据人们潜能趋势的不同营造适宜发展的评价文化氛围，人们能够自由地根据现实情况挖掘自身潜能。具体地说：第一，在这种评价文化的浸润下，教育评价着眼点将会落在人的最优发展上。创新思维、健康的身体素质、积极的精神面貌等才是一个人获益终身的宝贵财富，使人们无论在各行各业都能够大放异彩，为人的长远发展蓄力。因此，分数并不能体现人的全面发展，在发展性的评价文化中，量化的评价指标不再能够涵盖人的全部发展信息，取而代之的是更能够凸显个体发展差异的质性指标。通过对评价客体当前的工作和学习表现进行观测，能够科学有效预测未来发展趋势，并对不利于长远发展的关键点进行纠偏，以确保个体始终沿着正确的成长轨迹。第二，柔和的发展性评价文化能够最大限度地激发人的自我意识和内部动力，实现人的自觉发展。在教育评价文化的演化历史中，教育评价渐渐异化为发挥奖惩作用的教育管理手段，一旦“评价”成为终极目的，那么“为了评价而评价”就会阻碍人们向上发展的自觉意识。换句话说，带有奖惩性质的评价文化只能够推动评价客体的被动参与，而发展性的评价文化会激发评价客体的内部发展动力，此时的评价会成为个体发现自身优势和不足的工具，通过补短板使人的最大发展潜能得到释放，从而满足个体的价值期待。第三，注重发展的评价文化秉持和谐发展观念，是一种个体、他人和环境的共同发展。当前的教育评价文化以静止、孤立的狭隘观念看待评价对象，充斥着竞争性目光，将个人或组织的发展看作一种“威胁性存在”。殊不知，发展性评价文化下的被评价者是合作协商关系，真正健康的发展在关注自身的同时，也能够从他人发展中吸取经验，建立积极友好的对话关系，促进个体、他人与环境共同成长。

第四节　辐射社会整体的公正性

一　公正性是评价文化的伦理基础

在关注教育评价是否具科学性时，评价中出现的伦理问题同样不可避免。伦理保证某一行为按照正确的规则或标准进行。教育评价中的伦理原则指的是评价人员在教育评价实施过程中本应该恪守的职业行为准则，主要包括评价信息的处理和使用方式、评价原则和立场是否公正、评价人员义务和权利履行是否得当等方面。[①] 教育评价的伦理规范关乎评价对象的权益保护、评价者的威信、评价功能的发挥甚至教育评价的整体声誉。教育评价的本质是在事实基础上判断各种教育活动满足人的价值需要程度，教育评价的对象是人，评价主体由人构成。这就决定了教育评价中充斥着人的因素，教育评价的事实判断部分尚可依赖科学的评价方法和技术，但是价值判断必须要求评价人员重视伦理价值和道德规范，在不同的评价场景中采纳正确的行为方式，提高对评价伦理现象的敏感性和辨别力，唯有理性知识和感性经验兼具才能够正确处理教育评价中出现的伦理问题。大量的教育评价实例都表明，评价人员面临的伦理问题往往比他们在评价技术上遇到的困难更棘手，也对“何种评价行为才是最恰当的”心

① 蔡敏：《美国教育评价的伦理规范建设及其启示》，《外国教育研究》2005 年第 6 期。

存疑惑。①

公正性是教育评价的伦理基础，为评价的纯净与实效保驾护航。评价伦理为评价人员设定明确的行为导向，不屈服于权威，正确行使自身的评价权力，尽可能减少感性意志的干扰，在听取公众意见的同时，合理规避相关利益群体的偏见。简单来讲，最大限度地保证评价人员的科学判断力，力求执行方和被评方都能严格遵循评价规则和伦理规范，提高教育评价透明度和权威性。然而，教育评价程序中的伦理问题不单属于理论范畴，更事关对评价的认识和价值判断，本质上属于评价文化问题。因此，追求诚信公正的教育评价文化，营造公平的文化环境和氛围，有利于评价双方有效沟通，充分发挥教育评价的实际效用，使得评价成为多数人的活动，扭转教育评价带给社会公众缺乏诚信、弄虚作假的不良印象。教育评价在伦理规范的约束与影响下，在社会各界的监督下，有效减少人情文化的干扰，评价人员能够始终站在客观、独立的立场，规范评价行为，用批判性思维阐释教育评价的本质，使得评价双方的共同利益得到维护。教育评价沐浴在规则、法律和道德的阳光下，确保评价结果的公正性、长效性，推动我国的教育评价事业向更高层次发展。

二　彰显诚信公正的评价文化

“诚信与公正”内涵的价值意蕴有丰富的伦理价值，可追溯至中国古代的传统伦理文化。“诚信”对人的道德行为有约束和规范作用，源自个人诚意慎独的心性修养，在个体的道德认知与现实情况发生冲突

① Morris M., Cohn R., “Program Evaluation and Ethical Challenges: A National Survey”, *Evaluation Review*, Vol. 17, No. 6, 1993, pp. 621–642.

时依旧坚守真实坦荡、诚信无欺的道德选择和行为实践。孟子在《离娄上》首次提出："诚者，天之道也；思诚者，人之道也。"[①] 至此，诚信就被纳入中国的伦理道德体系，儒家学说将诚信看作实现人道的基本要求，与"仁、义、礼、智"合称为"五常"，是支撑中国社会人伦关系的思想载体。"公正"是合乎事实的客观探寻，体现公平的价值诉求。法家韩非子曾提出："所谓直者，义必公正，而心不偏党也。"[②] 除此之外，古代哲学大都认识到公平正义对巩固统治、维护稳定的重要性，强调"端正本心，得其公正"。正是由于人是理性和感性的集合体，难以做到绝对理性，公正就成为伦理价值中的正向度单位，衡量人对偏向和私心的压制程度。它强调人类是在平等基础上进行合作的共同体，没有人可以为一己私利而损害他人合法利益，利用特权凌驾于公正。总之，诚信与公正是中国伦理文化的道德基础，一方面诚信对个人提出的道德规范要求助推公正性的实现，另一方面坚守公正减少了徇私舞弊、违背诚信的操作空间，两者相互依赖，相得益彰。

诚信公正的教育评价文化，是教育评价的伦理基础和古代伦理文化在新时代的交汇融合。值得注意的是，这里提及诚信公正的教育评价文化是排除物质文化和制度文化的"软文化"，包含与诚信公正相关的思想观念，心理倾向、道德规范、习惯等方面。为什么要重视在教育评价文化中植入诚信公正理念？主要基于以下几点原因。

首先，诚信公正理念可以渗入教育评价领域中人们的心理活动全过程。这主要体现在评价人员、被评价者抑或利益相关者都自发地从内心深处浮现出追求诚信公正的一致性情感倾向，人们在教育评价过

① 杨伯峻：《孟子译注》，中华书局 1960 年版，第 173 页。

② 王先慎：《韩非子集解》，中华书局 1998 年版，第 13 页。

程和实践中相信诚信公正的正当性和价值原则能够得到保证，主要表现在两方面：一是人们对培育客观、公平教育评价文化的坚定信仰，在精神上能够与利益诱惑相抗衡；二是信任诚信公正的文化实现惩罚虚假失信、违背公正的价值原则。

其次，诚信公正的教育评价文化可以发挥出“软硬结合”的功效。价值观、心理倾向等具有高度抽象性，不能对人的行为产生强制作用，依靠的是人们在教育评价过程中形成的长期稳定的道德情操和道德自律。此时，评价伦理规范可以为人们形成简单的规则体系，教育评价相关人员共同参照评价伦理规定的行为规范忠实本心，规避破坏评价伦理中诚信和公正的行为，维护评价信任。

最后，诚信公正的教育评价文化有利于重塑评价领域中的伦理信任。不可否认的是，传统社会秩序中人与人的社会交往被伦理文化笼罩，亲缘关系成为伦理型社会结构的信任基础。随着市场经济来袭，冲击了传统的诚信公正体系，也影响到教育评价领域。正如最符合学生身心全面发展规律的综合素质评价迟迟不能全面推行，就是因为时常发生违背评价伦理的负面新闻，社会公众产生信任危机。因此，培育诚信公正的评价文化是落实评价伦理的必然要求，更是新时代教育评价文化蓬勃发展的生命所在。

第五节　发挥引领作用的独立性

一　文化具有相对独立性

文化作为社会系统中的子系统，自身的产生和发展具有相对独立性。之所以称为相对独立性，是因为在马克思主义哲学中，人类世界存在的一切意识、精神现象都是人们物质生产过程中形成的必然升华物，人们在创造物质生产和交往的过程中改造现实世界，同时也改造自己的精神世界。文化的生产和发展受制于社会生产条件，植根于人的现实生活，如果没有基于实践活动的人类社会生活，就没有文化现象的出现。古往今来，文化中蕴含的思想、观念、价值取向、精神等抽象概念都需要借助一定的物质载体加以体现，生产力的发展使得文化在空间和时间上的传播和延续成为可能，推动文化的历史演进。正如诞生于农业社会的农耕文化与工业社会的工业文化，在生产力水平不同的情况下，思想、观念、价值取向、精神等文化内核也不相同。可以看出，文化的发展史必须依托于人类的生活史，人类社会的历史本质上也是一部文化生成史，文化思想内核的生成不是绝对独立的过程，更依赖于政治和经济的发展，具有一定的派生性质。

虽然文化的独立性是相对的，但并不意味着与政治、经济发展完全同步。不可否认的是，社会生产力水平对文化的发展方向起决定性作用，但在人类历史长河中，各种社会变量的复杂多样性使得文化的生成和演进并不遵循某种既定的规律性趋势。一方面，文化在长时期的历史积淀下形成稳定的群体文化心理模式，会滋生出文化惰性，产生一股强大的文化惯性，阻碍社会历史进程。比如一些落后的文化观念和惯习并没有随着旧社会经济体制的瓦解而消除，表现出与政治体制、经济水平不匹配的落后性和保守性，继续对人的社会实践生活施加影响。另一方面，文化又可以超越时空局限和社会变革产生引领作用。纵览中国历史，社会经济政治陷入囹圄，文化却愈发蓬勃发展的例子数不胜数。春秋战国时期社会动荡、生产力水平低下的灰暗现实，都难以掩盖“轴心时代”的百家争鸣闪耀所出的思想光辉，其诞生的宝贵思想成果至今仍可借鉴；对近代中国前进方向产生重大引领作用的新文化运动，正是脱胎于式微僵化、内忧外患的动乱时刻……文化之所以能对社会发展趋势产生超前性反映，正是因为人是文化的创造主体，能够充分发挥主观能动性，在历史演进的过程中捕捉到社会的未来发展方向。[①] 因此，深入了解文化的相对独立性，在提高社会发展水平的同时，可以为改造落后文化、吸纳先进文化创造条件，充分发挥人的主观能动性，合理规避政治和经济中不利于文化发展的因素，最大程度上发挥文化对人类社会实践的引领作用。

二　发挥引领作用的评价文化

评价文化是隶属于教育评价领域中的文化形态，同样具备相对独立性。一方面，教育评价文化深受经济水平、政治体制的影响。经济水平的快速发展为教育评价工作提供充足的资金支持，推动评价技术走向科学化、信息化，评价文化建设也会愈发体系化和专业化；政治体制会深刻影响评价文化的外在表现形态，尤其是政府在教育评价中的角色定位。例如，较早进行评估文化建设的荷兰，民主的政治体制使得政府将角色定位成服务型政府，采取授权或分权的方式管理教育，充分调动社会、学校参与教育评价的积极性，评估文化被纳入普遍性的教育理念之中，构建了“三位一体”的评估文化格局。而我国从古至今都实行中央集权的教育管理方式，社会和学校无法摆脱政府的权力惯性，教育评价对行政权力的依附性较强。另一方面，评价文化也会深刻影响教育评价实践活动开展。不同类型的教育评价文化秉持着不同的价值取向，奠定了教育评价活动的主基调，对评价主体、评价对象、评价内容等都有影响。正如落后的考试文化过分重视甄别和选

① 林剑：《论文化生成与发展中的必然性与相对独立性》，《江汉论坛》2012 年第 10 期。

拔，分数成为等级固化的工具，至今仍是我国教育评价改革的阻碍。

就我国而言，独立自主的教育评价文化是新时代的理想追求。在我国教育评价文化的发展历程中，教育评价的内涵长期摇摆不定，评价文化几乎完全听命于政治，丧失了独立性和科学性。与政府在教育评价中的强势地位形成鲜明对比，评价文化中独立自主的观念与价值追求只有多元评估主体在价值观、思维方式等深层次文化要素发生互动，才能够真正展现出来。在这一过程中，虽然文化受制于经济基础和上层建筑，但由于人类具有主观能动性，借助一定手段可以调和文化与两者的关系，最大程度上保持评价文化的独立自主性。之所以追求教育评价文化的独立自主，是因为一套独立且成熟的评价文化运行机制可以自觉抵御管理文化、落后文化等不合理文化形态的侵袭，淘汰不适宜时代发展的文化要素，更新自身文化内核的同时汲取政治和经济中有益于评价文化发展的因素，合理规避管理的过度干预和市场经济的消极影响。此外，文化的创造主体是具有高级思维的人类，因而文化可以超越历史局限，对特定时期的社会实践产生引领作用，保持独立自主有利于发挥前瞻性文化对政治和经济的推动作用。在教育领域，教育评价本身就是教育发展的指向标，一旦独立自主的评估文化形成，便能够掌握文化话语权，进而产生一股强大的思潮将正确的价值取向、思维方式等文化内在要素席卷整个教育界乃至社会，稳定持续地影响教育评价的评价内容、评价方法、评价手段、评价标准等各个方面。

第十五章

教育评价文化的培育动因及路径

文化源于实践活动，在潜移默化中对人类社会产生影响。政治、经济、文化环境的变化以及评价文化自身的内部冲突，迫切需要培育迎合时代需求的教育评价文化，这是新时代教育评价文化的培育动因。在培育路径上，由于文化形成受到多种因素影响，要从以下方面协同推进：首先，要从观念层铸“立德树人”之魂；其次，从实践层构“多元治理”之体；再次，从制度层续“三方厚植”之脉；最后，从传播层创“润物无声”之境。如此一来，立足评价文化培育的关键举措，使评价观念、评价制度、评价实践、评价环境同向同行，共同开创新时代教育评价文化的崭新局面。

第一节　教育评价文化的培育动因

一　外部动因——时代环境的变化

（一）政治环境

从马克思主义的立场和观点看，教育评价活动本质上是社会性而非技术性的，尤其是在贯彻落实党的教育方针和涉及办学方向的评价时甚至带有明显的政治性。① 因此，不同时代的政治环境会形成不同的教育评价文化。在古代，先秦时期专制主义中央集权制度尚未形成，社会政治环境相对宽松，形成“百家争鸣”的文化繁荣景象。这时虽不能称为正式的教育评价文化，但是在漫长的历史演化中，儒、墨、道、法等学派关于人才培养和教育评价的相关论述，如重视德行、德才兼备、能力导向等价值取向和思想观念至今仍体现在现代教育评价中，积淀为一种稳定的社会文化心理。秦代之后，专制主义中央集权不断加强，文化受到控制和规训，尤其是科举制诞生后，教育逐渐沦为政治的附庸，是我国考试评价文化和教育评价功利取向形成的重要历史原因。随着封建制度的瓦解，西方的教育评价思潮传入我国，一股凸显严谨、讲究科学的教育评价文化在我国逐渐形成。

新中国成立后，我国社会主义民主政治得到极大发展，人民代表大会制度、基层群众自治制度等保障人民民主权利的制度体系、行政体制的优化改进等都极大地激发了人们追求民主和自由的热情，人们对教育发展提出更高要求，培育人本性、科学性、发展性的教育评价文化符合时代需求。正如《中共中央关于制定国民经济和社会发展十年规划和“八五”计划的建议》提出：“社会和时代的不确定性势必引发教育的新发展问题，知识更新速度加快，灌输式学习已不适应社会需要，人才素质和技能成为教育的重要内容。”② 尤其是党的十八大以来，中国特色社会主义进入新时代，“为谁培养人、怎样培养人、如

① 石中英：《回归教育本体——当前我国教育评价体系改革刍议》，《教育研究》2020年第9期。

② 金丽：《关于未来十年中国教育改革与发展的构想》，《辽宁高等教育研究》1991年第2期。

何培养人”以及“如何办教育、办什么样的教育”等成为教育发展的根本性问题。因此，坚持教育发展的社会主义方向，就是要坚持教育评价的指挥棒牢牢指向社会主义合格建设者和可靠接班人的培养，这是新时代教育评价文化应该遵循的根本政治标准。这就意味着，新时代教育要强化“为人民服务”的思想，突出社会主义教育的本质，以期在更高层面上超越当前各种相互冲突的价值取向。[①] 除此之外，各级党委和政府的责任感和使命感更强，开始由教育管理理念向教育多元治理理念转化，这些都为培育新时代教育评价文化提供了良好的政治环境。

（二）经济环境

教育变革与社会变迁相伴相随、共生发展。社会变迁是一个高度复杂的过程，教育变革和社会变迁属于一个历时与共时并存的同心圆，并蕴藏在偶然性社会变迁的必然性中。[②] 换言之，社会政治经济结构的整体变迁势必会引发中国教育系统的深刻变革。根据唯物史观，经济基础对上层建筑具有决定性作用，教育隶属于上层建筑，所以经济转轨必然对教育评价文化变革的内容和方向产生重大影响。

在传统评价文化的作用下，教育评价的社会本位论在我国长期占据主导地位，是一种教育为政治服务的价值取向，其终极目的指向培养国家和社会所需要的建设性人才。1978 年，中国由计划经济向社会主义市场经济转变，冲击了传统的绝对平均主义，人们的主体意识觉醒，开始追求实现自我价值。市场经济关系的调整使得社会力量参与

---

① 蒋明敏：《人才培养回归本位：新时代教育目的和功能再思考》，《毛泽东邓小平理论研究》2020 年第 6 期。

② 马维娜：《社会变迁中的中国教育研究》，《教育研究与实验》2022 年第 2 期。

教育评价的积极性提高，多元主体共同参与教育评价的诉求愈发强烈。然而，市场经济的快速发展也使得教育逐渐失去“品性”，人的发展不再是教育的首要目标，被物质经济的利益和效率取而代之。[①] 教育评价沦为实现社会实用目的的工具，一种凸显功利主义倾向和经济取向的评价文化在社会蔓延开来，成为塑造时代新人的阻碍。

随着中国特色社会主义进入新时代，人们不再满足于简单的物质需求，开始追求更高层次上的精神满足。在传统经济转型升级的背景下，新时代是一个加速崛起的精神经济时代。[②] 立足新的发展阶段，我国的经济发展特征由高速度转向高质量，新时代的教育评价文化也需要适应新的发展理念。经济社会的快速发展需要创新人才和科研成果的支撑，赋予教育评价新的时代使命。长期以来，教育评价以经济人假设的管理模式推进，关注量化指标，强调结果导向，以“就业率、毕业率、升学率”等数字化指标定义教育成效。党的十九大报告已明确提出“要培养造就一大批具有国际水平的科技人才和高水平创新团队”[③]。在这种意义上，知识经济的迅速发展与新时代教育评价文化形成良性互动关系，一方面经济社会发展对人才类型和标准提出新的要求，一定程度上决定评价文化的走向，另一方面评价文化的样态关乎人才与经济发展的匹配度和适应性。除此之外，信息技术、数字经济的快速发展，可进一步提高教育评价的科学性和质量，许多以往教育评价的弊端都可随着技术条件的改善逐步得到解决。如依托人工智能

---

① 鲁洁：《教育的原点：育人》，《华东师范大学》（教育科学版）2008 年第 4 期。

② 李向民：《新时代：加速崛起的精神经济时代》，《山东大学学报》（哲学社会科学版）2020 年第 1 期。

③ 余达淮、邹阳：《推进教育评价改革，促进高水平大学建设——以江苏高水平大学建设绩效评价改革为例》，《高校教育管理》2021 年第 2 期。

的智慧评价通过实时监控学习者的学习动态，能够将“抽象人”理解为“具体人”，即强调人的完整性、参与性和个性，重视评价的全面性和真实性，呈现人的完整价值。① 如此一来，经济发展推动科学技术进步，为培育具备发展性、人本性等特征的新时代教育评价文化提供动力保障。

（三）文化环境

长期以来我国的教育评价文化深受功利文化、等级文化、集权文化、面子文化等落后传统文化的桎梏。随着时代变迁，我国迫切需要一种符合时代发展潮流的文化发挥引领作用，社会主义先进文化无疑是最好的选择。社会主义先进文化就是以马克思主义为主导，厚植于中华优秀传统文化、革命文化，适应现代社会内在发展要求的文化。社会主义先进文化为培育新时代教育评价文化提供良好的文化环境支持，主要有以下原因。

首先，社会主义先进文化是我国当前社会的主流文化。主流文化是一个国家、政党和社会价值观的根本体现，其中渗透的主流意识形态更具有凝聚人心、引领社会思潮的强大力量，并能够整合和引领其他文化。社会主义先进文化，是中国特色社会主义文化生态系统中最具生命力的新生因素，代表了社会前进方向，更是新时代文化建设的核心内容，对信仰、思想、社会、道德等各层面的现代转化和重构都发挥着重要作用，因而是我国主流意识形态建设的文化基础，也在根本上引导着教育评价文化的价值追求。

其次，以人为本是新时代教育评价文化和社会主义先进文化的共

---

① 黄晶晶、刘宇佳：《试析教育评价数字化转型的原则、场域与方向》，《中国考试》2022 年第 6 期。

同旨归。根据前文分析，以人为本、注重发展是新时代教育评价文化的应然向度，而社会主义先进文化遵循同样的价值取向和精神追求，即通过对人的全面发展和解放，实现人的价值回归。从本质上来说，社会主义先进文化与人的全面发展是辩证统一的关系。一方面，社会主义先进文化为人的全面发展提供和谐的文化环境。正是由于社会主义先进文化所蕴含的文化内涵得到社会大众的普遍认同，其中蕴含的价值理想、思想观念等内化于人的意识，并成为指导人们实践的知识体系和观念系统，为人的全面发展奠定社会文化根基。另一方面，人的全面发展是社会主义先进文化的终极追求。是否以人为本、提升人的全面发展水平是衡量一种文化先进性的重要尺度，这就决定了社会主义先进文化必须以人为出发点，将人民群众视为文化主体和服务对象，促进人的全面发展。由此可知，发挥社会主义先进文化的引领作用，能够有效抵制落后传统文化对人的价值遮蔽，净化与主流文化不符的落后传统文化。

最后，社会主义核心价值观是社会主义先进文化的精髓和凝练表达，与新时代教育评价文化坚持立德树人的根本价值取向是不谋而合的。党的十八大以来，除了将立德树人确定为我国的基本教育方针，习近平总书记还高度重视利用社会主义核心价值观培养具有民族担当意识的时代新人。具体来讲，社会主义核心价值观本质上聚焦于人的思想和灵魂，塑造的是拥有正确世界观、价值观、人生观的时代新人，尊道德、讲奉献、重实干、求进取等成为新时代赋予人才的必备品质。[①] 如此一来，社会主义核心价值观与新时代教育评价文化在更高的

① 中共中央宣传部：《习近平新时代中国特色社会主义思想三十讲》，学习出版社 2018 年版，第 197 页。

视野和维度交汇融合，弥补了当前教育评价文化中缺失价值理性的弊端。同时，社会主义先进文化对“培养什么样的人”这一问题的回答，更是为深陷功利文化、等级文化等落后文化泥潭的教育评价文化指引方向。因此，要借助社会主义先进文化在价值取向和时代方向中的引领地位，为新时代教育评价文化提供精神和环境支撑，使两种文化在叠加重构、相得益彰中共同为中国的教育评价建设助力。

二　内部动因——文化自身的变革需求

（一）当前评价文化危机源于内部冲突

文化内部的超越性和自在性冲突，是永恒存在的一对矛盾。“文化由人创造，体现了人对自然和本能的超越，然而文化又在长期的历史积淀中凝结为人类群体普遍认可的价值取向，对个体的行为模式有给定性和强制性。如此一来，当文化的自在性成为超越性的桎梏，便会产生文化危机。”[①] 同时，这种文化危机属于内源性文化危机，即“在没有外来文化模式或文化精神的侵袭下，文化内部的超越性和自在性冲突引起文化失范，使得在这一文化模式主导下的人类从自身内部产生对原有文化的质疑和批判，进而发现新文化要素，表现为新的自觉的文化”[①]。由此可知，新时代教育评价文化面临的是内源性文化危机，自身蕴含着自在性与超越性的矛盾冲突机制。具体来讲，教育评价发挥甄别和选拔功能，使得人们能够发现不足后加以改进，目的在于促进人和社会整体的发展进步，这是教育评价的应有之义。当过度重视教育评价的工具价值，与人的地位本末倒置，甚至对人和社会发展进

① 衣俊卿：《文化哲学——理论理性与实践理性交汇处的文化批判》，云南人民出报社 2005 年版，第 134 页。

步产生阻碍，教育评价就会发生异化，长此以往评价文化也会产生异化。异化的教育评价文化就会成为一种自在的文化，在无形中与传统文化契合，稳定持续地对人的存在和发展产生制约和规训作用。然而，文化是由人创造的，文化的运行机制实际上就是人自身的演进机制，这就决定了文化是人类为超越自身从而获得发展产生的，文化具备天然的超越性和进步性。当评价文化的超越性受到自在性的压抑，个体的创造性活动在这种张力冲突中受到牵制，进而在实践活动中反思甚至反抗现有文化模式，文化内部本来对立统一的超越性和自在性之间的平衡状态就会被打破，这就是评价文化危机产生的内在驱动力。

（二）文化自觉机制提供内部动力

文化世界与人类世界同根同源，人凭借主观能动性可以选择文化的存在方式，实际上是文化的创造者和守望者。荷兰哲学家冯·皮尔森认为“文化是肇始过去，直达未来的存在，文化战略甚至与人类生存战略等同，内含了一个国家和民族存在的价值合理性”①。换句话说，文化与人类社会息息相关。然而，在传统、惯习、经验等长期综合作用下，文化的自在属性就会显露出来，表现为保守、惰性、稳定等特征，抗拒文化变革。当前的教育评价文化同样是一种自在的文化模式，以一种强大惯性和裹挟力统摄全社会，要想培育人本、发展、独立、诚信、科学的新时代教育评价文化，就需要人类将自觉的评价文化逐渐置换自在的评价文化，超越文化惰性，向文化自觉层面跃进。文化自觉是一个文化辨识的漫长过程，最早由社会学家费孝通先生提出。他认为，“文化自觉就是人们对所处的文化有‘自知之明’，包括文化

① 庄晓东主编：《文化传播：历史、理论与现实》，人民出版社2003年版，第201页。

的来历、形成过程和未来发展趋向等。这正是为了加强对文化转型的自主能力，并取得适应新环境、新时代的自主地位”①。换言之，文化自觉就是文化主体在认识、理解和批判反思中寻求历史认同，融透于现实，指引未来发展的全程，其独特的运行机制对于教育评价文化同样适用。

首先，文化认同机制是评价文化走向自觉的首要机制。文化认同是一个国家或民族对自己文化的承认和赞可，从中可以获得群体归属感，是文化自觉的先决条件。评价文化的认同来源于社会中的每个人对评价文化中内涵的价值取向、思维方式、评价目的等一起构建的自主意识，反映了文化主体共同的愿望和信念，这个过程不是一蹴而就的，是在情感、价值、利益的共同渗透下，人们坚定地认同自己的评价文化，并在深层次的情感倾向中相信评价文化能够实现自我超越，最终实现文化自觉的转型。

其次，文化批判机制是评价文化走向自觉的驱动机制。文化批判机制建立在对文化反思和追问的基础上，是对文化辩证否定的理性表达，更是文化主体进行文化反省和自觉的重要途径。在文化批判视域下，我们要始终对教育评价文化保持清醒的认识，要站在历史和时代的双重维度对其做出文化评价，分辨出是非优劣，并作出科学的文化取舍和改造，全方位审视和评判。这就要求文化主体克服文化无意识的阻碍，在心理和精神深处抵抗文化无意识对文化反省和自觉的消解，对自在的评价文化保持警惕。同时，评价文化主体要始终具备问题意识，既看到评价文化在长期历史积淀中的合理性和必然性，更要努力找到其发展中的症结所在，客观看待已有文化的不足和缺陷，并

① 费孝通：《文化与文化自觉》，群言出版社2016年版，第195页。

从主观上进行自我剖析和扬弃，在否定和批判中为自觉的评价文化提供内驱力。

最后，文化选择机制是评价文化走向自觉的保障机制。在文化认同、文化批判的基础上，根据文化主体的价值取向和需要，抉择出文化中的合理成分，并在自身文化根基的基础上，借鉴吸收其他文化的精华，使新的文化要素在协调重组中走向更高层次的文化自觉。众所周知，虽然我国的教育评价文化历史悠久，但是现代意义上的教育评价起源于西方，目前各国的教育评价文化处于同一文化发展空间，这就需要我们对自身评价文化的历史发展和文化使命有更深刻的认识，结合本国评价文化发展规律和现实，在开放多元的国际文化环境中找准我国评价文化的发展坐标，以多维视角实现文化交流，在正确的文化选择中摆脱文化中心主义，积极主动地走向文化自觉道路。

第二节　教育评价文化的培育路径

一　观念层——铸文化“立德树人”之魂

价值取向是教育评价文化的核心要素，对教育评价的目的、标准和方法有明确的导向作用。“文化是投射和凝聚在人类劳动实践中的价值观念，也是文化的根本所在。要想深刻认识文化，必须牢牢抓住组成文化的一系列价值观念。”[①] 倘若文化是从内到外由精神文化、制度文化、物质文化组成的同心圆结构，那么表层的物质文化稳定性最差，容易发生分解变化，而最内层的精神文化根深蒂固，阻抗变化的能力

① 袁贵仁：《价值观念研究和价值学的发展》，《哲学研究》1992 年第 9 期。

最强。由此可知，价值观念处于评价文化的核心层，并且在文化的各个层面都有渗透。在我国，经济的快速发展带来多元价值观挑战，持有不同价值观念的群体间难免会产生冲突和分歧，甚至对教育评价的价值取向产生冲击，如持有极端个人主义价值观的人会将接受教育看作通往成功道路的捷径，强调高效率、高回报。因此，教育评价中出现的“五唯”顽瘴痼疾，从根本上来说，不是技术问题而是价值取向问题。因此，要想营造符合时代发展潮流的评价文化，必须对诸多影响评价的价值取向进行选择，并以此作为设定教育评价标准的依据，使我国新时代的教育评价改革更好地适应和促进未来教育的发展。

培育新时代教育评价文化应牢牢把握“立德树人”的根本价值取向。通过前文对教育评价文化发展历史的梳理，人的德性观在我国有着深厚的历史文化根基。古代先秦诸子百家将“德”确立为人伦关系的价值中枢，奠定了“德才兼备”的人才评价准则，随着专制统治的加强，“德”的价值意蕴逐渐脱离人的存在，走向压抑和控制人的对立面，机械教条的封建道德准则背离人道主义，成为人才发展的束缚。然而，封建社会的德性思想无法满足近代社会的需要，时任北大校长的蔡元培提出“德育实为完全人格之本”，所谓完全人格就是德育、智育、体育、美育的全面发展，德育位于其他四育之首。由此可知，此时的德育思想已具有进步意义，不再是封建教育倡导的道德教化，渗透了现代教育的价值追求。党的十八大召开后，立德树人成为我国长期贯彻落实的一项基本方针以及教育的根本任务。2018 年 5 月 2 日，习近平总书记参加北京大学座谈会期间，提到“检验学习一切成效的根本标准在于立德树人”①，这也是培育新时代教育评价文化的根本价

① 习近平：《在北京大学师生座谈会上的讲话》，《人民日报》2018 年 5 月 3 日第 2 版。

值基调。因此，评价实践、评价制度、评价标准等一切与教育评价相关的内容都要以“立德树人”为中心，牢牢抓住培育评价文化的“定盘星”。

除了以上所述，还需要进一步深化对立德树人的认识，立时代新“德”。不可否认的是，立德树人的提出是对我国教育评价文化中长期奉行的主智主义、竞争主义、效率主义等不良评价导向的纠偏，纾解社会的道德信任危机。然而，当前我国教育评价对立德树人的认识还存在狭隘化问题，具体表现为仍然以死记硬背的道德知识评价为主，忽略重视成长体验的道德行为评价。事实上，无论对于教师还是学生，新时代之“德”不局限于以《公民道德建设实施纲要》为代表的道德知识体系，更重要的是在此基础上个体形成的道德能力和道德信仰。即学生能够真正将知识本领、家国情怀、品德修养、理想信念等自觉转化为内心信念，并在恪守日常道德规范的基础上，矢志不渝地为实现个人价值、奉献社会而努力奋斗；教师则能真正将师德师风摆在身体力行的重要地位，率先垂范，在传播知识的同时，担负起塑造灵魂、塑造生命的重任。在以“五唯”为具体表现的评价文化下，培养单向度经济人的价值取向使得成才先于成人，教书重于育人，这无疑与立德树人的价值取向是完全背离的。因此，坚守正确的价值取向，确立带有时代特质的立德树人，真正使精神品质、价值观、道德品质等回归教育评价文化主旋律，摆脱工具化和实用思维对人才的束缚，聚焦立德树人的核心任务。

二　实践层——构文化“多元治理”之体

新时代教育评价文化的培育不只局限在理论层面，更是一种有目的性的实践探索活动。文化产生于人类的社会实践活动，并在长期的社会发展中，人的思想观念、情感意志、思维方式等逐渐被固定下来，成为人们“日用心不觉”的文化传统，且具有相对独立性和稳定性。教育评价文化同样离不开教育实践活动，正是在实践活动中评价主体和评价客体之间的双边互动，才能够给文化提供生成空间。随着实践的深入，人的认识由感性转化为理性，不断使文化广度和深度得到拓展和沉淀。因此，评价文化要有评价实践的支撑，脱离实践的文化就是无源之水、无本之木，要加强教育评价的实践探索，形成合理的教育评价体系，为新时代教育评价文化提供实践基础。

（一）政府简政放权，发挥宏观调控职能

在教育领域，政府长期统揽管理权、办学权和评估权，造成“大政府、小社会”的教育格局。虽然政府统筹协调资源分配能够促进教育走向高效集约化，但是“管办评”过于集中，使得政府拥有绝对的教育领导权，那么教育评价就难以在封闭僵化的行政体系中发挥实际效用，更难以形成健康的教育发展格局。因此，深入推进“管办评”分离成为深化教育改革的核心命题，即“政府发挥宏观调控职能、学校掌握办学自主权，社会组织积极参与教育评价的良性发展模式，这种模式能够最大程度保证政府、学校、社会恪守权责边界，形成‘政府管、学校办、社会评’联动治理的教育结构”[①]。其中，推动“管办评”分离的第一步就是政府简政放权。事实上，政府强势的权力惯性注定了权力下放不可能是一步到位的，“管办评”分离也注定是一个缓慢渐进的过程。以教育评估权为例，政府名义上将权利让渡给专业的评估机构，但实际上这些机构仍然有鲜明的官办色彩，在行政关系上

① 史华楠：《教育管办评分离的时代价值与改革路向》，《国家教育行政学院学报》2016 年第 1 期。

依旧隶属于教育行政部门，教育评估自主权受到行政权力的束缚，真正意义上的社会中介评价机构还未建立起来，尚未提供适合发育独立自主的评价文化的现实土壤。因此，要想实现教育评价的相对独立性，政府必须实现从无限政府向有限政府的角色转变，摒弃官本位和权力本位，理顺权力关系，减少越位和错位，尤其要下放教育评估权力，增强责任和服务意识，为培育新时代教育评价文化营造宽松的政治环境。

（二）学校以评促建，强化自我评价责任

学校开展自我评价已成为世界各国和地区促进学校教育发展的重要动力，更是促进学校内部质量保障体系建设的核心机制。学校自我评价是指在一定的指标框架体系、程序和技术支持下，学校对自身开展的系统性检视，目的是发现、分析和解决问题，改进教育质量。在自我评估的过程中，学校内部人员的全员参与能够提高组织和个体的自我认知，提升学校的自组织能力建设，推动评价文化与组织文化深度融合。就我国而言，学校强化专业性自我评价，促进教育质量提升也是十分必要的，主要有以下原因。首先，在教育评价中介机构尚未建立的前提下，我国当前的教育评估仍以政府为主导。在这样的评估模式下，学校和教师面临的问责压力较大，具备一定的反抗和抵制力量，为达成绩效目标，难以关注到学校的内涵式发展，需要借助自我评估适当弥补。其次，《中国教育改革和发展纲要》明确提出要“构建政府、学校和市场‘三位一体’的教育评价主体”①。而强调学校自我评估正是其中重要一环，符合教育评价利益主体多元的大趋势，有利

① 姜昕：《我国教育评价制度存在的问题及改进建议》，《教学与管理》2017 年第 9 期。

于政府、学校和市场统筹协调形成科学的教育评价体系。最后，教育已走向内涵式发展阶段，自我评估可以帮助学校对自身教育质量持续改进，提高核心竞争力，有效回应社会关切。因此，各个层次的学校都要重视自评工作，选定专业人员成立评价小组，经过科学研讨后，制定符合本校特色的自评制度，发动校内所有成员积极参与，将自评内化于学校日常的管理活动中，形成以自我评估为基础、外部评估为保障的有机体系。

（三）社会积极参与，培育教育评价中介机构

社会评价是指独立于教育行政系统、由非政府团体或组织开展的教育评价活动，是社会积极参与教育评价的重要方式。之所以要重视社会评价的作用，是因为在我国的教育评价体系中，教育行政部门主导的评价活动具有高度权威性，能够引起各界的广泛重视，政府部门掌握教育评估权也成为常态。但是这种政府包揽一切的评价模式，使得教育评价沦为一种依附政治的活动，对行政力量的依赖性强、独立性不足的现实状况难以保证评价的客观公正性。而社会评价中介机构既不依赖政府，又与被评对象无隶属和利害关系，能够按照市场规律独立自主经营，大大保证了教育评价的独立自主性。此外，社会评价中介机构要想在市场和社会中拥有较高的权威性和公信力，必须有专业化的评价理念、业务本领过硬的评价人员、科学合理的制度、标准、程序等才能维护自身声誉和获得雇主认可，保证评价的专业性的同时，促进多元化的评价主体参与。所以，为保证科学立体的教育评价体系，要弱化政府评价，强化和培育社会中介评价机构参与和开展教育评价，这就需要政府以法律法规、认可等形式承认评价机构的合法性，研究制定社会评价机构的审批、准入、项目委托的管理机制。同时，政府

要发挥监督和管理作用，建立评价机构黑名单制度，将扰乱评价秩序的机构组织纳入黑名单，并以公开形式呈现，情形严重者可直接撤销其评价资质。社会评价中介机构则要在强化专业建设的同时，严格遵守行业规范，加强行业自律，既保持独立性，又要接受来自政府和各界的监督，为各层级学校和公众提供有效的教育信息，维护不同主体的利益诉求，为独立自主的教育评价文化提供实践可能。

三　制度层——续文化“三方厚植”之脉

宏观意义上的文化涵盖了制度文化，由于本编探讨的教育评价文化只取观念层面的文化，主要指人们在教育评价实践过程中形成的各种价值观念、思维方式、文化氛围等要素，因此需要将文化与制度加以区分。文化与制度相互影响，一方面，评价制度在不同评价文化的浸染下，呈现出的文化底色有所差异；另一方面，一旦实施某种评价制度，会对人们的价值观念、思维方式等产生影响，甚至积淀为一种文化观念，融入社会文化心理，久而久之就会被固定下来。因此，正确发挥制度对文化的作用，为培育新时代教育评价文化提供制度性支撑。

（一）厚植公平理念，完善公正性评价制度

如何在社会公众心中厚植公平理念，培育诚信公正的教育评价文化，一套成熟的有利于教育评价公正运行的制度体系是必不可少的，如规避机制、问责机制、信息披露机制等。具体来讲，规避机制就是评价参与人员要遵循“关系无涉”原则，剔除利益和情感对评价行为的干涉，避免人情和关系对评价结果公正性的损害，堵塞关系运作的通道。如在学术评价中，尽量采取匿名的外部评审，评价主体与评价

对象无直接关联，既积极发挥同行评议的专业作用，又规避了学术之外复杂因素的干扰。问责机制就是对评价实施者的操作规范和执行情况开展的批判性审视，一旦发现教育评价中存在失信、权力滥用等行为，要严格按照失信惩戒制度严惩相关人员，剥夺既得利益，杜绝评价权力的误用和滥用，同时对其他评价参与者产生警示作用。信息披露机制一方面要求教育评价的目的、标准、规范、过程、结果等都要全程记录，公开透明地向社会公众予以呈现，接受公众和同行的质疑和监督；另一方面要为评价实施者建立诚信档案袋，将违规人员或机构的失范行为记录下来，适时公布，迫使其在舆论压力下规范自身行为。总之，公正、可靠的教育评价制度为诚信公正的教育评价文化提供制度遵循，我国目前在保障教育评价公正性方面的制度建设还远远不够，需要在理念和顶层设计上加强系统性研究，为正确行使评价权力扎紧制度牢笼，并在制度践行中凝聚诚信公正的社会共识，促进文化变革。

（二）厚植科学理念，探索元评估制度

元评估是指在科学的理论和技术指导下，相关主体针对教育评价开展的评估活动，目的是通过规范、监督、改进教育评价本身的问题，使教育评价活动更加科学合理，亦被称为“评估的评估”。因此，建立一套规范有效的元评估制度，可从逻辑起点上为教育评价的科学性奠定基础，为回归科学本真的评价文化厚植科学理念。事实上，为保障教育评价质量、提升评价科学性，许多国家已经开展了丰富的元评估实践活动，并以制度形式加以确定，成为教育评价整体架构的重要组成部分。譬如美国是世界上较早开展元评估的国家，并将其作为保障教育质量的一项基本制度。美国的高等教育认证委员会（CHEA）是专

门为高等教育认证机构开展元评估的全国性机构，在保证科学、公正、公开的原则下，只有完全通过申请、自评、实地考察、公开质询、撰写初评报告、董事会认可这六个环节，才能够获得评估高校或专业的资格，有力地保障了教育评价发挥改进和促进发展的功能。反观我国的元评估制度建设基本还处于空白地带，除了在一些零散的规范性文件中对教育评价作出规定和要求，基本没有对教育评价的标准科学性、目的合理性、结果有效性等进行系统性评估，缺乏对教育评价本身是否科学的批判和反思，加大了教育评价运行的风险。因此，我国要积极结合本国国情，开展政府主导的元评估制度研究，如元评估启动机制、专业人员资格认定机制、申诉和仲裁机制等，为教育评价的规范运行保驾护航，释放教育评价文化本真活力。

（三）厚植发展理念，强化发展性评价制度

不同于奖惩性和选拔性的教育评价制度，发展性评价制度立足动态发展理念，旨在促进人的全面发展，体现了一种面向未来的形成性评价。现行评价制度将分数、升学率等量化指标作为衡量教师教学水平和学生学习成果的依据，是精英教育体制的产物，更多地为优秀学生提供较好的成长体验。但是教育评价应该是动态发展的，在此过程中获得自身不足的反馈信息，及时诊断从而为未来发展服务。对学生来说，发展性评价制度关注学生在教育过程中的增值成果，重视评价过程中学生的表现，并利用相关的评价技术对原始分数背后的含义进行阐释；对教师来说，发展性评价制度试图全方位评判教师的素质、绩效、品德等，目的是使教师在更高层次上实现自我发展和完善，淡化重分数轻学生、重科研轻教学的评价现状。发展性教育评价制度与以人为本、注重发展的评价文化不谋而合，教育评价不再是为实现某

种外在功利目的对评价对象进行控制的工具，而是指向引导个体的价值实现和自我超越，使得教育评价的意义被重新建构。由此，当前的教育评价制度变革在价值引导上应指向发展性评价理念，淡化筛选性功能，并降低与评价结果相关的奖惩机制，突出教育评价的发展功能，加大对综合素质评价制度、增值评价制度、发展性教师评价制度的研究力度，突出过程评价和形成性评价，在长期的制度实践中，发展性评价理念不断渗透人心，凝结为注重发展的教育评价文化传统。

四　传播层——创文化“润物无声”之境

新时代教育评价文化的形成，既取决于评价理念、评价制度与评价实践，又与公众的感知密切相关。社会公众对教育评价的情感态度和理性认知，左右着评价文化的环境氛围，可以说教育评价只有被人们广泛地认可和信任，评价文化才能够形成。教育评价在保证本身是合理、科学、公正的同时，还应该使公众看得到、感受得到，只有这样才能获得公众的信任和支持，凝结为一个民族的社会心理结构和行为方式，以文化的形式固定下来。因此，要注重舆情引导，促进广泛协商，营造和谐的评价文化氛围。

（一）变革教育评价社会舆论指挥棒

社会公众通过“无机方式”参与教育评价。所谓“无机方式”就是社会成员在没有任何有序组织的干预下，自由地发表个人意见、表现个人意志的方式。[①] 最初，个人自发、零散地表达对教育评价的看法，慢慢地在社会群体引起共鸣，形成社会舆论评价，随着更多人接

① ［德］黑格尔：《法哲学原理》，范扬、张企泰译，商务印书馆1982年版，第332页。

受，就会形成强大的社会舆论洪流。人类在本质上是社会关系的总和，对教育评价的价值认同深受社会舆论影响，“五唯”之所以愈演愈烈，乃至成为教育发展的阻碍，与舆论媒体的大肆渲染密切相关。因此，要引导大众传媒立足专业角度，发挥信息传递和舆论引导功能，始终弘扬立德树人主旋律，传播评价立人正能量，正确解读党和国家颁布的教育评价政策，宣传教育评价实践中的典型案例。此外，要严格规范新闻媒体公布的各类排行榜，尤其要严厉打击制造噱头、获取利益的商业宣传和恶性竞争，打造风清气正的舆论环境，维护教育生态；要引导媒体关注教师的教育实绩、学术贡献、教学质量等关键因素，严格管控对论文数量、学术帽子的宣传报道；要继续严格禁止对中高考升学率、清北率、高考状元的大力炒作，将学生在发展和进步情况作为关注重点；要在全社会宣传正确的选人用人观，从“唯学历”“唯文凭”的价值导向转变为重视人的品德和能力，同时还要聚焦职业教育，跟踪报道技能型人才的成长轨迹，为社会公众展示职业教育是大有可为的，缓解家长焦虑，引导所有学生尊重兴趣、学有所长。总之，大众传媒在引导社会舆论上发挥着关键作用，要正确发挥媒体功能为培育新时代教育评价文化做好舆情引导，创设“润物无声”的社会文化环境。

（二）搭建促进沟通的协商互动平台

教育评价与社会公众之间的良性互动，能够增强公众对评价的理解和信任，发挥评估主体的舆论引导主动权。参与教育评估的“公众”以群体或个体的形式呈现，这种参与形式往往是碎片化的，公众提出的诉求往往缺乏畅通的协商渠道，会带来主观上对评估行为认知失范，对评估产生消极情绪，漠视官方有意的舆情引导。同时，教育评价涉及公平性，在价值判断过程中只考虑强势群体的利益诉求，势必会损害弱势群体在教育评价中的合法权利。在我国，教育评价的现实主体是各级权威评价机构，并通过自上而下的方式传递评价信息，能够高效率地完成设立标准、组织实施、传达信息等系列操作，却容易忽视公众力量，信息不对称也会造成公众对教育评价品质的质疑。因此，需要搭建“信息公开+协商互动”的沟通平台，设立参与教育评价的专门机构，广泛征求各方意见，与社会公众民主协商，积极回应公众质疑，增进双方理解。开展信息公开和协商互动，一方面，使评估权力接受质询和监督，促使教育评价系统内形成民主、开放、廉洁的理念；另一方面，教育评价会走向协商民主道路，在自由平等的对话关系中，赋予评价决策合理性，平等、理解的评价理念也会在对话与协商中产生，在汇聚民智、整合意见中促成公共理性，为培育教育评价文化提供和谐的评价文化氛围。

小　　结

2020年，中共中央、国务院印发《深化新时代教育评价改革总体方案》，提出破除“五唯”顽瘴痼疾，改变不科学的评价导向，正确发挥教育评价的指挥棒作用。新时代教育评价改革主要从评价活动、评价制度和评价文化三个层面展开。长期以来，学者对教育评价的研究主要集中在评价范式和评价制度，而评价文化由于其内隐无形，常常被人们忽略。事实上，评价文化在新时代教育评价改革中发挥着统摄作用，在潜移默化中影响改革的进程，如何培育立足本土文化传统、彰显中国特色的新时代教育评价文化更是教育评价改革成功的关键。虽然目前国内对“教育评价文化”的概念界定还未达成统一共识，但是学者们已然关注到评价文化在教育评价改革中的重要性。总体来讲，我国对教育评价文化的专门性研究较少，更多将其作为评价活动和评价制度研究的辅助，缺乏对我国教育评价文化发展脉络的系统性梳理。基于此，本编立足教育评价文化相关文献的整理，对我国教育评价文化的嬗变历程进行阶段性划分，并结合新时代的要求，对我国当前教育评价文化的现实困境及成因进行剖析，提出新时代教育评价文化的应然品性，培育动因以及相应的培育路径，得出以下几点结论。

第一，教育评价文化在我国古已有之，并历经漫长发展历程。我国教育评价文化总体经历了先秦时期评价思想萌芽的初啼阶段、隋朝科举制下考试评价文化的形塑阶段、现代教育评价理论和量化思维蔓延开来的成型阶段，以及后现代主义思潮影响下多元文化的发展阶段。在此过程中，教育评价、人才评价等思想观念逐渐积淀为稳定的群体认知和心理模式，以文化的形式影响人们对当今教育评价的认知和理解。通过对评价文化的历史嬗变进行系统梳理，能够搞清楚评价文化的发展脉络，弄明白新时代教育评价文化的前进方向，为教育评价改革助力。

第二，在强大的文化惯性下，我国当前教育评价文化面临多重困境。“唯分数”评价大行其道、高等教育生态失衡、教育场域的僵化、评价文化的行政色彩浓厚等成为培育新时代教育评价文化的禁锢。笔者认为，由于人的真正价值被遮蔽，才造成有分无人的价值异化；量化思维模式的泛滥，使得人们过度追求精准化的评价方式，人的思想和灵魂陷入物化困境；绩效管理主义在教育领域评价的渗透，评价文化受到政治权力的干扰，行政色彩浓厚；社会诚信危机的加剧，缺乏诚信公正的评价环境，人们只得诉诸绝对公平的教育评价方式；落后传统文化的窠臼，使得功利主义、等级主义等文化意识依旧存在，是评价文化难以更新的重要原因。

第三，本编提出新时代教育评价文化的应然品性。由于兼具规律性和价值性，新时代教育评价文化对教育评价改革发挥着积极的引领性作用，因而要迎合新时代的需求，具备回归育人价值的人本性、弘扬价值理性的科学性、激发内在潜能的发展性、辐射社会整体的公正性、发挥引领作用的独立性等多方面特点，明晰应然品性能够为新时代教育评价文化的培育提供发展方向。

第四，本编提出新时代教育评价文化的培育动因及路径。新时代教育评价文化的培育动因不仅有政治、经济、文化等时代环境的变化，评价文化自身的内在冲突和动力机制也驱使评价文化必须改变。培育文化是十分缓慢和复杂的过程，且因为文化是内隐无形的，所以必须借助制度和实践才能完成。因此，笔者认为要想培育新时代教育评价文化，要从观念、制度、实践、传播四个层面共同发力，是培育新时代教育评价文化的路径选择。

参考文献

一　中文著作

陈寅恪：《隋唐制度渊源略论稿》，中华书局 1963 年版。

辞海编辑委员会：《辞海·哲学分册》，上海辞书出版社 1980 年版。

邓小平：《邓小平文选》第 2 卷，人民出版社 1983 年版。

翟学伟：《人情、面子与权力的再生产》，北京大学出版社 2008 年版。

刁培萼：《教育文化学》，江苏教育出版社 1992 年版。

董诰等编：《全唐文》，中华书局 1983 年版。

范晔：《后汉书》第 1 册，中华书局 1965 年版。

费孝通：《文化与文化自觉》，群言出版社 2016 年版。

顾明远：《中国教育的文化基础》，山西教育出版社 2004 年版。

郝维谦、龙正中、张晋峰：《中华人民共和国高等教育史》，新世界出版社 2011 年版。

侯光文：《教育评价概论》，河北教育出版社 1996 年版。

金娣、王刚：《教育评价与测量》，教育科学出版社 2002 年版。

黎翔凤：《管子校注（上）》，中华书局 2004 年版。

林语堂：《中国人》，学林出版社 1994 年版。

马云鹏、张春莉：《数学教育评价》，高等教育出版社 2003 年版。

毛礼锐、沈灌群主编：《中国教育通史》，山东教育出版社 1985 年版。

邱均平：《评价学：理论方法实践》，科学出版社 2010 年版。

史秋衡、陈蕾：《中国特色高等教育质量评估体系的范式研究》，广东高等教育出版社 2011 年版。

孙诒让：《墨子闲诂》，中华书局 2001 年版。

王先慎：《韩非子集解》，中华书局 1998 年版。

杨伯峻：《论语译注》，中华书局 2006 年版。

杨伯峻：《孟子译注》，中华书局 1960 年版。

叶澜：《教育概论》，人民教育出版社 1991 年版。

衣俊卿：《文化哲学——理论理性与实践理性交汇出的文化批判》，云南人民出报社 2005 年版。

张岱年、成中英等：《中国思维偏向》，中国社会科学出版社 1991 年版。

中共中央宣传部：《习近平新时代中国特色社会主义思想三十讲》，学习出版社 2018 年版。

中国社会科学院语言研究所词典编辑室编：《现代汉语词典》（第 5 版），商务印书馆 2005 年版。

庄晓东等：《文化传播》，人民出版社 2003 年版。

二　中文译著

［美］艾尔·巴比：《社会研究方法》，邱泽奇译，华夏出版社 2000 年版。

［法］福柯：《规训与惩罚》，刘北成等译，生活·读书·新知三联书店 2003 年版。

[德] 黑格尔:《法哲学原理》，范扬、张企泰译，商务印书馆 1982 年版。

[美] 拉尔夫·泰勒:《课程与教学基本原理》，施良方译，人民教育出版社 1994 年版。

[美] 托马斯·塞缪尔·库恩:《科学革命的结构》，金吾伦等译，北京大学出版社 2003 年版。

三　中文期刊

白文昊:《教师增值评价素养的结构要素、生发机理与培育策略》,《当代教育论坛》2022 年第 5 期。

才立琴:《高校学生量化评价的泛滥与纠偏》,《中国青年研究》2009 年第 8 期。

蔡敏:《美国教育评价的伦理规范建设及其启示》,《外国教育研究》2005 年第 6 期。

曹大宏:《基础教育呼唤专业化教育评估——建立面向基础教育专业化教育评估机构的思考》,《教育理论与实践》2004 年第 7 期。

曹延飞:《改革开放以来我国本科教育评估制度的再认识与理性反思》,《现代教育科学》2020 年第 1 期。

曾昭轰:《基础教育评价体系及制度创新研究》,《江西教育科研》2005 年第 12 期。

查吉德:《改革开放 40 年教育发展战略变迁》,《河北师范大学学报》(教育科学版) 2018 年第 3 期。

常媛媛:《布鲁贝克的高等教育公平观——基于〈高等教育哲学〉的解读》,《教育学术月刊》2013 年第 6 期。

陈法宝:《PISA 测评对世界课程改革的影响与启示》,《现代教育管理》

2021 年第 3 期。
陈家斌：《教育思维方式：结构、功能及意义》，《教育理论与实践》2014 年第 16 期。
陈金芳、万作芳：《教育治理体系与治理能力现代化的几点思考》，《教育研究》2016 年第 10 期。
陈明、吕锡琛：《老子是否存在教育思想》，《大学教育科学》2013 年第 2 期。
陈秋仙：《论形成性评价在中国的文化适可与挪用》，《山西大学学报》（哲学社会科学版）2016 年第 3 期。
陈如：《略论我国教育评价制度系统的构建》，《教育探索》1999 年第 6 期。
陈为峰、韦月：《“选分”还是“选人”：新高考背景下高校招生的改革困境与应对策略》，《河北师范大学学报》（教育科学版）2021 年第 3 期。
陈玉琨、李如海：《我国教育评价发展的世纪回顾与未来展望》，《华东师范大学学报》（教育科学版）2000 年第 1 期。
陈玉琨：《论高等教育评估的中介机构》，《中国高等教育评估》1998 年第 2 期。
戴家干：《从考试到评价：教育改革的时代任务》，《中国高等教育》2007 年第 Z2 期。
邓小平：《各级党委和政府要把教育工作认真抓起来——在全国教育工作会议上的讲话》，《人民教育》1985 年第 7 期。
邓小平：《在全国教育工作会议上的讲话》，《人民教育》1978 年第 Z1 期。
邓优、陈大超：《我国大学教学文化的价值冲突与转型路向》，《教育理论与实践》2021年第8期。
丁念金:《面向中国梦的小学生素质发展评价文化建设》,《当代教育科学》2014年第22期。
董奇、赵德成:《发展性教育评价的理论与实践》,《中国教育学刊》2003年第8期。
董秀华:《专业认证:高等教育质量保障的重要方法》,《复旦教育论坛》2008年第6期。
杜楠、周福盛:《论教育评价中人的理性回归:从“抽象的人”到“具体的人”》,《中国考试》2021年第9期。
方兴武、阮成武:《论教育评估实践范式的转型》,《黄河科技大学学报》2015年第4期。
冯虹、刘国飞:《第三方教育评价及其实施策略》,《教育科学研究》2016年第3期。
冯虹、朱瑞:《20世纪90年代以来我国教育评价政策的回顾及展望》,《教育测量与评价》2019年第11期。
冯晖、吴磊:《教育评估的政策演进、现状剖析及推进逻辑》,《现代教育科学》2018年第10期。
符美玲:《教育评价范式转型的基本逻辑及推进策略》,《长江丛刊》2020年第22期。
傅程、黄斌、才馨竹:《教育评价导向的转变与高等教育发展》,《黑龙江高教研究》2019年第6期。
高涵、成思琪:《生态本位:新时代教育科研评价的价值取向》,《当代教育论坛》2022年第2期。
高江勇:《大学教育评价中的过度量化:表现、困境及治理》,《中国高教研究》2019年第10期。

高凯平、卫建民：《浅谈提高教育效益的途径》，《山西财经大学学报》（高等教育版）1999 年第 3 期。

高展：《传统和合文化对学生评价的启示》，《上海教育科研》2020 年第 12 期。

葛孝亿：《社会组织参与教育评价的制度障碍及其突破》，《教育发展研究》2016 年第 8 期。

郭芳芳：《大学中以 GPA 为主导的考试文化和以过程为主导的评价文化》，《江苏高教》2012 年第 3 期。

郝虹：《德与才的较量：从“唯才是举令”到九品中正制》，《孔子研究》2015 年第 1 期。

洪致平：《教育评价制度的建立及其有效运转》，《浙江社会科学》1997 年第 1 期。

胡弼成、欧阳鹏：《现代大学中“人格之治”的特殊意蕴》，《大学教育科学》2017 年第 2 期。

黄晶晶、刘宇佳：《试析教育评价数字化转型的原则、场域与方向》，《中国考试》2022 年第 6 期。

黄连金：《略论中国高等教育评估的发展历程和发展方向》，《黑龙江教育》（高教研究与评估）2007 年第 9 期。

黄向敏、李佳孝：《高等学校教育评价存在的问题与对策初探》，《内蒙古师范大学学报》（教育科学版）2009 年第 7 期。

霍国强：《我国教育元评价的实践缺失及对策思考》，《教育发展研究》2012 年第 Z2 期。

姜树卿：《关于学习苏联教育经验的认识与评价》，《中国高教研究》2002 年第 7 期。

姜昕：《我国教育评价制度存在的问题及改进建议》，《教学与管理》

2017 年第 9 期。
蒋家琼、张亮亮：《英国高等教育质量风险监管：缘起、实施及启示》，《大学教育科学》2021 年第 6 期。
蒋明敏：《人才培养回归本位：新时代教育目的和功能再思考》，《毛泽东邓小平理论研究》2020 年第 6 期。
蒋文昭：《试析“唯数字”科技评价文化的阻滞及超越》，《科学与社会》2017 年第 1 期。
金柏燕、蒋一之：《人学视野下教育评价改革的新取向》，《现代大学教育》2020 年第 2 期。
金丽：《关于未来十年中国教育改革与发展的构想》，《辽宁高等教育研究》1991 年第 2 期。
孔祥沛：《浅论传统文化对我国教育评价制度的影响》，《教育科学研究》2001 年第 7 期。
赖井洋、王泽应：《宋代道德理想主义的构建与历史影响》，《中南大学学报》（社会科学版）2014 年第 6 期。
朗宁、国靖：《真人、缘督与逍遥：庄子的生命哲学指向》，《延安大学学报》（社会科学版）2023 年第 3 期。
冷淑敏：《孔子推崇什么样的人才》，《人民论坛》2017 年第 23 期。
李定仁、刘旭东：《教学评价的世纪反思与前瞻》，《教育研究》2001 年第 2 期。
李洁、徐建刚、黄晨：《数据驱动的评价范式实证研究》，《情报理论与实践》2021 年第 6 期。
李立国等：《超越“五唯”：新时代高等教育评价的忧思与展望》，《大学教育科学》2020 年第 6 期。
李琳、刘昊：《从“抽象的人”到“具体个人”：教育评价范式转变及其对学前教育评价转型的影响》，《教育测量与评价》2018 年第 1 期。

李木洲、刘子瑞：《综合素质评价牵引高质量育人体系建设：历史脉络、现实意蕴与实践策略》，《河北师范大学学报》（教育科学版）2022 年第 3 期。

李鹏：《评价改革是解决教育问题的“钥匙”吗？——从教育评价的“指挥棒”效应看如何反对“五唯”》，《教育科学》2019 年第 3 期。

李庆丰、周作宇：《高等教育评价中的价值冲突与融合》，《高等教育研究》2020 年第 10 期。

李硕豪、陶威：《我国高等教育改革历程回顾与建议》，《现代教育管理》2017 年第 3 期。

李夏妍：《我国现代教育测量发展述析》，《哈尔滨师范大学社会科学学报》2014 年第 2 期。

李向民：《新时代：加速崛起的精神经济时代》，《山东大学学报》（哲学社会科学版）2020 年第 1 期。

李欣欣、任增元：《以质量为导向的评价：高校教师科研评价制度重构研究》，《上海教育评估研究》2020 年第 4 期。

李亚东、张行：《教育评价发展的历史轨迹及其规律》，《江苏高教》2000 年第 3 期。

李玉萍：《论教育范式的后现代转换》，《教育理论与实践》2010 年第 31 期。

李卓：《我国中小学教师评价制度的变迁及其对教师专业发展的影响》，《世纪桥》2007 年第 12 期。

林宝灯：《近十年我国高等教育评价研究现状与前沿演进——基于 Cite Space 知识图谱的可视化分析》，《西南民族大学学报》（人文社会科学版）2022 年第 5 期。

林剑：《论文化生成与发展中的必然性与相对独立性》，《江汉论坛》2012 年第 10 期。

刘国瑞：《新发展格局与高等教育高质量发展》，《清华大学教育研究》2021 年第 1 期。

刘红熠：《教育政策评估范式选择问题研究》，《当代教育科学》2013 年第 3 期。

刘佳：《第四代评价理论视阈下高校教学评价制度的反思与重建》，《教育发展研究》2015 年第 17 期。

刘坤轮：《中国高等教育评估制度依据：制度规范及其不足》，《武汉科技大学学报》（社会科学版）2020 年第 6 期。

刘生全：《论教育场域》，《北京大学教育评论》2006 年第 1 期。

刘淑芸：《重建我国高等教育评估制度的思考》，《中国高等教育评估》2014 年第 3 期。

刘铁芳：《进退之间：从〈论语〉看因材施教的意涵与路径》，《贵州社会科学》2022 年第 6 期。

刘晓红：《国外高等教育评估制度对我国高教评估的启迪》，《北京理工大学学报》（社会科学版）2004 年第 1 期。

刘尧：《关于教育评价学理论体系的思考——从我国的教育评价学研究谈起》，《北京理工大学学报》（社会科学版）2000 年第 3 期。

刘尧：《论教育评价的科学性与科学化问题》，《教育研究》2001 年第 6 期。

刘尧：《中国教育评价发展历史述评》，《北京工业大学学报》（社会科学版）2003 年第 3 期。

刘振天、罗晶：《高等教育评价“双刃剑”：何以兴利除弊》，《大学教育科学》2021 年第 1 期。

刘振天：《完善高等教育评价体系　提升高等教育治理能力》，《大学教育科学》2020 年第 1 期。

刘志军、徐彬：《教育评价：应然性与实然性的博弈及超越》，《教育研究》2019 年第 5 期。

刘志军、徐彬：《面向未来的课程与教学评价：困顿、机遇与走向》，《课程·教材·教法》2020 年第 1 期。

刘志军、徐彬：《我国课堂教学评价研究 40 年：回顾与展望》，《课程·教材·教法》2018 年第 7 期。

刘志军、徐彬：《综合素质评价：破除“唯分数”评价的关键与路径》，《教育研究》2020 年第 2 期。

刘志军、袁月：《初中学生综合素质评价的现实困境与破解之道》，《中国考试》2021 年第 12 期。

刘志军：《关于教育评价方法论的思考》，《教育研究》1997 年第 11 期。

刘志耀：《教师评价范式：认识论与方法论的审视》，《煤炭高等教育》2007 年第 4 期。

刘卓：《建立健全新发展阶段高校教学评价体系》，《中国高等教育》2022 年第 8 期。

刘子真：《高校教学评估的文化逻辑》，《辽宁教育研究》2008 年第 11 期。

龙宝新、孙瑞芳：《论中小学教育评价的变异机理与修复策略》，《当代教育科学》2021 年第 1 期。

娄立志、张基惠：《新高考本体价值之表达：评价理念、育人功能、人本取向》，《中国考试》2019 年第 10 期。

卢立涛、井祥贵：《促进发展性学校评价在我国实施的条件保障》，《教育科学研究》2011 年第 9 期。
卢立涛：《改革开放 30 年我国中小学学校评价的回顾与反思》，《教育科学研究》2009 年第 10 期。
卢文汇、连仙枝：《对我国中小学生评价的历史研究》，《晋城职业技术学院学报》2011 年第 2 期。
卢晓中：《基于系统思维的高质量教育体系构建与教育评价改革——兼论拔尖创新人才培养的系统思维》，《国家教育行政学院学报》2021 年第 7 期。
鲁洁：《教育的原点：育人》，《华东师范大学》（教育科学版）2008 年第 4 期。
陆启越：《德育评价范式：内涵、类型及演变》，《大学教育科学》2021 年第 1 期。
罗祖兵、郭超华：《学科核心素养评价的困境与出路》，《基础教育》2019 年第 5 期。
马国焘等：《教育评价转型视角下我国学科评价的挑战与发展方向》，《研究生教育研究》2020 年第 3 期。
马世晔：《从国外教育评价制度看我国基础教育评价体系的建立》，《中国考试》（研究版）2008 年第 5 期。
马廷奇、伍萱：《西方国家高等教育评估制度模式的实践特征及其发展趋向》，《北京科技大学学报》（社会科学版）2010 年第 4 期。
马维娜：《社会变迁中的中国教育研究》，《教育研究与实验》2022 年第 2 期。
毛杰：《新制度经济学视角下的第三方教育评估制度环境研究》，《中国大学教学》2016 年第 7 期。

么加利、罗琴:《高等教育评价的数字依附及消解》,《高校教育管理》2022 年第 1 期。

孟溦、张群:《科研评价“五唯”何以难破——制度分析的视角》,《中国高教研究》2021 年第 9 期。

孟小红:《“教育文化”视阈中的高等教育变革》,《教育评论》2011 年第 6 期。

倪宏娟、云武:《高校教学奖励制度建设与创新》,《江苏高教》2002 年第 2 期。

彭秀兰:《养成教育的人文建构及使命》,《教学与管理》2009 年第 30 期。

戚晓思:《教育治理体系与治理能力现代化的研究进展与展望》,《河南社会科学》2018 年第 2 期。

戚业国、杜瑛:《教育价值的多元与教育评价范式的转变》,《华东师范大学学报》(教育科学版)2011 年第 2 期。

钱洁、缪建东:《破解家长教育焦虑的可能路径:构建促进学生全面发展的教育评价体系》,《中国教育学刊》2021 年第 9 期。

秦平:《我国大学教学评价的价值错位及反思》,《黑龙江高教研究》2008 年第 4 期。

屈振辉:《我国高校教师职称评审改革评析》,《大学教育科学》2019 年第 1 期。

全晓燕:《多元智能理论对教育学的启示》,《四川师范大学学报》(社会科学版)2005 年第 S1 期。

冉亚辉:《基础教育应试倾向的深层原因论析》,《教学与管理》2010 年第 10 期。

任丑:《孟子的人性实践论》,《中州学刊》2023 年第 6 期。

容中逵：《教育改革的文化逻辑》，《教育研究》2016 年第 6 期。
沈胜林：《论学校内涵发展与文化生成机制的建构》，《教学与管理》2015 年第 27 期。
沈小碚：《教育教学评价研究的发展与问题》，《西南师范大学学报》（人文社会科学版）2001 年第 4 期。
沈小碚：《中外教育评估制度发展史简述》，《山东师大学报》（社会科学版）1990 年第 5 期。
石中英：《回归教育本体——当前我国教育评价体系改革刍议》，《教育研究》2020 年第 9 期。
史华楠：《教育管办评分离的时代价值与改革路向》，《国家教育行政学院学报》2016 年第 1 期。
司梦兰等：《基于数据驱动的过程智能优化技术研究现状及其在中药先进制药中的应用展望》，《天津中医药大学学报》2020 年第 5 期。
宋乃庆、肖林、罗士琰：《破解“五唯”顽疾，构建我国新时代教育评价观——基于学生发展的视角》，《教育与教学研究》2018 年第 11 期。
宋志臣：《教育文化论》，《教育研究》2012 年第 10 期。
苏启敏：《成就标准：教育评价视域下的范式变革》，《教育理论与实践》2009 年第 28 期。
苏昕、侯鹏生：《高等教育评价体系的结构多元化和价值冲突》，《教育研究》2009 年第 10 期。
眭依凡：《关于本科教学评估的理性思考》，《大学教育科学》2019 年第 5 期。
孙翠香、张媛媛：《高等职业教育质量评估的价值取向分析》，《职教论坛》2014 年第 10 期。
孙发锋：《中国民间组织“去行政化”改革的动力和阻力》，《理论月刊》2012年第10期。
孙玲：《教学评价改革的文化制约分析》，《中小学教师培训》2010年第7期。
谈松华：《关于教育评价制度改革的几点思考》，《中国教育学刊》2017年第4期。
覃创、严忠权：《新中国成立70年我国基础教育课程的回顾与展望》，《教育观察》2019年第26期。
唐松林、周文娟：《教育研究范式类型及演化分析：差异、辩证与融通》，《郑州师范教育》2012年第6期。
陶含怡：《从选拔到促进学生发展的教育评价——我国教育评价发展的回顾与前瞻》，《浙江教育科学》2019年第1期。
王洪才、田芬：《“证实规律”与“阐释意义”：人工智能时代教育研究范式的两种旨趣》，《西北师大学报》（社会科学版）2021年第3期。
王洪才：《教育治理体系与治理能力现代化论略》，《复旦教育论坛》2020年第1期。
王焕霞：《发展性学生评价：内涵、范式与参照标准》，《山东师范大学学报》（人文社会科学版）2017年第1期。
王冀生：《建设具有中国特色的高等教育评估制度的基本要点》，《高等教育研究》1994年第1期。
王建华：《教育研究的确定性与不确定性》，《重庆高教研究》2023年第11期。
王景英、梁红梅：《后现代主义对教育评价研究的启示》，《东北师大学报》（哲学社会科学版）2002年第5期。
王卫华：《教育思辨研究与教育实证研究：从分野到共生》，《教育研究》2019 年第 9 期。
王学：《教育功利性取向的德性反思》，《南京师大学报》（社会科学版）2021 年第 2 期。
王悦琪：《谈教育评价发展趋势》，《才智》2019 年第 9 期。
王韵晨、徐军伟：《社会组织参与大学评价：价值、困境与路径优化》，《教育探索》2021 年第 1 期。
王中男：《谈我国台湾九年一贯课程评价改革——对我国台湾著名课程专家欧用生教授的访谈》，《教育理论与实践》2012 年第 19 期。
温雪梅、孙俊三：《论教育评价范式的历史演变及趋势》，《现代大学教育》2012 年第 1 期。
吴钢：《初探建立我国教育评价制度》，《教育理论与实践》1992 年第 6 期。
吴钢：《我国教育评价发展的回顾与展望》，《教育研究》2000 年第 8 期。
伍远岳、程佳丽：《文化理解视角下的教育评价》，《中国考试》2022 年第 2 期。
肖雨、魏超：《破旧立新：新中国第一次全国教育工作会议》，《世纪桥》2023 年第 2 期。
肖远军、邢晓玲：《我国教育评价发展的回眸与前瞻》，《江西教育科研》2007 年第 12 期。
辛涛：《深化教育评价改革　建立良性的教育评价制度》，《清华大学教育研究》2019 年第 1 期。
徐彬、刘志军、肖磊：《论课程评价制度创新的阻力及其化解》，《课程·教材·教法》2021 年第 1 期。
徐彬、刘志军：《指向核心素养的课程评价探析》，《课程·教材·教法》2019年第7期。
徐朝晖、张洁：《学生发展性评价的困境追问》，《教育理论与实践》2015年第5期。
徐承萍、赵蒙成：《职业教育质量评价的人文意蕴》，《河北师范大学学报》（教育科学版）2018年第6期。
徐椿梁：《认知·实践·主体：价值在文化存在中的三重意义》，《求索》2020年第6期。
荀振芳：《大学教学评价范式的困境与现实问题思考》，《河南大学学报》（社会科学版）2006年第1期。
闫飞龙：《高等教育评价制度中的权力及其分配》，《教育研究》2012年第4期。
杨国荣：《儒家的人格学说》，《华东师范大学学报》（哲学社会科学版）1998年第1期。
杨红荃、黄雅茹：《高等职业教育评价制度的反思与构想》，《职教论坛》2016年第25期。
杨聚鹏：《新时代教育评价改革政策的价值意蕴、执行阻力与改革路向》，《教育学报》2022年第5期。
杨聚鹏：《新时代教育评价改革政策的实践困境与推进策略研究》，《武汉大学学报》（哲学社会科学版）2022年第6期。
杨启亮：《评估的文化与高校文人精神的迷失》，《江苏高教》2002年第6期。
杨启亮：《制约课程评价改革的几个因素》，《课程·教材·教法》2004年第12期。
杨希洁：《PISA特点分析及其对我国基础教育评价制度改革的启示》，《教育科学研究》2008年第2期。

杨向东：《教育测量在教育评价中的角色》，《全球教育展望》2007年第11期。

杨阳：《90年代复兴儒学运动批判》，《天津社会科学》1998年第4期。

叶赋桂：《教育评价的浮华与贫困》，《清华大学教育研究》2019年第1期。

易凌云：《"五唯"问题：实质与出路》，《教育研究》2021年第1期。

游静、方建华：《试论高等教育管办评分离的现实意义及路径》，《教育探索》2016年第6期。

游霞、骆春秀：《改变传统的评价模式　建立新型的教育评估制度》，《自贡师范高等专科学校学报》2001年第S1期。

于述胜：《道家教育智慧的现代启示》，《陕西师范大学学报》（哲学社会科学版）2004年第1期。

余达淮、邹阳：《推进教育评价改革，促进高水平大学建设——以江苏高水平大学建设绩效评价改革为例》，《高校教育管理》2021年第2期。

余小波：《社会评价介入大学治理：价值、路径及条件》，《大学教育科学》2015年第4期。

余小波：《我国高等教育质量保障的发展与评析》，《高等教育研究》2020年第2期。

余小波：《新时代教育评价文化建设：意蕴、困境及完善路径》，《大学教育科学》2022年第6期。

余咏梅：《高等教育评价制度中的权力制衡》，《淮北职业技术学院学报》2015年第2期。

俞佳君：《以学习为中心：高校教学评价的新范式》，《高教探索》2016

年第 11 期。
袁贵仁:《价值观念研究和价值学的发展》,《哲学研究》1992 年第 9 期。
詹颖、万志宏:《论形成性评价与中国考试文化之间的张力》,《中国考试》(研究版)2008 年第 11 期。
张继明、冯永刚:《高等教育有效治理的系统化原则及其实践——基于顶层设计与法治问责的视角》,《江苏高教》2020 年第 5 期。
张继平:《"双一流"建设语境中的学科评估中国化:成效、问题与进路》,《高校教育管理》2019 年第 5 期。
张楠、宋乃庆、申仁洪:《新时代教育评价改革的价值意蕴与实践路径》,《中国考试》2020 年第 8 期。
张其志:《我国教育评价的科学观及其方法论的演变》,《黑龙江高教研究》2008 年第 1 期。
张瑞、覃千钟:《师范生评价素养发展的内在诉求与驱动生成》,《继续教育研究》2019 年第 2 期。
张淑林等:《大学排名视角下的我国"世界一流大学"建设现状、差距与路径》,《清华大学教育研究》2018 年第 1 期。
张曦琳:《中国高等教育评估制度变迁的回眸与前瞻——基于历史制度主义视角》,《重庆高教研究》2021 年第 1 期。
张学强、张军历:《重塑教育的人文价值:老子哲学思想的启示》,《西北师大学报》(社会科学版)2018 年第 2 期。
张洋、庞进京、侯剑华:《学术评价的关键问题与未来发展对策研究》,《情报杂志》2020 年第 11 期。
张雨强、崔允漷:《论开放性活动的教育评价文化》,《教师教育研究》2006 年第 2 期。

张志红、李凌艳：《教师评价观念：内涵、与评价实践的关系及其差异性》，《中国考试》2022 年第 4 期。
张志华、王丽、季凯：《大数据赋能新时代教育评价转型：技术逻辑、现实困境与实现路径》，《电化教育研究》2022 年第 5 期。
赵必华：《教育评价范式：变革与冲突》，《比较教育研究》2003 年第 10 期。
赵黎：《评价的呼唤：学校良好评价文化之培植》，《当代教育论坛》（综合版）2010 年第 1 期。
郑若玲、宋莉莉、徐恩煊：《再论高考的教育功能——侧重“高考指挥棒”的分析》，《全球教育展望》2018 年第 2 期。
郑若玲：《科举启示录——考试与教育的关系》，《清华大学教育研究》1999 年第 2 期。
郑雪松：《新高考改革助推学生发展性评价的实施》，《教学与管理》2019 年第 22 期。
中国科技信息研究所《中国科技论文统计与分析》课题组：《1993 年中国科技论文统计分析》，《科学》1995 年第 2 期。
钟秉林、王新凤：《普及化阶段我国高校教学质量评价范式的转变》，《中国大学教学》2019 年第 9 期。
钟启泉：《中国课程改革：挑战与反思》，《比较教育研究》2005 年第 12 期。
周光礼：《高等教育质量评估体系的有效性：中国的问题与对策》，《复旦教育论坛》2012 年第 2 期。
周光礼等：《世界一流大学的建设与评价：国际经验与中国探索》，《中国高教研究》2019 年第 9 期。
周国斌、李颖辉：《“育人为本”教育理念的人学意蕴与实践策略》，

《教育科学》2017 年第 3 期。
周继良：《无存“范式”之争——教育学研究中的本质主义与反本质主义新解》，《现代大学教育》2011 年第 5 期。
周全华、吴炜：《异化的本质即价值异化——从马克思对劳动异化的价值分析谈起》，《哲学动态》2014 年第 10 期。
周诗婷：《综合素质评价纳入高考录取遭遇阻抗的文化审视》，《中国考试》2018 年第 4 期。
周守亮、赵彦志：《民办高等教育分类管理实施路径与策略研究》，《教育研究》2014 年第 5 期。
周志刚、杨彩菊：《教育评价范式特征演变的向度分析》，《江苏高教》2014 年第 4 期。
朱爱军：《论库恩的范式概念及其借用》，《学习与探索》2007 年第 5 期。
朱铁成：《论我国教育评价范式及其转型》，《浙江师范大学学报》（自然科学版）2007 年第 4 期。
朱忠明：《教育评价伦理：内涵、实践缺失与构建策略》，《教育测量与评价》（理论版）2016 年第 2 期。
祝宝江：《偏颇与修正：高职教育质量的评价范式》，《黑龙江高教研究》2013 年第 7 期。
祝波等：《新时代学科育人评价方式变革的校本探索》，《教育科学论坛》2021 年第 10 期。
宗爱东：《教育评价的症结及出路》，《探索与争鸣》2022 年第 4 期。
宗国庆、王祖浩：《试论我国科学教育的本土文化转向》，《中国教育科学》2021 年第 4 期。
宗国庆：《我国教育评价文化范式建构：理论主张、实施程序与指标体系》,《中国考试》2021 年第 3 期。

四 中文报纸

《中共中央国务院印发〈深化新时代教育评价改革总体方案〉》,《人民日报》2020 年 10 月 14 日第 1 版。

陈宝生:《加快构建符合中国实际、具有世界水平的教育评价体系》,《中国教育报》2020 年 10 月 24 日第 1 版。

何忠国:《坚决克服“五唯”痼疾》,《学习时报》2018 年 9 月 10 日第 1 版。

李怀杰:《抓好新时代教育评价改革的“牛鼻子”》,《四川日报》2021 年 3 月 29 日第 8 版。

杨志刚:《怎样建构科学的教育评价体系》,《中国教师报》2020 年 12 月 9 日第 14 版。

五 学位论文

杜瑛:《我国高等教育评价的范式转换及其协商机制研究》,博士学位论文,华东师范大学,2010 年。

范永新:《我国高校发展性学生评价制度研究》,硕士学位论文,大连理工大学,2010 年。

黄明光:《明代科举制度研究》,博士学位论文,浙江大学,2005 年。

刘军:《中外高等教育评价比较研究》,硕士学位论文,哈尔滨工程大学,2006 年。

罗晨晨:《课程评价改革遭遇阻抗的文化检视》,硕士学位论文,湖南师范大学,2013 年。

邱伟芳:《新中国教育督导制度变迁研究》,硕士学位论文,广西师范大学，2017 年。

王曦：《高等教育第三方评价制度创新研究》，硕士学位论文，西华师范大学，2019 年。

王燕：《构建我国高等教育评价伦理规范体系的研究》，博士学位论文，第三军医大学，2012 年。

王中男：《考试文化研究》，博士学位论文，华东师范大学，2012 年。

荀振芳：《大学教学评价的价值反思》，博士学位论文，华中科技大学，2005 年。

杨毅：《新中国高校教师聘任制度变迁研究》，博士学位论文，西南大学，2013 年。

六　网络文献

北京市教育委员会：《北京市教育委员会关于印发北京市普通高中学生综合素质评价实施办法（试行）的通知》，http：//www. beijing. gov. cn/zhengce/gfxwj/sj/201905/t20190522 _ 60411. html，2017 年 7 月 5 日。

国务院：《国务院批转教育部 2003—2007 年教育振兴行动计划的通知》，http：//www. moe. gov. cn/jyb _ xxgk/moe _ 1777/moe _ 1778/tnull _ 27717. html，2004 年 3 月 3 日。

国务院：《国务院关于深化考试招生制度改革的实施意见》，http：//www. moe. gov. cn/jyb_ xxgk/moe_ 1777/moe_ 1778/201409/t20140904 _ 174543. html，2014 年 9 月 3 日。

国务院教育督导委员会办公室：《国务院教育督导委员会办公室关于印发〈2020 年对省级人民政府履行教育职责的评价方案〉的通知》，http：//www. moe. gov. cn/srcsite/A11/s7057/202006/t20200611_ 465090.

html，2020 年 6 月 5 日。

国务院：《国务院办公厅关于印发对省级人民政府履行教育职责的评价办法的通知》，http：//www. gov. cn/zhengce/content/2017 – 06/08/content_ 5200756. html，2017 年 5 月 31 日。

国务院：《教学成果奖励条例》，https：//baike. so. com/doc/6213691 – 6426963. html，1994 年 3 月 14 日。

教育部：《中国教育改革和发展纲要》，http：//www. moe. gov. cn/jyb_ sjzl/moe_ 177/tnull_ 2484. html，1999 年 2 月 13 日。

教育部，《面向 21 世纪教育振兴行动计划》，http：//www. moe. gov. cn/srcsite/A16/s7062/200309/t20030910_ 82288. html，2003 年 9 月 10 日。

教育部：《基础教育课程改革纲要（试行)》，http：//www. moe. gov. cn/srcsite/A26/jcj_ kcjcgh/200106/t20010608_ 167343. html，2001 年 6 月 8 日。

国务院：《深化新时代教育评价改革总体方案》，http：//www. moe. gov. cn/jyb_ xxgk/moe_ 1777/moe_ 1778/202010/t20201013_ 494381. html，2020 年 10 月 13 日。

教育部等六部门：《义务教育质量评价指南》，http：//www. moe. gov. cn/srcsite/A06/s3321/202103/ t20210317_ 520238. html，2021 年 3 月 4 日。

教育部：《“双一流”建设成效评价办法（试行)》，http：//www. moe. gov. cn/srcsite/A22/ moe _ 843/202103/t20210323 _ 521951. html，2021 年 3 月 23 日。

教育部：《全国人民代表大会常务委员会关于修改〈中华人民共和国教育法〉的决定》，http：//www. moe. gov. cn/jyb _ xxgk/moe _ 1777/moe_ 1778/202104/t20210430_ 529302. html，2021 年 4 月 29 日。

教育部：《国家中长期教育改革和发展规划纲要（2010—2020 年)》，

http：//www. moe. gov. cn/srcsite/A01/s7048/201007/t20100729 _ 171904. html，2010 年 7 月 29 日。

《坚持中国特色社会主义教育发展道路 培养德智体美劳全面发展的社会主义建设者和接班人》，http：//www. moe. gov. cn/jyb _ xwfb/s6052/moe_ 838/201809/t20180910_ 348145. html，2018 年 9 月 11 日。

教育部等五部门：《教育部等五部门关于深化高等教育领域简政放权放管结合优化服务改革的若干意见》，http：//www. moe. gov. cn/srcsite/A02/s7049/201704/t20170405_ 301912. html，2017 年 3 月 31 日。

教育部：《中华人民共和国教育法》，http：//www. moe. gov. cn/jyb_ sjzl/sjzl_ zcfg/zcfg_ jyfl/202107/t20210730_ 547843. html，2021 年 4 月 29 日。

教育部：《教育部关于印发〈幼儿园办园行为督导评估办法〉的通知》，http：//www. moe. gov. cn/srcsite/A11/s6500/201705/t20170512_ 304460. html，2017 年 4 月 18 日。

教育部：《教育部关于推进中小学教育质量综合评价改革的意见》，http：//www. moe. gov. cn/srcsite/A 06/s3321/201306/t20 130608_ 153185. html，2013 年 6 月 3 日。

教育部：《教育部关于普通高等学校本科教学评估工作的意见》，http：//www. moe. gov. cn/srcsite/A08/s7056/201802/t20180208_ 327120. html，2011 年 10 月 13 日。

国家教委：《教师和教育工作者奖励规定》，http：//www. moe. gov. cn/srcsite/A02/s5911/moe _ 621/199801/t19980108 _ 81874. html，1998 年 1 月 8 日。

教育部：《教育部关于深化高校教师考核评价制度改革的指导意见》，http：//www. moe. gov . cn/srcsite/A10/s7151/201609/t20160920_ 281586 .

html，2016 年 8 月 25 日。

教育部：《教育部关于积极推进中小学评价与考试制度改革的通知》，http：//www. moe. gov. cn/srcsite/A26/s7054/200212/t20021227_166074. html，2002 年 12 月 27 日。

教育部、人力资源社会保障部：《教育部 人力资源社会保障部关于印发〈高校教师职称评审监管暂行办法〉的通知》，http：//www. moe. gov. cn/srcsite/A10/s7030/201711/t20171109_318752. html，2017 年 10 月 20 日。

人力资源社会保障部、教育部：《人力资源社会保障部 教育部关于深化高等学校教师职称制度改革的指导意见》，http：//www. moe. gov. cn/jyb_xxgk/moe_1777/moe_1779/202101/t20210126_511116. html，2020 年 12 月 31 日。

人力资源社会保障部、教育部：《人力资源社会保障部 教育部关于印发〈关于深化中小学教师职称制度改革的指导意见〉的通知》，http：//www. moe. gov. cn/jyb_xxgk/moe_1777/moe_1779/201509/t20150902_205165. html，2015 年 8 月 28 日。

国务院：《中共中央国务院关于深化教育改革 全面推进素质教育的决定》，http：//www. moe. gov. cn/jyb_sjzl/moe_177/tnull_2478. html，1999 年 6 月 13 日。

《中共中央关于制定国民经济和社会发展第十四个五年规划和二〇三五年远景目标的建议》，http：//www. gov. cn/xinwen/2020 - 11/03/content_5556991. htm，2020 年 11 月 3 日。

《中共中央关于全面深化改革若干重大问题的决定》，http：//www. gov. cn/jrzg/2013 - 11/15/content_2528179. html，2013 年 11 月 12 日。

七 英文文献

Baker, E. L. , Gordon E. W. , "From the Assessment of Education to the Assessment for Education: Policy and Futures", *Teachers College Record*, Vol. 116, No. 11, 2014.

Billing David, "International Comparisons and Trends in External Quality Assurance of Higher Education: Commonality or Diversity?" *Higher Education*, Vol. 47, No. 1, 2004.

Courtney Vengrin, ed. , "Factors Affecting Evaluation Culture within a Non – formal Educational Organization", *Evaluation and Program Planning*, Vol. 16, No. 69, 2018.

Chief E. , Husen T. , Postlethwaite T. N. , "The International Encyclopedia of Education", *British Journal of Educational Studies*, Vol. 44, No. 3, 2010.

Chouinard J. A. , Cousins J. B. , "Culturally Competent Evaluation for Aboriginal Communities: A Review of The Empirical Literature", *Journal of Multidisciplinary Evaluation*, Vol. 4, No. 8, 2007.

Craft A. , ed. , "Quality Assurance in Higher Education: Proceedings of an International Conference", *The Canadian Journal of Higher Education*, Vol. 23, No. 2, 1993.

Douglas D. , Roscoe, "Toward an Improvement Paradigm for Academic Quality", *Liberal Education*, Vol. 103, No. 1, 2017.

Eaton J. S. , "An Overview of U. S. Accreditation. Revised November 2015", *Council for Higher Education Accreditation*, Vol. 23, No. 5, 2015.

García G. E. , ed. , "Chapter8: Assessment and Diversity", *Review of Re-*

search in Education, Vol. 20, No. 1, 1994.

Gipps C. V., *Beyond Testing: Towards a Theory of Educational Assessment*, London: Psychology Press, 1994.

Guba E. G., Lincoln Y. S., *Forth Generation Evaluation*, Los Angeles: Sage Publications Inc, 1989.

Hogan S. J., Coote L. V., "Organizational Culture, Innovation, and Performance: A Test of Schein's Model", *Journal of Business Research*, Vol. 67, No. 8, 2014.

John Brennan and Tarla Shah, "Quality Assessment and Institutional Change: Experiences from 14 Countries", *Higher Education*, Vol. 40, No. 3, 2000.

Kirkhart K. E., "Seeking Multicultural Validity: A Postcard from the Road", *Evaluation Practice*, Vol. 16, No. 1, 1995.

Knight P., "The Local Practice of Assessment", *Assessment & Evaluation in Higher Education*, Vol. 31, No. 4, 2006.

Labi A., "International Assessment Effort Raises Concerns among Education Groups", *The Chronicle of Higher Education*, Vol. 54, No. 5, 2007.

Lakatos I., Musgrave A., "Criticism and the Growth of Knowledge", *Philosophical Papers*, Vol. 1, No. 3, 1970.

Lincoln Y. S., "Fourth Generation Evaluation", *Canadian Journal of Communication*, Vol. 16, No. 2, 1989.

Lumsdaine A. A., ed., "Evaluation Research Methods", *Population Communication Technical Documentation*, Vol. 10, No. 4, 1976.

Morris M., Cohn R., "Program Evaluation and Ethical Challenges: A National Survey", *Evaluation Review*, Vol. 17, No. 6, 1993.

Newcomer K. E. , Hatry H. P. , Wholey J. S. , eds. , *Handbook of Practical Program Evaluation*, Hoboken: Wiley, 2015.

Ratcliff J. L. , "Accreditation and Evaluation of Higher Education in the US", *Quality in Higher Education*, Vol. 2, No. 1, 1996.

Rogoff B. , *Thinking with the Tools and Institutions of Culture*, Oxford: Oxford University Press, 2003.

Ronald H. , Linda K. , ed. , "Administrative Effectiveness in Higher Education: Improving Assessment Procedures", *Research in Higher Education*, Vol. 41, No. 6, 2000.

Ryan A. G. , "Program Evaluation within the Paradigms: Mapping the Territory", *Science Communication*, Vol. 10, No. 1, 1988.

Scriven M. , "Explanation and Prediction in Evolutionary Theory", *Science*, Vol. 130, No. 3374, 1959.

Selvi K. , "Educational Paradigm Shift towards Phenomenological Pedagogy", *Phenomenology of Space and Time*, Berlin: Springer International Publishing, 2014.

Stake R. E. , "The Art of Case Study Research", *Modern Language Journal*, Vol. 80, No. 4, 1995.

Stufflebeam D. L. , Madaus G. F. , Kellaghan T. , "Evaluation in Education and Human Services", *Heles Journal*, Vol. 53, No. 1, 2002.

Zajda J. , "Globalisation, Education and Policy: Changing Paradigms", International Handbook on Globalisation, *Education and Policy Research*, Vol. 9, No. 3, 2005.

后　　记

新时代背景下，整个社会格局迎来系统性变革和整体性重塑，也给教育领域带来新的发展契机，推进公正和提高质量成为核心命题，教育迈入高质量发展阶段。作为教育发展的“指挥棒”，教育评价引领教育的发展方向，对教育事业的高质量发展至关重要。但当前我国教育评价领域还存在许多问题，“五唯”顽疾还严重制约教育的健康发展。因此，对我国当前的教育评价体系进行反思和重构，推动新时代的教育评价改革研究，是保障我国教育事业适应新时代要求的迫切需要。社会变迁遵循器物、制度到文化的演进规律，教育评价改革也遵循范式转换、制度创新及文化培育的客观规律，这是新时代教育评价改革顺利进行的必经之路。其中，范式转换是“先手棋”，从实践操作层面为教育评价改革提供技术支撑；制度创新是“关键棋”，从制度运行层面为教育评价改革提供根本的制度遵循；文化培育是“制胜棋”，从文化浸润层面为教育评价改革提供和谐的改革氛围，三者彼此依托，层层递进，共同推动改革进程。

本书由“教育评价范式的转换”“教育评价制度的创新”和“教

育评价文化的培育”三个相互关联的研究组合而成。第一编“教育评价范式的转换”通过划分教育评价范式的基本类型，归纳了我国教育评价范式的演进历程及现状，并从价值取向和实践方式两个层面阐述新时代我国教育评价范式的转换方向，提出我国教育评价范式转换的条件和措施。第二编“教育评价制度的创新”通过梳理我国教育评价制度的发展沿革，审视我国教育评价制度的现实状态，剖析教育评价制度的问题和成因，阐明我国教育评价制度创新的新时代要求，并提出教育评价制度创新的原则、内容和实施路径。第三编“教育评价文化的培育”通过整理我国教育评价文化的历史嬗变，剖析我国教育评价文化的困境及成因，结合新时代要求提出新时代教育评价文化的应然品性，从内外部两个方面分析新时代教育评价文化的培育动因，并从观念、实践、制度、传播四个层面提出培育路径。

本书由我组织策划，沈晓岚承担第一编“教育评价范式的转换”的撰写，童雨溪承担第二编“教育评价制度的创新”的撰写，陈怡然承担第三编“教育评价文化的培育”的撰写，由陈怡然配合我负责全书的统稿工作。本书是国家社科基金重点项目“促进教育治理能力提升的教育评价制度改革研究”（教科规办函〔2020〕08 号，批准号：AFA200009）的阶段性成果。业内同行的相关研究成果为我们的研究提供了大量的有益帮助，谨致谢意。由于笔者能力水平所限，本书还存在诸多纰漏和不足之处，敬请批评指正！

余小波